Der schon etwas ältere, ständig gegen seine zu vielen Pfunde ankämpfende Kriminalkommissar Sten Wall ist ein Gewohnheitstier: Schon seit über zwanzig Jahren verbringt er seinen Sommerurlaub auf der dänischen Insel Bornholm, wo er es genießt, sich weder Gedanken über Verbrechen noch über Diäten machen zu müssen.

Doch in diesem Jahr kommt alles ganz anders: Nach dem Mord an dem Staatsanwalt Elfvegren, der die Tat eines Profis zu sein scheint, verdichten sich die Anzeichen, dass Wall das nächste Opfer sein könnte.

Walls daheimgebliebene Kollegen ermitteln – und er selbst findet sich plötzlich im gefährlichsten Urlaub seines Lebens wieder ...

Björn Hellberg ist Journalist und Buchautor. Seine Kriminalromane sind von den schwedischen Bestsellerlisten nicht mehr wegzudenken. Sein Roman ›Mauerblümchen‹ (Bd. 15320) erscheint demnächst im Fischer Taschenbuch Verlag.

Unsere Adresse im Internet: www.fischer-tb.de

Björn Hellberg

Ehrenmord

Roman

Aus dem Schwedischen
von Christel Hildebrandt

Fischer Taschenbuch Verlag

Veröffentlicht im Fischer Taschenbuch Verlag,
einem Unternehmen der S. Fischer Verlag GmbH,
Frankfurt am Main, Juni 2003

Die schwedische Originalausgabe erschien 1998
unter dem Titel ›Hedersmord‹ im Verlag Tre Böcker, Göteborg
© Björn Hellberg 1998
Published by agreement with Bengt Nordin Agency,
Sweden, and Agentur Literatur, Germany
Für die deutsche Ausgabe:
© 2002 Argon Verlag GmbH, Berlin
Druck und Bindung: Clausen & Bosse, Leck
Printed in Germany
ISBN 3-596-15321-2

Für Rasmus, Pontus, Oscar, Lovisa und Inez

Damals

Der Dieb

Er hatte gar keinen Revolver stehlen wollen, zumindest anfangs nicht.
Aber als sich so unverhofft die Gelegenheit bot, zögerte er nicht. Vielleicht würde er die Waffe ja irgendwann einmal brauchen können; wer konnte das wissen?
Der Junge hatte das Vereinshaus der Pistolenschützen erst betreten, als die internen Meisterschaften schon eine Viertelstunde lang in vollem Gang waren. Er hörte die Schüsse von der Mauer widerhallen, als er sich an das provisorische Bauwerk mit den beiden Umkleideräumen heranschlich. Das Gebäude sah aus wie ein umgekippter Würfelzuckerkarton. Es war wirklich kein Staat damit zu machen.
Er wusste, dass es normalerweise nicht verschlossen war. In diesen Kreisen vertraute man einander. Bei seinen Diebeszügen in der städtischen Sporthalle war er sehr erfolgreich gewesen, aber irgendwann hatten sich beim Hausmeister so viele Beschwerden angehäuft, dass die Aufsicht verstärkt wurde. Und die Sportler gingen inzwischen auf Nummer Sicher und nahmen ihre Wertsachen mit in die Sporthalle oder Sauna, da gab es nicht mehr viel zu holen. Vielleicht war seine Ausbeute hier ja besser.
Als er ins Haus trat, hörte er einen dumpfen Knall, der nicht von einer Waffe herrührte. Das Geräusch war natürlichen Ursprungs, und dem Jungen war sofort klar, dass jemand im Gebäude war. Er schlich vorsichtig weiter und sah das Besetztzeichen an der Toilettentür.
Sein erster Impuls war, Hals über Kopf zu fliehen. Er war bisher noch nie geschnappt worden, und dies sollte nicht das erste Mal sein.
Aber vielleicht schaffte er es ja doch noch, die Taschen der

Hosen und Jacken zu durchsuchen, die an den Haken in dem kleinen Raum hingen. Er arbeitete fieberhaft, wurde aber nicht belohnt: Er fischte nur ein paar zerknüllte Taschentücher, ein Jo-Jo, zwei Bleistifte, eine leere Bonbondose und anderen Müll hervor. Davon nahm er nichts mit. Erst als er die Bänke in der Mitte des Umkleideraumes umrundete, entdeckte er den glänzenden Revolver, der zusammen mit einer Schachtel Munition auf der Bank gleich neben der Toilette lag.

Ohne zu zögern, nutzte der Junge diese Nachlässigkeit aus, schnappte sich den Fund und beeilte sich, aus dem Gebäude zu kommen.

Niemand sah ihn. Wie immer agierte er mit größter Vorsicht. Er hielt in alle Richtungen Ausschau, bevor er das Vereinshaus verließ. So aufgedreht, als hätte er gerade im Lotto gewonnen, erreichte er die Sicherheit der zentralen Straßen. Er wurde einer der vielen Anonymen, die sich im Zentrum drängten. Niemand beachtete ihn.

Er hatte das Diebesgut in einer Tüte verstaut und nahm Kurs auf seine Wohnung. Sein Vater würde wie üblich im Geschäft sein, also konnte er sich nach Hause trauen, ohne Gefahr zu laufen, gestört zu werden, wenn er seine Beute inspizierte.

Er wusste nicht besonders viel über Waffen und das Schießen, hegte aber ein breites Interesse für Sport. Hatte nicht ein Schwede namens Ragnar Skanåker vor kurzem bei den Olympischen Spielen in München vollkommen überraschend die Goldmedaille im Pistolenschießen gewonnen?

Wohlbehalten daheim, schloss der Junge sich in sein Zimmer ein und holte den Revolver hervor, wog ihn mit einem Gefühl der Macht in der Hand.

Er hatte so viele Möglichkeiten. Er konnte ihn beispielsweise verkaufen oder als Tauschobjekt benutzen. Oder – und dabei wurde ihm für einen Moment schwarz vor Augen – er konnte ihn auch selbst benutzen, für die Jagd oder in irgendeinem anderen Zusammenhang. Ja, warum nicht?

Aber noch nicht. Es war besser, erst mal Gras über die Sache wachsen zu lassen, den Revolver an einem so unzugänglichen Ort zu verstecken, dass niemand anderes ihn fand.

Er war stolz auf das, was er geleistet hatte. Niemand würde ihm auf die Schliche kommen. Es war ja nicht das erste Mal, dass er es geschafft hatte, ohne entdeckt zu werden; er war geschickt, so einfach war das, das hatte er schließlich schon früher bewiesen, als noch mehr auf dem Spiel gestanden hatte.

Jetzt

Der Planer

Er brannte darauf, die beiden Männer zu töten.
Er wollte es auf jeden Fall tun.
Der Gedanke an die Planung, die Durchführung und das zu erwartende Hochgefühl gaben ihm einen Kick. Schon jetzt.
Und gewiss würde es noch besser werden.
Der bevorstehende Genuss versetzte ihn in eine gewaltige Erregung, ohne aber seine eiserne Beherrschung zu erschüttern.
Der Mann erhob sich aus dem abgewetzten Ledersessel.
Rastlos lief er auf dem verschrammten Parkettboden hin und her, während er über Vorgehensweise und Zeitpunkte nachdachte.
Wen sollte er sich zuerst vornehmen?
Er überlegte, zauderte, wog Vor- und Nachteile gegeneinander ab. Erst einmal zündete er sich eine Zigarette an, schob sie in den linken Mundwinkel und rauchte sie, während er seinen Weg durchs Zimmer fortsetzte: vier Schritte entlang der Stirnwand, fünf Schritte die Längswand entlang.
Natürlich war es seine Pflicht, sie zu ermorden, alle beide.
Es handelte sich hierbei schließlich um die Einhaltung eines gegebenen Wortes, um seine Ehre.
Er war keiner dieser gemeinen Wortbrecher. Auf ihn konnte man sich verlassen.
Dennoch sah er den sich selbst auferlegten Auftrag nicht als Zwang an.
Im Gegenteil.
Es war ein Vergnügen, genau so, wie es eine Pflichterfüllung war.
In dem Moment, als er die Zigarette im Aschenbecher ausdrückte, fasste er einen Entschluss.

Er wusste jetzt, wem die Ehre zuteil werden sollte, als Erster zu sterben.
Sein Puls hämmerte vor unterdrückter Spannung, und er meinte, den Schweiß unter den Achseln hervortreten zu spüren.
Er war bereit.
Worauf wartete er noch?
Number one, here I come!

Jan Carlsson

Der Kriminaloberinspektor Jan Carlsson genoss das Frühstück zusammen mit seiner Ehefrau Gun auf der kleinen Terrasse in dem blickgeschützten Garten hinter ihrem Haus. Die Sonne schüttete Junihitze über sie aus. Gun war vollständig angezogen, während er in seinem abgetragenen, blau gefransten Morgenmantel dasaß. An den Füßen trug er offene Sandalen.
»Na, heute Abend wirst du sicher etwas später als sonst kommen«, sagte sie eher feststellend als vorwurfsvoll.
Er hob seinen Blick von den Sportseiten der Zeitung. Seine Augen waren blaubeerfarben und klar wie Quellwasser. Ihnen war sie zuerst verfallen, als sie sich kennen lernten. Und immer noch konnten sie sie so anschauen, dass es in ihrer Magenkuhle kribbelte. Seine Haut war dagegen nicht so anziehend. Er hatte eine Reihe von Pickeln auf der Stirn, und Kinn, und die Wangen waren vernarbt.
»Dass ich für ein paar Wochen zum stellvertretenden Chef werde, bedeutet ja nicht zwingend, dass ich mehr arbeiten muss als sonst«, sagte er.
»Das meinte ich eigentlich auch nicht. Sten tritt doch heute seinen Urlaub an, oder?«
Er nickte.
»Und fährt morgen nach Bornholm?«
Jetzt begriff er, worauf sie hinauswollte. Trotzdem tat er vollkommen unwissend.
»Natürlich«, sagte er. »Genau wie immer. Sten ist nicht der Typ, der seine Gewohnheiten unnötigerweise verändert. Aber was …«
»Spiel kein Theater«, sagte sie und legte genau so viel Härte in die Stimme, wie erforderlich war, um das Ruder in der

Hand zu behalten. »Du weißt genauso gut wie ich, wie es jedes Mal abläuft, bevor er losfährt. Da schleift er dich mit in den Pub. Und dann kommst du angesäuselt nach Hause, wachst am nächsten Morgen als ein Wrack auf und bereust alles. Du kannst keinen Schnaps mehr ab. Das ist nun einmal so. Denk doch nur daran, was Pfingsten passiert ist! Da hast du einen ganzen Tag lang vollkommen erledigt herumgelegen, und schließlich hatten Vivi und Stellan davon die Nase voll, haben sich die Kinder geschnappt und sind nach Hause gefahren. Und ich stand mit der Schande da.«

Wütend legte er die Zeitung auf den Tisch. Er liebte seine Frau, aber hin und wieder führte sie ein allzu strenges Regiment. Mein Gott, er war doch kein wildes Fohlen mehr, sondern ein pflichtgetreuer, verantwortungsbewusster Kriminalbeamter mittleren Alters mit tadellosem Ruf. Er war nicht gerade begeistert davon, dass sie jedes Mal auf ihm herumhackte, wenn er sich ein Glas genehmigte.

Gun war eine liebevolle, treue und wunderbare Frau. Er hätte keine bessere finden können. Und er wusste, dass ihr Nörgeln seinen Ursprung in ihrer Sorge um ihn hatte. Sie wollte immer nur sein Bestes und litt mit ihm, wenn er sich jammernd aus sporadisch auftretenden Formtiefs hervorarbeitete.

Aber manchmal ging sie einfach zu weit mit ihrer Bevormundung (und dabei wusste er nicht einmal, dass seine Kollegen ihn wegen seiner großen Nachgiebigkeit heimlich als Pantoffelhelden bezeichneten).

»Zum einen«, sagte er schroff, »ist …«

»Noch Kaffee?«

»Ja, danke. Zum einen ist es nicht so, dass er mich vor seinem Urlaub jedes Mal in den Pub mitschleppt. Vielleicht ist es ein paar Mal vorgekommen, aber es ist ja wohl auch mein gutes Recht, oder?«

»Mach weiter.«

»Und zum Zweiten ist Sten vorsichtig mit dem Alkohol, wenn er später Auto fahren muss. Das solltest du auch wissen.«

»Er ja. Aber du nicht«, sagte sie und lächelte ihn sanft an.

Die Angst vor einer Niederlage ließ ihn die Stimme heben.

»Zum Dritten trinken wir fast immer nur Bier.«

»Du bist süß«, stellte sie fest.

Die Streitlust verließ ihn.

Er schaute sie dumm an.

»Und zum Vierten?«, fragte sie.

»Vergiss es«, sagte er, beugte sich über den Tisch und küsste sie mitten auf den Mund.

Ihr Atem war immer frisch und appetitlich, und der Kuss zog sich in die Länge.

Schließlich machte sie sich los und schnappte nach Luft.

»Jetzt musst du aber aufhören, sonst komme ich zu spät zur Arbeit.«

Er schaute viel sagend zu dem geöffneten Schlafzimmerfenster hinauf, in dem eine Gardine flatterte.

»Vielleicht heute Abend?«, schlug er vor.

»Kann schon sein«, neckte sie ihn und bekam plötzlich ein Funkeln in den Augen. »Natürlich nur, wenn du nicht Stens Gesellschaft im Pub vorziehst. Heute musst du abdecken. Tschüs!«

Sie trippelte über den mit Kopfsteinpflaster belegten Hinterhof und verschwand um die Ecke. Er rief ihr noch einen Abschiedsgruß hinterher, setzte sich wieder und las noch einige Minuten lang die Zeitung. Dann stand er auf und fegte vereinzelte Brötchenkrümel vom Tisch.

Zwei mutige Spatzen stürzten sich auf das Angebot, und Jan ging ins Haus, um zu duschen.

Kurze Zeit später stand er auf der Treppe und schloss die

Haustür ab. Er hatte unglaubliches Glück gehabt, als er vor gut fünfundzwanzig Jahren auf dieses geräumige, charmante Haus in Gamleby gestoßen war, in dem mit Abstand attraktivsten Teil von Stad. Das Viertel bestand aus ein paar Häuserzeilen mit winkligen Gassen, pittoresken Häusern (darunter viele Fachwerkhäuser) und gepflegten Gärten.
Im gleichen Jahr, in dem das alte, aber von Grund auf renovierte Traumhaus einzugsbereit dastand, heiratete Jan auch seine Jugendliebe, womit er also wirklich einen doppelten Volltreffer verzeichnen konnte.
Ihre Ehe war kinderlos geblieben. Immer wieder hatten sie die Möglichkeit einer Adoption diskutiert, aber vor nicht allzu langer Zeit hatten sie beschlossen, lieber weiterhin nur zu zweit zu bleiben.
Er war nicht besonders gläubig; dennoch kam es vor, dass er an gewissen Abenden ein stummes Gebet gen Himmel schickte, eine ihm gewogene Macht möge ihn zuerst fortschicken. Mit erschreckender Gewissheit musste er einsehen, dass er es nicht schaffen würde, Gun zu überleben. Vielleicht wäre er in der Lage, sich notdürftig praktisch zu versorgen, aber emotional konnte er sich ein Leben ohne Gun an seiner Seite einfach nicht vorstellen. Deshalb verließ er sich auf die gerechte Hand des Schicksals, wenn es denn Zeit für den Aufbruch sein würde. Gun war eine stärkere Natur, realistisch, gewandt und bodenständig: Sie würde auch ohne ihn in Würde alt werden können.
Das stellte er ohne Gemütsbewegung fest, während er gleichzeitig die hellblaue Himmelslandschaft betrachtete. Das Wetter war herrlich, mild, mit einer sanften Brise.
Da er reichlich Zeit hatte, beschloss er, seinen Morgenspaziergang auszudehnen und eine Runde um die Kirche zu machen. Wenn er den üblichen Weg nehmen würde, käme er eine Viertelstunde vor Dienstbeginn in der Polizeista-

tion an, und so versessen war er auf seinen zeitweiligen Job als Chef nun auch nicht. Er wollte auf keinen Fall wie ein Streber wirken. Sonst würden die Kollegen gleich wie die Geier über ihn herfallen.

Stad war stolz auf seine mittelalterliche Kirche. Das sakrale Gebäude in romanischem Stil war nicht nur mächtig – nur wenige Provinzkirchen waren größer –, sondern auch rein architektonisch äußerst ansprechend. Das Schiff stammte vom Ende des 13. Jahrhunderts, und über diesem Haus des Herrn ruhte eine Art majestätischer Eleganz. Hinzu kam die ausgesuchte Lage auf einer Anhöhe direkt oberhalb des Flusses, der sich um das Zentrum der Gemeinde schlängelte.

Vor sich hin pfeifend und in ausgezeichneter Laune umrundete Jan Carlsson den Friedhof und kam am Gemeindehaus vorbei. Die japanischen Kirschbäume, die noch vor wenigen Wochen in voller Blüte gestanden hatten, waren bereits wieder in ihre geduldige Wartestellung auf die kurze, aber beeindruckende Glanzperiode im nächsten Jahr übergegangen. Jetzt hingen die verwelkten rosa und weißen Blüten wie finstere Reminiszenzen einer Größe da, die vergangen war und erst in ferner Zukunft wiederkehren sollte.

Er dachte an die nahe Zukunft, an den kommenden Abend. Wie sollte er sich entscheiden?

Für den Kneipenbesuch mit Sten Wall? Oder für ein Schäferstündchen mit Gun?

Es hieß entweder – oder. Im Alter von fünfzig Jahren konnte er nicht mehr beide Angebote mit ausdauerndem Enthusiasmus annehmen; jedenfalls nicht, wenn er sich an die Reihenfolge hielt. Natürlich konnte er sie umdrehen, sodass Gun zuerst drankam und dann das Bier – *das* würde er zweifellos schaffen. Aber er hatte das sichere Gefühl, dass seine Frau nicht begeistert wäre, wenn er sich direkt nach liebevollen Intimitäten im Schlafzimmer in die Kneipe aufmachte.

Dann würde es also ein ruhiger Abend daheim werden, mit allem, was dazugehörte, auch wenn er dadurch vielleicht Sten Wall verärgern würde (der Gedanke, dass sein Kollege vielleicht gar keine entsprechenden Pläne für den Abend schmiedete, kam ihm nicht).

Das Wetter war außerdem ideal für die Romantik. Daran gab es gar keinen Zweifel.

Am Eingang zur Polizeistation kontrollierte er seine Armbanduhr.

Sechs Minuten vor acht – das war akzeptabel.

Sein Erscheinen würde keine höhnischen Kommentare seiner Kollegen hervorrufen.

Aber sobald er sich in den großzügigen Arbeitsräumen im ersten Stock zeigte, hagelten die sarkastischen Sprüche nur so auf ihn nieder:

»Weg mit dem Kartenspiel, der Chef ist gekommen!«
»Versteck das Pornoheft, verdammt noch mal!«
»Wer packt den Karton mit den Schmiergeldern weg?«
»Wann ist Wall eigentlich von Bornholm zurück, damit wir endlich wieder anfangen können, ordentlich zu arbeiten?«
»Mach dein Hemd richtig zu, Otto! Glaubst du etwa, das ist ein Kindergarten hier?«
»Was müssen wir normalen Sterblichen tun, um auch irgendwann einmal auf dem Chefsessel zu landen?«

Jan Carlsson lachte.

Jungs bleiben doch ihr Leben lang Jungs.

»Okay«, sagte er. »Ich habe kapiert. Jetzt möchte ich ...«
»Habt Acht!«, schnarrte jemand.

Alle richteten sich kerzengerade auf und salutierten ihm, sodass Jan Carlsson wohl oder übel die Rolle spielen musste, die ihm zugedacht war.

»Guten Morgen, Kameraden!«, schrie er mit gespielter Unteroffiziersstimme.

»Guten Morgen, Chef!«, dröhnte es zurück.

»Rühren!«

Als die kleine Gruppe vor ihm gerade gleichsam in sich zusammensank, war lautes Räuspern vom Flur her zu hören. Alle wandten sich gleichzeitig dem Geräusch zu, und im nächsten Moment trat ein hoch gewachsener, hagerer Mann in einem schlecht sitzenden braunen Anzug durch die Tür. Er hatte schneeweißes, nach vorn gekämmtes Haar und ein großes, lilafarbenes Feuermal auf einer Wange.

»Was macht ihr denn hier?«, fragte der Distriktspolizeileiter Helge Boström.

»Ach, gar nichts.«

»Dafür war es aber reichlich laut. Man konnte es im ganzen Haus hören. Wall braucht nur seine krankhaften Fettmassen mal von seinem Arbeitsplatz fortzubewegen, und schon benehmt ihr euch wie Kleinkinder.«

»Einen unschuldigen Spaß darf man sich doch wohl noch mal erlauben«, erklärte Carl-Henrik Dalman, gestandener Veteran, bekannt für seine reaktionäre Haltung und seinen fast vollkommenen Mangel an Humor.

Und der jüngste Mann der Abteilung, Terje Andersson, ging mit naivem Trotz zum Gegenangriff über.

»Wir haben doch niemandem geschadet, oder?«

Dalman blies sich noch mehr auf:

»Seit wann ist es denn verboten, sich in seiner Freizeit zu entspannen? Darf ich daran erinnern, dass wir alle schon früher an unserem Platz waren, als wir eigentlich müssen. Da! Jetzt schlägt es erst acht.«

Der Distriktspolizeileiter winkte ungeduldig mit seinen langen, nikotingelben Fingern ab.

»Jaja. Ich bin auch nicht hergekommen, um euch zu inspi-

zieren. Ich habe wichtigere Sachen zu tun. Aber ich würde gern mit dir reden, Jan.«
»Jetzt?«
Boström nickte.
»Komme schon«, sagte Carlsson und folgte dem Vorgesetzten auf den Flur.
Jemand flüsterte theatralisch hinter seinem Rücken:
»Zur Seite, liebe Leute, damit der Boss durchkommt.«
Der Besuch bei Boström stahl Jan Carlsson eine halbe Stunde seines Arbeitstages. Während dieser dreißig Minuten gelang es dem Distriktsleiter, zwei Zigaretten zu rauchen, einen Urlaubsplan für den Herbst zu präsentieren und die übliche Litanei von zu schlechten ökonomischen und personellen Ressourcen von sich zu geben.
Wieder zurück in seinem eigenen Zimmer, nahm sich Carlsson die Berichte vom Wochenende vor.
Es war nicht gerade eine aufmunternde Lektüre.
In einer Mietswohnung im Stadtteil Grönland versuchte ein Sechsjähriger in der Nacht zum Sonntag, seinen berauschten Vater daran zu hindern, seine Ehefrau mit den bloßen Fäusten totzuschlagen. Der Junge bekam ordentlich eins gewischt, was seinem tapferen Versuch, den Streit zu schlichten, ein jähes Ende bereitete. Der Vater kam jedoch zur Besinnung, als der Kleine weinend auf den Küchenfußboden fiel. Die große Versöhnung senkte sich über die ganze Familie, und als die von den Nachbarn alarmierte Polizei eintraf, herrschte das reine Idyll. Der Junge wurde mit Eis verwöhnt, und es war unschwer zu bemerken, wie die Eltern sich trösten würden, sobald sie in Ruhe gelassen würden. Der polizeiliche Einsatz erwies sich als überflüssig, da die Frau keine Anzeige erstatten wollte.
»Sind Sie sich sicher, dass nichts passiert ist?«, fragte einer der Polizisten misstrauisch.

»Absolut«, beteuerte der Papa. »Hier ist es doch friedlich, friedlicher geht's gar nicht.«
»Aber die Nachbarn …«
»Ach, mir ist ein Stuhl umgefallen«, sagte die Mama.
»Und der Stuhl sprang wieder hoch und traf Sie mitten im Gesicht?«
Sie presste die Lippen zusammen, und der Polizist bohrte stattdessen seinen Blick in das vom Weinen angeschwollene Gesicht des Jungen.
»Stimmt das?«
Bevor dieser antworten konnte, griff der Vater ein:
»Willst du noch mehr Eis, Marcus?«
Kurz darauf zogen die Polizisten unverrichteter Dinge ab.
Jan Carlsson fuhr sich über seinen spärlich behaarten Kopf und wühlte sich weiter durch den Papierstapel.
Natürlich stieß er dabei auf die üblichen Wochenendvergnügungen: verwüstete Blumenrabatten im Park, Prügeleien zwischen Rockerbanden im Gewerbegebiet, drei Autodiebstähle, vier Einbrüche, eine Misshandlung im Gasthaus Baronen, Tierquälerei auf einem Bauernhof in Slätthult und ein Vergewaltigungsversuch im Süden.
Mit anderen Worten: ein ziemlich normales Wochenende.
Carlsson seufzte.
Und plötzlich beneidete er Sten Wall.
Urlaub – das Wort schmeckte nach Luxus und Spaß.
Er selbst kam erst Mitte August in diesen Genuss, dann wollten Gun und er sich eine Autoreise durch England und Schottland gönnen. Er freute sich jetzt schon darauf, obwohl er noch nie im Linksverkehr gefahren war, abgesehen von ein paar Monaten kurz bevor Schweden am 3. September 1967 von Links- auf Rechtsverkehr umgestellt hatte.
Mitte August: Es kam ihm wie eine Ewigkeit vor.

Sten Wall

Früher hatte sich Sten Wall unbeschwerter auf seinen Urlaub gefreut.
Zwar spürte er immer noch ein herrlich prickelndes Gefühl der Erwartung, wenn die Urlaubszeit in greifbare Nähe rückte. Aber die Vorfreude war mit einer immer deutlicher wahrnehmbaren Wehmut kombiniert. Er hatte die sechzig überschritten (sogar mit einem gewissen Abstand) und war sich bewusst, dass er sich in Riesenschritten der Pensionierung näherte. Und wenn er diese magische Grenze passiert hatte, konnte er sich so viel Urlaub gönnen, wie er wollte.
Für viele mochte das erstrebenswert sein, aber für Wall bedeutete es nicht nur Vorteile.
Er war zu der Überzeugung gelangt, dass er weiterarbeiten wollte. So lange wie möglich. Er war seinen Beruf noch lange nicht leid und fürchtete eine Zukunft, in der seine Dienste und seine Kompetenz nicht länger gefragt waren.
Realist, der er war, sah er ein, dass dies der unausweichliche Lauf des Lebens war: In ein paar Jahren war es Zeit, jüngeren Kräften den Weg frei zu machen. Er konnte doch nicht bis in alle Ewigkeit auf seinem Platz kleben und damit das Weiterkommen der anderen blockieren. Aber das war ja auch gar nicht seine Absicht. Er wünschte sich, auf irgendeine für ihn maßgeschneiderte Art weitermachen zu können und zur Verfügung zu stehen, ohne damit den Jungen den Weg zu versperren. Aber die Gleichung ging nicht auf, das war ihm schon klar.
Vielleicht fand er ja auch eine sinnvolle Beschäftigung außerhalb der Polizei, wenn er die fünfundsechzig erreicht hatte. Vielleicht gab es jemanden, dem seine Erfahrung und

seine unbestreitbaren Kenntnisse von Nutzen sein konnten und der ihm zumindest einen Teilzeitjob anbot.

Der Gedanke munterte ihn für eine Weile auf, aber dann hüllte ihn doch wieder der Trübsinn ein. Es war natürlich auch sehr gut möglich, dass sich alles von selbst löste. Wer hatte noch nicht davon gehört, wie oft Leute direkt nach Erreichen des Pensionsalters schwer krank wurden oder starben? Das war leider keine Seltenheit.

Es gelang ihm nur unter größter Kraftanstrengung, diese demoralisierenden Überlegungen abzuschütteln.

Mein Gott: Er war doch nun wirklich kein geborener Pessimist – warum dann diese trüben Gedanken? Hatte er nicht Urlaub? Natürlich. Und da gab es dann doch wohl keinen Grund, hier auf einem der schönsten Marktplätze Schwedens über die Zukunft zu brüten und trüben Phantasien nachzuhängen.

Reiß dich zusammen, Kerl!

Er ging zu dem Kiosk auf der anderen Straßenseite und kaufte sich ein Eis, mit dem er zurück zu seiner Bank schlenderte. Er saß mit dem Gesicht der brausenden Fontäne des Springbrunnens zugewandt und ließ sich Eis und Freiheit schmecken.

So hatte er schon oft den Sommerurlaub eingeläutet: mit einem Eis auf dem Stortorget (wenn es das Wetter zuließ, was meistens Anfang Juni der Fall war).

Wenn er sich, so wie jetzt, einfach treiben ließ, kam die Urlaubsstimmung jedes Mal von ganz allein so langsam über ihn. Manchmal kam es vor, dass sich jemand neben ihn setzte, um sich eine Weile mit ihm zu unterhalten: Sten Wall war ein bekanntes Gesicht in der alten südschwedischen Stadt, in der er geboren und aufgewachsen war und in der er fast alle seine Berufsjahre verbracht hatte.

Obwohl er Polizist war – und sich dadurch automatisch

und unweigerlich Feinde verschaffte –, war er in weiten Kreisen äußerst angesehen. Von den Gesetzestreuen wurde er als ein rechtschaffener Vertreter von Recht und Ordnung angesehen. Und von vielen Kriminellen wurde er zwar nicht direkt geliebt, aber jedenfalls einigermaßen respektiert, denn er spielte ein ehrliches Spiel.

Der korpulente, glatzköpfige, gemütliche Kommissar war in der Stadt wohl bekannt. Er gehörte dazu, war geradezu Teil des Inventars.

Heute schien es so, als sollte er mutterseelenallein auf seiner Bank sitzen bleiben. Während er sein Eis genoss, studierte er mit gedankenverlorener Miene das Haus hinter dem Springbrunnen. Das schwarzweiße Rathaus war immer schon sein Lieblingsgebäude gewesen, und er war nicht der Einzige, dem die stilvolle Schöpfung des ausgehenden 18. Jahrhunderts so gut gefiel. Touristen drückten oft ihre Bewunderung über das gut erhaltene Gebäude aus, das noch attraktiver geworden war, als es das einzige echte Zeichenmuseum Schwedens aufnahm.

Durch das zarte Grün der vier Linden hinter den Wasserkaskaden des Granitbrunnens konnte Wall das Gartencafé erkennen, das zu einem der beiden Restaurants auf dem Marktplatz gehörte. Dort unter dem großen Sonnenschirmdach schien es keinen einzigen freien Platz mehr zu geben, aber schließlich war ja auch gerade Mittagszeit.

Links von dem Restaurant lagen ein Friseursalon (der sich mittlerweile Studio nannte) und eine Buchhandlung.

Früher hatte sich dort an Stelle der Buchhandlung eine Apotheke befunden, und mit einem Lächeln im Gesicht erinnerte Wall sich an den Tag, als er dort seine ersten Kondome gekauft hatte. Er hatte es so eingerichtet, dass er nicht vom Apotheker selbst oder einer der älteren, verbiesterten Apothekenhelferinnen bedient wurde, sondern genau in

dem Moment zum Verkaufstresen vorschoss, als die jüngste Mitarbeiterin des Geschäfts – eine äußerst süße Blondine – frei war. Er hatte schon lange ein Auge auf sie geworden. Natürlich nur heimlich. In seinen pubertären Träumen hatte das blonde Mädchen schon seit langem die Hauptrolle inne, und jetzt war es Zeit für einen mutigen Vorstoß.
Überlegen, fast nonchalant, hatte er mit männlich rauer Stimme seinen Wunsch vorgetragen, wobei er der jungen Frau frech und herausfordernd in die Augen schaute. Er wollte ihr mit seinem unbeschwerten, weltgewandten Verhalten imponieren (er war noch nie außer Landes gewesen – abgesehen von einem kurzen Besuch in Kopenhagen), und seine heimlichsten Gedanken liefen auf die Hoffnung hinaus, das Gekaufte mit der schönen Verkäuferin auszuprobieren. Aber sie hatte ihn eiskalt als den Grünschnabel angesehen, der er ja auch war, und ihm das Gewünschte gereicht, ohne eine Miene zu verziehen.
Es war sehr ernüchternd gewesen.
Heute konnte er sich nicht mehr daran erinnern, ob er diese Kondome überhaupt jemals benutzt hatte. Vermutlich war es eine vollkommen überflüssige Investition gewesen. Das Eis war aufgegessen und die Apothekenerinnerung verschwunden.
Sten Wall stand auf, um diverse praktische Dinge zu erledigen. Als Polizist war er immer offen für neue Ideen. Er besaß eine lebhafte Phantasie und scheute sich nie, zu improvisieren und neue Wege auszuprobieren, wenn seine Ermittlungen in Sackgassen geführt hatten. Sein dahin gehendes Geschick hatte große Triumphe gefeiert und mehrere Male sogar nationale Aufmerksamkeit geweckt.
Gierig sog er nach getaner Arbeit das Lob ein. Das Alter hatte seine Eitelkeit ganz und gar nicht vertrieben. Im Gegenteil: Sie hatte mit der Zeit sogar noch zugenommen.

Als Kriminalkommissar war er also einfallsreich und in vielerlei Hinsicht modern. Privat gehörte er dagegen eher zu den Anhängern von Traditionen. Er fühlte sich in konservativen Routinen am sichersten. Deshalb verbrachte er auch seit mehr als zwanzig Jahren seinen Sommerurlaub in Allinge auf Bornholm. Und so gut wie jedes Mal läutete er den Urlaub mit einem Tag in Stad ein, um notwendige Dinge zu erledigen.

Er musterte seine Liste, auf der bereits der erste Punkt abgehakt war: Ablieferung eines Teils der Wintergarderobe bei der chemischen Reinigung.

Aber bis er sich durch die Liste durchgekämpft haben würde, war noch einiges zu tun.

Er musste zur Post, zur Bank (unter anderem, um dänisches Geld einzuwechseln) und zu seiner Leib- und Magenzeitung Bladet (die Zeitungen sollten wie üblich für ihn gesammelt werden, damit er sie nach seiner Rückkehr abholen konnte).

Und dann waren da all diese Kleinigkeiten, die bei ihm zu Hause erledigt werden mussten. Er wollte alles erledigt haben, damit er auch wirklich abschalten konnte, wenn er dann losfuhr.

Er würde das Mittagessen ausfallen lassen und sich mit einer Banane begnügen. Weil er deutliches Übergewicht mit sich herumtrug, quälte er sich ab und zu mit psychisch niederschmetternden Diäten. Aber die Ferien ließ er sich niemals durch dieses Elend trüben. Auf der Märcheninsel in der Ostsee nahm er sich die Freiheit, nach Herzenslust zu essen und zu trinken. Wenn man Urlaub hat, dann auch richtig.

Mit der Aussicht auf die bevorstehenden Gaumenfreuden – er liebte die dänische Küche – konnte er sich heute problemlos zurückhalten. Auf jeden Fall war es gut für den

Charakter, sich selbst zu beweisen, dass man sich beherrschen konnte, auch wenn sich die Gelegenheit zum Sündigen bot. Natürlich ging er das Risiko ein, Kopfweh zu bekommen, aber den Hieb musste er schlimmstenfalls eben ertragen.

Das Wetter war schön, und er hoffte auf ein wenig kleidsame Farbe für seinen allzu blassen Körper. Ansonsten kokettierte er nicht besonders mit seinem Aussehen, seine Eitelkeiten lagen auf einem anderen Feld, beispielsweise bei Komplimenten für gut ausgeführte Arbeit. Allerdings war eine bleiche, fette irdische Hülle ja nicht gerade etwas, womit man prahlen konnte oder was man gern unnötigerweise zur Schau trug.

Gegen Nachmittag war er wieder in seiner Junggesellenhöhle in der Bergsgatan zurück, in der er schon jahrzehntelang wohnte. Die Wohnung war so langsam auf dem Weg zum Verfall gewesen, doch im letzten Winter hatte er einige notwendige Verbesserungen durchführen lassen. Einem der Zimmer hatte er ein wohlverdientes Gesichtslifting gewährt, und sämtliche Fenster hatten neue Rahmen bekommen. Die alten waren kurz davor gewesen, völlig zu verrotten, als er sie endlich austauschen ließ.

Es wäre noch mehr erforderlich gewesen, um es wirklich so zu haben, wie er wollte, aber den Rest des Projekts hatte Wall lieber in die Zukunft verschoben. Ihm fehlte jedes praktische Geschick, er war auf fremde Hilfe angewiesen. Aber im Augenblick ertrug er es einfach nicht, Handwerker um sich zu haben. Es war eine Plage gewesen, diese ehrenwerten Arbeiter in seinem eigenen Heim herumspringen zu haben, deshalb würde es sicher noch eine Weile dauern, bis er sich wieder bei Kräften sah, um den nächsten Schwung an Tischlern, Maurern, Elektrikern und Malern in seinen vier Wänden zu empfangen.

Umständlich und gewissenhaft füllte er seine beiden Reisetaschen. Die eine barg in erster Linie Bücher. Während seiner Aufenthalte in Allinge las er im Schnitt fast ein Buch am Tag. Jetzt verstaute er ein Dutzend Titel – eine muntere Mischung aus Fachliteratur und Belletristik –, die den Bedarf für die kommenden vierzehn Tage wohl decken würden.

Er inspizierte Kühlschrank und Vorratskammer. Nachdem er das wenige, was für ein kärgliches Frühstück am nächsten Morgen erforderlich war, zur Seite gestellt hatte, blieben noch eine frisch geöffnete Packung fettarmer Milch, sechs Eier, ein halber Laib Schwarzbrot, acht Scheiben Knäckebrot, eine fast ausgequetschte Tube Kalles Kaviar, zwei Tomaten und eine Frikadelle.

Wall beschloss, die Reste zu seinen Freunden Gun und Jan Carlsson rüberzubringen. Es war ja nicht nötig, dass während seiner Abwesenheit alles verdarb.

Zwei Flaschen Bier (die konnten bei seiner Rückkehr von Nutzen sein), eine gut zur Hälfte geleerte Dose Kaffee und einen Karton mit Haferflocken ließ er allerdings stehen.

Er schaute auf die Uhr. Wahrscheinlich war Gun bereits zu Hause. Sie hatte eine Teilzeitstelle in einer Zahnklinik und war normalerweise um diese Uhrzeit fertig mit ihrer Arbeit. Er packte die Essenssachen in eine Plastiktüte und ging dann wieder hinaus in den strahlenden Junitag. Auf dem Weg kam ihm der Gedanke, Jan zu überreden, mit ihm in die Kneipe zu kommen, aber er beschloss, den leicht zu überredenden Kollegen nicht in Versuchung zu führen.

Allerdings war meistens nur eine Andeutung nötig, damit Jan die Gelegenheit wahrnahm, einen Abend von seiner fürsorglichen und wohlmeinenden Ehefrau freizunehmen.

Wall rief sich zur Ordnung. Es war unfair, den so kurz gehaltenen Freund unnötigerweise zu locken, und außerdem

wollte er selbst lieber frisch und munter sein, wenn er sich am nächsten Morgen hinters Steuer setzte. Pils würde er auf Bornholm noch reichlich bekommen. Er trank gern Bier, hatte aber – nach unaufhörlichen Zurechtweisungen des moralisierenden Distriktspolizeileiters Helge Boström – seinen Konsum um einiges reduziert. Aber im Urlaub war das ja wohl etwas anderes. Er dachte gar nicht daran, sich von dem weltberühmten, kräftigen dänischen Bier fern zu halten, nur weil es dem Nörgler Boström so passte.
Als er das arkadische Viertel in Gamleby erreichte, sah er schon von weitem, dass Gun Carlsson mit den Weinranken beschäftigt war, die an beiden Seiten der Haustür hochwuchsen.
Als sie ihn entdeckte, schien ihr Mienenspiel gleichzeitig Freude und Beunruhigung auszudrücken.
Sie mochte Sten Wall schrecklich gern, fürchtete aber, dass er ihren Mann mit in eine Kneipe schleppen würde, was inzwischen gleichbedeutend mit einer Katastrophe war. Sobald Jan auch nur eine Spur zu viel trank, benahm er sich am folgenden Tag wie ein verirrtes Zebra, das von einer Herde hungriger Löwinnen umkreist wird.
Er wollte einfach nur verschwinden und jammerte ununterbrochen. Dann folgten pathetische Reden darüber, dass er nie wieder in seinem Leben auch nur einen einzigen Tropfen Alkohol anrühren würde – falls er diese enorme Prüfung überhaupt überleben sollte (was er, hingegeben an Reue und Kater, oft als vollkommen unmöglich ansah). Selbstverständlich war Jan eigentlich klar, dass Gun ihm nur dieses Leiden ersparen wollte.
Menschenkenner, der er war, begriff Sten Wall sofort, dass Gun Gefahr witterte und das Schlimmste fürchtete.
Er betrachtete sie voller Zuneigung. Ihre ausdrucksvollen Augen hatten einen warmen, schönen Glanz, aber ihr Ge-

sicht war eigentlich nichts sagend. Das kurz geschnittene Haar erschien auf irgendeine Weise leblos, selbst wenn es frisch gewaschen war. Für seinen Geschmack war sie außerdem viel zu mager und eckig. Aber was machte das alles, wenn sie ein so wunderbarer und warmherziger Kamerad war?

»Hallo, Gun. Ich fahre ja morgen in Urlaub und bin heute Abend beschäftigt, deshalb wollte ich das hier jetzt schon vorbeibringen«, sagte er und reichte ihr die Plastiktüte. »Lasst es euch schmecken.«

Sie warf ihm ein großzügiges Lächeln zu und steckte dann die Nase in die Tüte, um den Inhalt zu kontrollieren.

»Wie lieb von dir, Sten. Aber vieles davon würde sich doch in der Tiefkühltruhe halten. Das Schwarzbrot ...«

Er schnitt ihre Worte mit einer Handbewegung ab.

»Quatsch. Wenn es euch schmeckt, dann ist das nur gut so. Und sonst kannst du es einfach wegschmeißen.«

»Na gut. Dann vielen Dank. Jan ist noch nicht gekommen. Und es wird wohl auch noch eine Weile dauern, bis er fertig ist mit seiner Arbeit. Er vertritt nämlich einen richtigen Workaholic. Kann ja sein, dass du ihn kennst?«

»Wer kann das denn sein?«

»Nein, ehrlich gesagt: Ich weiß nicht, wann er auftaucht.«

Offenbar war sie sich immer noch nicht ganz sicher, wie der Abend wohl verlaufen würde. Wall beschloss, ihr auch die letzten Zweifel zu nehmen.

»Ich würde ihn ja schrecklich gern heute Abend treffen, aber ich habe keine Zeit. Muss noch packen und alles für die Reise morgen fertig machen«, log er.

Gun Carlsson besaß ein beeindruckendes schauspielerisches Talent. Es gelang ihr voll und ganz, die Erleichterung zu verbergen, die sie zweifellos verspürte.

»Wie schade. Jan hatte gehofft, mit dir ein paar Abschieds-

biere bei Sture Hansson zu trinken. Das hat er heute Morgen noch gesagt«, heuchelte sie.
Für den Bruchteil einer Sekunde spielte Wall mit dem Gedanken, etwas in dem Stil zu sagen, wie: »Na, wenn das so ist, dann muss ich wohl meine Pläne ändern und mich ihm eine Weile widmen.«
Aber das wäre doch zu boshaft gewesen.
»Leider«, sagte er und schüttelte seinen runden Kopf. »Das müssen wir auf ein andermal verschieben.«
Der Kommissar ließ sich noch zu einer Tasse Kaffee auf der Terrasse überreden und verabschiedete sich dann.
»Mach dir keine Sorgen wegen der Blumen«, rief sie ihm hinterher. »Ich kümmere mich um sie.«
Er antwortete darauf nur mit einem zustimmenden Winken. Das Ehepaar Carlsson besaß einen Schlüssel für seine Wohnung, damit sie sich um sie kümmern konnten, wenn er für längere Zeit fort war. Nach einem »Überfall« an einem Luciamorgen, als sich ein Lichterzug vollkommen unerwartet in seine enge Wohnung gezwängt hatte, hatte Wall lange überlegt, ob er seinen Schlüssel nicht wieder zurückfordern sollte.
Aber schließlich hatte er die Sache doch auf sich beruhen lassen. Inzwischen konnte er die Ereignisse mit humorvoller Distanz betrachten. Aber damals war es äußerst peinlich gewesen, schlaftrunken unter der Bettdecke zu liegen und zu erleben, wie der reizende Zug pflichtschuldigst sein Morgenprogramm in einem Zimmer absolvierte, das gerade einem regelrechten Gasüberfall ausgesetzt worden war. Wie der Zufall es wollte, hatte er nämlich am Abend zuvor gewaltige Mengen Erbsensuppe vertilgt.
Nun, das war Schnee von gestern, und er hatte seinen Freunden einen heiligen Eid abgerungen, ihn niemals wieder derartigen Prüfungen auszusetzen.

Wall war ein leidenschaftlicher Flaneur. Er beschloss, das einladende Wetter für einen stärkenden Spaziergang zu nutzen.

Anderthalb Stunden später war er daheim, wo er sich mit einer armseligen Tasse Kaffee begnügte (Gun hatte ihm noch einen gewaltigen Kopenhagener eingetrichtert).

Nach einer weiteren Kontrolle seines Reisegepäcks machte er es sich für eine Weile vor dem Fernseher gemütlich.

Er hatte vor, früher als gewohnt zu Bett zu gehen. Er brauchte den Schlaf, obwohl er ja erst um acht Uhr losfahren musste, und dann auch nur eine recht kurze Strecke nach Süden, bis nach Ystad. Danach ging es mit der Fähre weiter, nach Rönne und anschließend nach Allinge.

Und in einen hoffentlich erquickenden Urlaub.

Der Planer

Die Vorbereitungen waren getroffen.
Er war bereit zuzuschlagen und wusste, dass er es schaffen würde.
Er hatte schon immer starke Nerven gehabt.
Er würde nicht versagen, wenn es darauf ankam.
Selbstverständlich konnte etwas Unvorhergesehenes passieren, etwas, das alles über den Haufen warf, und dann müsste er seine Pläne natürlich ändern. Aber früher oder später würde es dennoch geschehen.
Er glaubte allerdings nicht, dass seinem ersten Opfer ein längerer Aufschub gegönnt sein würde. Im Gegenteil, er war überzeugt, dass alles genauso klappen würde, wie er es sich gedacht hatte.
Den geplanten Tatort hatte er (sicherheitshalber leicht getarnt) bereits gründlich studiert. Er war einfach ideal, ungestört und ruhig. Viele Rückzugsmöglichkeiten. Er konnte sich nichts Besseres wünschen.
Wenn er nicht den Kopf verlor, konnte eigentlich nichts schief gehen.
Und *er* dachte gar nicht daran, den Kopf zu verlieren.
Ein wirklich gelungener Scherz.
Das Opfer – er nannte ihn in Gedanken nie bei seinem Namen, sah ihn nur als seine zukünftige Beute an – hatte er ziemlich lange heimlich beobachtet. Sein Vorhaben wurde ein wenig dadurch erschwert, dass die Beute ziemlich unregelmäßige Gewohnheiten hatte; es wäre natürlich einfacher gewesen, wenn der Betreffende sich tagein, tagaus strikt an die gleichen Regeln gehalten hätte.
Aber eigentlich beunruhigte ihn das nicht besonders.
Bald würde es passieren.

Sehr bald.

Er fühlte, wie seine Aufregung wuchs, aber er beherrschte sie. Nichts – absolut gar nichts – durfte seine Selbstkontrolle in diesem empfindlichen Stadium stören.

Einen Augenblick lang dachte er an den anderen, an den, der als Zweiter an der Reihe war.

Aber sofort schüttelte er diese Störung ab.

Eins nach dem anderen.

Der Tod würde schon rechtzeitig zu beiden kommen.

Jetzt ging es um Nummer eins.

Der Mann zündete sich eine Zigarette an und lächelte zufrieden.

Er war wie ein Raubtier, das eine Witterung aufgenommen hatte; ein Raubtier, das wusste, dass ihm der Beutezug gelingen würde.

Und plötzlich sehnte er sich unbändig nach Aktion.

Er konnte diese kontrollierte Hochspannung nicht länger ertragen.

Warte nur noch ein kleines bisschen ab. Bald bekommst du deine Belohnung.

Bald.

Sehr, sehr bald.

Er nahm genussvoll einige tiefe Züge, zerdrückte die halb gerauchte Zigarette im Aschenbecher und stand auf.

Und dann machte er sich auf den Weg, dem Sommerabend entgegen.

Jetzt gab es kein Zurück mehr.

Vom nächsten Tag an würde nichts mehr sein wie zuvor.

Bill Elfvegren

Jedes Mal, wenn Bill Elfvegren aus einem Kino kam, musste er an Olof Palme denken. Und da er ein Cineast war, geschah das ziemlich häufig.

Der damalige Ministerpräsident war ja zusammen mit seiner Ehefrau Lisbeth auf dem Heimweg gewesen, nachdem er im Kino Grand in Stockholm Suzanne Ostens »Die Brüder Mozart« gesehen hatte, als das Schreckliche passierte. Er wurde auf der Kreuzung Sveavägen und Tunnelgatan von tödlichen Schüssen getroffen. Und nach seinem Ableben wurde er zum Ziel einer noch größeren Aufmerksamkeit, als sie ihm bereits während seiner Zeit als schwedischer Staatschef und international anerkannter Politiker und Friedenskämpfer zuteil geworden war.

Ach, wenn doch er – der Starstaatsanwalt Bill Elfvegren – die Chance bekommen hätte, die Ermittlungen von Anfang an zu leiten! Dann würden sie nicht länger im Dunkeln tappen, dann wäre das schwedische Mordrätsel des Jahrhunderts schon lange gelöst. Aber er war damals, vor mehr als zwölf Jahren, natürlich noch viel zu grün und unerfahren gewesen: erst gute dreißig Jahre alt und am Anfang seiner Karriere. Widerstrebend musste er einräumen, dass sein Mangel an Erfahrung ein Hindernis für eine derartig gigantische und wichtige Aufgabe gewesen wäre. Außerdem hatte er die entscheidenden hohen Herren zu dieser Zeit, im Spätwinter 1986, noch gar nicht gekannt.

Bill Elfvegren hatte einen unerschütterlichen Glauben an seine eigenen Fähigkeiten. Selbstvertrauen in Kombination mit einem unbezähmbaren Draufgängertum machte ihn zu einem anerkannten Fachmann, der bereits einige ansehnliche Erfolge vorweisen konnte. Sein Mangel an Bescheidenheit hatte ihm aber gleichzeitig viele Feinde verschafft. Als Diplomat und Lobbyist hatte er immer noch viel zu lernen.

Viele fürchteten ihn aufgrund seiner Rücksichtslosigkeit und seiner Fähigkeit, sich wie ein Blutegel an einem Opfer oder einer Ermittlung festzusaugen.

Das wusste er und darauf war er stolz. Es gab ihm ein ungeheures Gefühl der Macht.

Dagegen hatte er keinerlei Ahnung davon, dass ihn sowohl seine Anhänger als auch seine Widersacher für ziemlich phantasielos hielten.

Ja, ihm fehlte einfach die Phantasie, sich so etwas vorzustellen.

In seiner Eitelkeit glaubte er, von seiner Umwelt verehrt zu werden. Die meisten Menschen in seiner Nähe waren doch nur Staffage, Marionetten, die er, davon war er überzeugt, nach eigenem Gutdünken lenken konnte.

Und bis zu einem gewissen Grad war seine Arroganz auch berechtigt. Seine Meritenliste war schon recht imposant, seine Siege in den Gerichtssälen des Landes sprachen eine deutliche Sprache. Niederlagen gab es verhältnismäßig wenige zu verzeichnen, und außerdem besaß er die Fähigkeit, sie schnell zu vergessen, obwohl er ansonsten über ein ausgezeichnetes Gedächtnis verfügte (er konnte die gesamten Darstellerlisten bekannter Filme herunterbeten ohne einen einzigen wesentlichen Namen zu vergessen).

Dieses Gedächtnis konnte sich je nach Bedarf natürlich auch sehr trüb und kurz zeigen, in der Regel war es jedoch scharf und ausdauernd – ihm geschehenes Unrecht wurde beispielsweise lebenslang gespeichert, das vergaß er nie.

Seine Philosophie besagte, dass nur die Erfolge zählten, nicht die Niederlagen. Natürlich hätte er eigentlich – wie er selbstsicher betonte – schon lange Oberstaatsanwalt sein müssen, aber es war sicher nur noch eine Frage der Zeit, bis die Ernennung erfolgen würde. Man konnte seine unbestreitbaren Fähigkeiten ja wohl nicht bis in alle Ewigkeit übersehen?

Der hoch gewachsene, gut gekleidete Jurist hatte an diesem Montagabend einen ausländischen Actionfilm im Filmhuset am Sergels torg gesehen und schlenderte nun durch das Abendgewimmel zum Bahnhof, um von dort den Vorortzug nach Hause zu nehmen. Er wohnte seit drei Jahren in einem prachtvollen alten Holzhaus in Norrviken und bediente sich fast immer der öffentlichen Verkehrsmittel, wenn er Stockholm zum Vergnügen besuchte, es konnte ja sein, dass er noch Lust auf ein paar Biere bekam. Nur für das letzte Stück vom Bahnhof nach Hause nahm er ab und zu ein Taxi, obwohl seine Villa auch zu Fuß oder mit dem Rad gut zu erreichen war.

Elfvegren war ein häufiger Gast in der Opernbar, und wenn alle Stricke rissen, gönnte er sich auch ohne Skrupel den kurzen Abstecher ins Café Opera eine Treppe tiefer. Er hatte nichts dagegen, sich unter die Leute zu mischen, die normalerweise hier verkehrten.

Wenn es aber um die Arbeit ging, fuhr er meistens lieber mit dem Wagen, trotz der ewigen Parkplatzprobleme. Er war Besitzer zweier Autos: eines blutroten Chrysler Voyager 95 und eines Oldtimers, ein Audi aus den späten Sechzigern. Letzterer stand den größten Teil des Jahres in Sollentuna in der Garage, er war sein liebster Besitz. Nur zu besonderen Anlässen holte er seine Kostbarkeit heraus und ließ sie bewundern.

Er war begeistert von Oldtimern und behandelte sie fast ebenso liebevoll wie seine vielen Frauen (um bei der Wahrheit zu bleiben: seine Geduld mit Motoren war größer als die mit Menschen). Früher hatte er einen Mercedes von

1957 besessen, aber den hatte er sich leider nicht länger leisten können. Mit blutendem Herzen hatte er ihn im vergangenen Herbst verkaufen müssen. Sicher, er stand finanziell gut da (er stammte aus einem verhältnismäßig wohlhabenden Haus und hatte ein gutes Einkommen), aber Zahlungen verschiedener Art forderten ihren Tribut.

Bill Elfvegren verabscheute Sport, hasste die Fitnesswelle, hatte ein neutrales Verhältnis zu Computern, ihm fehlte das musikalische Ohr, und er war nur mäßig am Kartenspiel interessiert. Er war kein Gourmet, und es interessierte ihn nicht besonders, ob der Rotwein nun Raumtemperatur hatte oder eher kalt war. Er zog Belletristik allen Sachbüchern vor, ausgenommen, sie handelten von Autos, Film, Verbrechen oder der Rechtswissenschaft. Und allein die Erwähnung des Wortes »Gartenarbeit« ließ ihn frösteln. Deshalb hatte er einen alten Fischereibeamten engagiert, der sich in angemessener Art um den Garten in Norrviken kümmerte. So brauchte er selbst nicht einmal ans Rasenmähen zu denken, was er als Befreiung von einer wahrhaften Geißel ansah.

Abgesehen von seiner Arbeit, hatte er drei große Leidenschaften: Oldtimer, das Kino – und das andere Geschlecht. Diesbezüglich hatte er sich schon immer an das Sprichwort gehalten, dass Abwechslung gut tut. Er selbst sah sich im Umgang mit der Weiblichkeit als feurig, patriarchalisch und ritterlich, aber, um der Wahrheit die Ehre zu tun, muss man sagen, dass sein Verhalten Frauen gegenüber kalt, zynisch und in gewisser Weise mittelalterlich war.

Während er bezüglich des Essens sehr wählerisch war (sein Repertoire war jämmerlich klein), gebärdete er sich, was Frauen betraf, als Allesfresser. Alter und Aussehen bedeuteten natürlich einiges, aber er war nicht derjenige, der ein erotisches Tête-à-tête ausschlug, weil die Partnerin die sechzig überschritten hatte oder einen Schnurrbart aufwies. Wenn das Geschlecht stimmte, fand sich immer eine Lösung. Aber natürlich zog er etwas richtig Appetitliches vor, und meistens fand er auch, was er suchte.

Sein Unvermögen, mit Bedacht auszuwählen, hatte ihn schon in diverse delikate Situationen gebracht, aus denen ihn auch seine Redegewandtheit nicht immer so ohne weiteres wieder befreien konnte. Manchmal war mehr als schöne, reumütige Worte nötig gewesen, um betrogene Ehemänner, verschmähte Freunde und empörte Väter auf Abstand zu halten. Aber wenn es wirklich brannte, zog er seine Spezialwaffe: seine juristische Autorität, mit der er drohte (wobei er stets genau darauf achtete, dass er sich auf dem Boden des Gesetzes bewegte – er kannte seine Paragraphen). Diese donnernden Worte wirkten eigentlich immer. Widerstrebend zogen sich Ehemänner, Freunde und Väter schmachvoll zurück, murmelten sinnlose Schimpfworte hinter dem Rücken des unerschütterlichen Staatsanwalts und sexdürstenden Gockels.

Er erreichte den Bahnhof; hier war das Gedränge nicht ganz so schlimm wie sonst. Sein Vorortzug fuhr nach wenigen Minuten ein, und er setzte sich in einen Wagen, in dem sich nur eine Hand voll anderer Passagiere befand. Die Fahrzeit vertrieb er sich, indem er gedankenverloren in einer Zeitung blätterte, die jemand auf dem Sitz hatte liegen lassen.

Vom Bahnhof seines Wohnortes aus ging er zu Fuß. Zufrieden wanderte er durch menschenleere und frühsommerschläfrige Straßen, während er überlegte, eine Bekannte anzurufen und zu einem Drink mit folgendem Nachspiel einzuladen. Der Montagabend war noch jung, und er konnte sich vorstellen, die anfallenden Taxikosten zu übernehmen, unter der Voraussetzung, dass er eine Dame fand, die in der Nähe von Norrviken wohnte.

Aber als er den Schlüssel in die Haustür schob, überfiel ihn ein Anfall von Müdigkeit. Vielleicht sollte er seinen Körper einfach damit schocken, frühzeitig ins Bett zu gehen. Allein. Er hatte in den nächsten zwei Wochen diverse voll gestopfte Arbeitstage vor sich, und es wäre doch nicht schlecht, ganz gegen alle Gewohnheiten mal ausgeschlafen aufzuwachen. Er musste wirklich mehr auf seine Kräfte achten. Manchmal wurde es selbst für einen Kerl wie ihn zu viel.

Sein Vorsatz geriet ins Wanken, als er sah, dass sein Anrufbeantworter blinkte. Nur ein Anruf. Aber das genügte ja, wenn die Anruferin interessant genug war. Er schaltete das Gerät mit einer gewissen Erwartung an, die aber sofort verflog, als er die vertraute Stimme hörte.

Nummer zwei klang am Telefon immer schärfer, als wenn sie ihm leibhaftig gegenüberstand:

»Bill, ich bin's. Ruf mich an, wenn du nach Hause kommst. Sei so gut. Es ist wichtig.«

Wütend runzelte er die Stirn, sodass sich ein paar waagerechte Falten über der Nasenwurzel bildeten.

Ich bin's.

Sie hatte nie gelernt, wie man richtig telefonierte.

Es ist wichtig.

Quatsch! Ihm war schon klar, wo der Schuh drückte. Margita brauchte mal wieder Geld – so einfach war das. Die Frage war nur, welchen mit tränenerstickter Stimme vorgetragenen Wunsch sie diesmal äußern würde. Neue Kleider für Christian und Eva? Die Gebühr für ihre Abendkurse? Eine neue Rate für das Reihenhaus, in das sie nach der Scheidung gezogen war? Oder vielleicht nur ein kleines Trinkgeld für den Urlaub?

Sie war unerschöpflich, wenn es darum ging, Gründe zu finden, um seine Brieftasche zu erleichtern.

Sein Fehler war, wie er sich selbst eingestand, dass er von Anfang an zu gut zu seiner zweiten Frau gewesen war, indem er ihr immer wieder mal etwas zugesteckt hatte. Dadurch war sie auf den Geschmack gekommen, und jetzt fiel es ihr schwer, diesen Verlockungen zu entsagen.

Ein wesentlicher Grund dafür, dass er Margita etwas zusteckte, war der, dass sie diejenige seiner drei Exfrauen war, die er zweifellos am liebsten mochte. Ein anderer Grund für seine Großzügigkeit lag darin, dass sie die Mutter seines Sohnes und seiner Tochter war. Seine anderen beiden Ehen waren glücklicherweise kinderlos geblieben. Er schüttelte sich bei dem Gedanken, welche monströsen Summen er zu zahlen gezwungen wäre, wenn er noch weitere Kinder hätte.

Es gab aber noch einen weiteren Beweggrund für sein Entgegenkommen Margita gegenüber. Und der war nicht beiseite zu schieben. Er hatte sich weiterhin mit ihr getroffen – natürlich nur heimlich – auch nach der Scheidung. Wenn es sich ergab, schliefen sie auch miteinander, was aber nicht so oft vorkam, da sie in ihrer Geburtsstadt Borås lebte. Die Entfernung förderte nicht gerade die Gelegenheit für enge Umarmungen. Außerdem wurde das Ganze noch dadurch kompliziert, dass sie mit einem vierzehn Jahre älteren Witwer und Ferienhausvermieter zusammenlebte, also hieß es auf der Hut sein. Aber in dieser Beziehung konnte er aus seiner Routine und seiner Verschlagenheit Kapital schlagen.

Und sie war es wert, ein gewisses Risiko einzugehen. Mit ihrem rabenschwarzen Haar und ihrem gepflegten Körper war sie sehr süß, und außerdem wusste sie, wie sie sich im Bett aufführen sollte. Dass er sie trotzdem verlassen hatte, lag an ihrer ewigen Nörgelei wegen Geld und ihrer nervenzehrenden Art, sich über Kleinigkeiten aufzuregen. Au-

ßerdem hatte sie sich vollkommen verständnislos gegenüber seinem Bedarf nach Zerstreuung außerhalb der Ehe verhalten.
Mit seiner ersten Frau Agneta hatte er so gut wie keinen Kontakt mehr. Inzwischen betrachtete er diese unsinnige Ehe als einen jugendlichen Fehltritt und konnte sich kaum noch das Bild der Frau vor Augen rufen, mit der er Anfang der Siebziger für eineinhalb Jahre Tisch und Bett geteilt hatte. Es war wohl schon fünfzehn Jahre her, seit er sie das letzte Mal gesehen hatte, nur kurz und zufällig auf dem Flughafen Arlanda. Sie hatten einander reserviert gegrüßt, fast peinlich berührt über das, was einmal gewesen war.
Nur ein paar bedeutungslose Floskeln waren gewechselt worden, dann eilte jeder in seine Richtung fort.
Von der Seite her war also nichts zu befürchten: kein wahnsinniger Rückfall in Romantik, keine finanziellen Ansprüche.
Schlimmer war es mit Madeleine, seiner letzten Exehefrau. Der Bruch war so frisch, dass alles noch schmerzlich und unangenehm war. Sie konnten nicht miteinander reden, ohne aufzubrausen. Es hatte ihn das letzte Hemd gekostet, sie auszubezahlen, und er zog es vor, den Kontakt mit ihr auf das absolute Minimum zu reduzieren.
Er musste ihr jeden Monat einen ansehnlichen Betrag überweisen, da sie behauptete, es sei ihr noch nicht gelungen, eine Arbeit zu finden, mit der sie sich selbst ernähren konnte. Ihm war klar, dass sie sich nur weigerte, einen Job zu suchen, um ihn finanziell unter Druck setzen zu können. Seine juristische Geschicklichkeit half ihm in diesem Fall jedoch nicht. Er war wohl oder übel gezwungen, zwölf Mal im Jahr das Geld rauszurücken. Aber er hatte Experten eingeschaltet und hoffte, diese ärgerliche Zusatzbelastung möglichst bald loszuwerden.

Es war noch nicht einmal 23 Uhr. Er hätte gut und gern Margita anrufen können, beschloss aber, bis zum nächsten Tag damit zu warten.

Stattdessen setzte er sich an seinen Schreibtisch im Arbeitszimmer und ging die Akten eines äußerst brutalen Raubüberfalls durch, der in ein paar Tagen vor Gericht behandelt werden sollte. Er nahm öfter mal Arbeit mit nach Hause, und das hier war eine wichtige Sache, die wertvolle Publicity geben würde. Ein Zigarettenhändler war überfallen, seiner Tageskasse beraubt und obendrein noch mit roher Gewalt niedergeschlagen worden, aber glücklicherweise gab es einen mutigen Zeugen, einen jungen Mann, der bereit war, den Täter zu identifizieren.

Elfvegren kannte die Unterlagen größtenteils auswendig, wollte jedoch nichts dem Zufall überlassen und las sie deshalb noch einmal durch. Die Verteidigerin – eine schnippische Frau aus Schonen, die bisher seinen Casanovatalenten souverän widerstanden hatte – würde natürlich die Glaubwürdigkeit des Zeugen in Frage stellen, aber selbst wenn ihr das gelingen sollte, war er von einer harten Bestrafung fest überzeugt.

Er fühlte sich leicht euphorisch bei dem Gedanken an den bevorstehenden Sieg. Diesen Fall konnte er einfach nicht verlieren!

Als seine geerbte Mora-Uhr Mitternacht zeigte, war er hellwach. Und dabei brauchte er doch seinen Schlaf. Er schloss die Akten in seinem Safe ein und schluckte eine Schlaftablette, die er mit einem Glas Milch hinunterspülte.

Während er darauf wartete, dass die Tablette ihre Wirkung zeigte, machte er eine Inspektionsrunde durch die Villa. Das gehörte zu seinen Routinen, vor allem, weil er dabei seinem Chrysler einen Gutenachtklaps geben wollte. Ab und zu erlaubte er es sich, bei all dem Ernst etwas kindisch zu sein.

Das Auto stand protzend in seinem Carport. Das rote Alarmsignal leuchtete natürlich, denn obwohl es hier ein ruhiges, friedliches Viertel war, musste man mit Einbrüchen rechnen. Der Chrysler war nicht so sicher wie der Oldtimer in seiner Garage in Sollentuna, und Elfvegren fühlte sich besser, nachdem er festgestellt hatte, dass alles so war, wie es sein sollte.

Elfvegren war sich darüber klar, dass er ziemlich abseits wohnte, aber er hatte diese Wohnform freiwillig gewählt, war es leid gewesen, sich in übervölkerten Gegenden in Mietshäuser zu zwängen.

»Gute Nacht, Kumpel«, flüsterte er und strich dem Chrysler über die Motorhaube.

Der Gerechtigkeit halber wiederholte er die Prozedur auf dem Kofferraumdeckel.

Dann verließ er den Carport.

Die Nacht war kohlrabenschwarz; es gab keine Straßenbeleuchtung – die Gemeinde konnte es sich nicht leisten, die Wegstrecke zu beleuchten, die das Villenviertel mit seinem einsamen Anwesen verband.

Manchmal fürchtete er diese Dunkelheit, aber das war meistens zu anderen Jahreszeiten der Fall, beispielsweise im Herbst, wenn es im Schornstein heulte und Berge toten Laubs raschelten.

Aber jetzt war es warm und schön und in keiner Weise bedrohlich.

Es würde ein wunderschöner Sommer werden. Das hatte er im Gefühl.

Er ging ins Haus, schloss hinter sich ab und machte sich bettfertig. Wie immer schlief er mit offenem Schlafzimmerfenster. Mit halb geschlossenen Augen sah er, wie die helle Gardine sich im Luftzug bewegte.

Da er so selten ein Schlafmittel nahm, schlug es gut an. Zu-

frieden spürte er, wie der Dämmerzustand angeschlichen kam, und es dauerte nicht lange, bis er in tiefen Träumen versank.
Er schnarchte laut, als sich im Morgengrauen ein Schatten an der Häuserwand abzeichnete. Jemand ging an der Villa vorbei, mit leichten, zielsicheren Schritten.

✷

Bill Elfvegren erwachte munter und in strahlender Laune. Genauso, wie es sein sollte, wenn es galt, neuen, spannenden Arbeitsaufgaben und hoffentlich auch der einen oder anderen backfrischen Eroberung entgegenzutreten.
Er zog sich seinen Morgenmantel über, holte die Zeitungen herein und ging anschließend auf die Toilette für einen Moment der Besinnung.
Beim Frühstück überlegte er, ob er Margita schon so früh am Morgen anrufen sollte, verschob das Gespräch dann aber lieber auf später. Er würde es in einer Pause während der Arbeitszeit erledigen. So unerhört wichtig war es bestimmt nicht. Ihr stand das Wasser ja nicht bis zum Hals. Sie sollte ihr Geld schon kriegen, und das erst recht, wenn sie es so arrangieren konnte, dass sie sich mal wieder trafen, hinter dem Rücken des ältlichen Ferienhausvermieters.
Bill hatte ihn nur ein einziges Mal gesehen: einen fast kahlen, korpulenten armen Teufel mit rotadrigen Wangen.
Mein Gott: Margita hatte wirklich nachgelassen. Aber der Kerl war ja vielleicht ganz lieb zu ihr und den Kindern. Reich war er jedenfalls nicht, zumindest sah es nicht so aus, wenn man sich ihre unverschämte endlose Bettelei vor Augen hielt. Aber vielleicht hatte er ja doch Geld und weigerte sich nur, ihr davon etwas abzugeben.
Elfvegren vergaß seine Exehefrau und ihren bemoosten

Liebhaber und ging ins Badezimmer, um zu duschen und sich zu rasieren.

Eine halbe Stunde später trat er aus dem Haus und wandte sein Gesicht für einige Sekunden der Morgensonne zu. Er genoss es, wohl wissend, dass er ein eleganter und erfolgreicher Mann im besten Alter war, mit grau melierten Schläfen im sorgsam gekämmten braunen Haar, der Unmengen leuchtender Triumphe vorzuweisen hatte, sowohl während der Arbeitszeit als auch außerhalb. Wenn es nicht so unpassend gewesen wäre, hätte er der ganzen Welt entgegenschreien können, wie sehr er sich doch selbst gefiel.

Er war bereit, allen Herausforderungen zu begegnen, beruflich wie auch privat, und er war sich sicher, dass er alle Prüfungen mit Glanz und Gloria bestehen würde.

Es konnte wirklich nicht besser sein, als es ohnehin schon war.

Lächelnd bog er um die Hausecke und ging zum Carport auf der Rückseite der Villa. Den hatte es noch nicht gegeben, als er das Haus kaufte, er war für viel Geld angebaut worden, nachdem die notwendigen Genehmigungen eingeholt worden waren. Sein Grundstück lag so abseits, dass er keine Schwierigkeiten mit klagenden Nachbarn zu fürchten hatte, und bei den Behörden hatte er sowieso keine Probleme gehabt, seine Pläne durchzusetzen.

Er erstarrte, als er den Carport erreichte. Er sah sofort, dass das eine Vorderrad des Chryslers platt war. Merkwürdigerweise hatte er das bei seiner Inspektion am vergangenen Abend nicht bemerkt. Derartige Details entgingen ihm sonst nie. Nun ja, da war nicht viel zu machen. Er würde es am Abend reparieren. Er hatte keine Lust, schon am Morgen mit Wagenheber und Reserverad zu jonglieren, sondern beschloss, stattdessen den Vorortzug in die Stadt zu nehmen. Wenn er sich beeilte, würde er es ohne größere Schwierigkeiten noch rechtzeitig schaffen.

Aber zunächst wollte er herausfinden, was eigentlich geschehen war. Er ging in die Hocke und sah sofort, was den Reifen platt gemacht hatte. Seine Gemütsstimmung veränderte sich drastisch. War er eben noch nur leicht irritiert, so wurde er jetzt geradezu wütend, fast rasend.

Es sah so aus, als hätte jemand den Reifen absichtlich zerstochen, denn es waren an mehreren Stellen Schnitte zu sehen. Es konnte gar kein Zweifel herrschen: Hier handelte es sich um Sabotage.

Wer besaß die Frechheit, wer wagte es, ihm so etwas anzutun? Wusste der Betreffende nicht, mit wem er es zu tun hatte? Bill Elfvegren war weiß Gott nicht so leicht einzuschüchtern.

Er war aus härterem Stoff gemacht.

Hinter seinem Rücken sagte jemand:

»Kann ich helfen?«

Bill Elfvegren zuckte zusammen. Er hatte niemanden kommen hören. Eher überrascht als erschrocken schaute er auf. Die Sonne stach ihm in die Augen und ließ die Konturen des Fremden verschwimmen. Elfvegren blinzelte, um erkennen zu können, wer da in der Öffnung des Carports stand.

»Was hat das …«

»Guten Tag, Nummer eins.«

Er versuchte sich aus seiner hockenden Stellung zu erheben, konnte aber den Rücken nicht mehr strecken.

Die Beine sackten unter ihm zusammen, und sein Gehirn war bereits verspritzt, bevor er zu Boden stürzte.

Sten Wall

Charles Trenets »La mer« summend, steuerte Sten Wall seinen fast neuen Volvo V 40 durch Österlens sanft modellierte Landschaft. Sein alter, treuer Weggefährte – ein Opel Ascona – war im letzten Jahr nach langen, treuen Diensten dahingeschieden. Laut Carl-Henrik Dalman hatte das Auto während seiner letzten Jahre an Senilität gelitten, ein Kommentar, der Wall nicht sonderlich gefiel.

Jetzt brannte die Sonne vom Himmel, und der Kommissar war blendender Laune. Er fühlte sich ausgeschlafen, frisch wie eine Lerche und erwartungsvoll wie ein jugendlicher Liebhaber.

Er hatte sich wirklich nach diesem Urlaub gesehnt, brauchte ihn mehr als in den Jahren zuvor.

Zwei ungestörte Wochen lang wollte er so richtig ausspannen. Er hatte vor, auf alle Verpflichtungen zu pfeifen und um jede Tageszeitung einen großen Bogen zu machen. Stattdessen würde er Bücher lesen, täglich lange Spaziergänge machen und natürlich ausgiebig und gut essen und trinken.

Plötzlich hatte er das Meer direkt vor sich. Es glitzerte in den Strahlen der Morgensonne. Die Ostsee versprach eine angenehme Überfahrt, ohne Seekrankheit.

In einem Anfall von jubelndem Übermut trat er noch einmal kräftig aufs Gaspedal, bremste seine Geschwindigkeit aber ab, als er in Ystad einfuhr. Er war noch nie ein Raser gewesen. Auf der Autobahn hatte er an diesem Morgen einen Schnitt von acht, neun Stundenilometern über der erlaubten Höchstgeschwindigkeit eingehalten, was dazu führte, dass er immer wieder von ungeduldigen Zeitgenossen überholt wurde.

Als er fünf Minuten lang die Überholenden gezählt hatte, war er auf vierundzwanzig Fahrzeuge gekommen, inklusive eines norwegischen Fernlasters, er hatte genau gezählt – manchmal verschwendete er seine Energie auf derartig sinnlose Ideen.
Wie immer war er mehr als rechtzeitig aufgebrochen. Das Leben war schon hektisch genug, man brauchte nicht noch selbst weitere Momente der Hektik einzubauen.
Da es noch fast zwei Stunden bis zur Abfahrt der Fähre dauerte, entschloss er sich zu einem kleinen Spaziergang durch Ystads charmant verwinkeltes Zentrum. Er fand einen Parkplatz längs der Sjömansgatan und mischte sich unter die Passanten in den Straßen und auf dem Markt. Es war nicht zu übersehen, dass die Touristensaison begonnen hatte. Um ihn herum summte es von Stimmen, Sprachen und Dialekten, und es war so voll, dass er vom Fußweg auf die Fahrbahn hinuntergedrängt wurde.
Aber niemand zeigte schlechte Laune. Nicht eine einzige Hupe ertönte.
Wall kaufte eine Eiswaffel mit drei Kugeln – Pistazie, Rumrosine und Erdbeere – in einem Kiosk in der Nähe des St. Knuts torgs. Langsam schlenderte er zurück zu seinem Parkplatz. Er aß sein Eis mit solcher Schnelligkeit auf, dass ihm für Sekunden richtiggehend kalt wurde, dann machte er sich bereit für die kurze Fahrt zum Fähranleger.
Er achtete genau darauf, die richtige Spur zu finden (er hatte keine Lust, plötzlich in Polen zu landen) und wettete mit sich selbst, welches Schiff ihn wohl nach Bornholm bringen würde.
Die Jens Kofoed oder die Poul Anker?
Er tippte auf Ersteres und bekam Recht.
Obwohl er so früh da war, war er bei weitem nicht der Erste in der Schlange, hatte aber eine gute Startposition und

konnte schließlich ganz vorn auf dem Backborddeck parken und dann ohne jeden Stress das Restaurant ansteuern. Da er einer der ersten Gäste war, hatte er die Möglichkeit, zwischen den vielen freien Tischen auszuwählen. Er entschied sich für eine rauchfreie Alternative mit Fensterblick, ließ sich dort nieder und steckte die Nase in die Speisekarte.

Innerhalb der nächsten fünf Minuten war der Raum fast vollständig besetzt. Wall pries seine Voraussicht und war außerdem dankbar dafür, dass er ein ruhiges, gepflegtes Rentnerpaar als Tischnachbarn bekam. Das Risiko, während der zweieinhalb Stunden langen Überfahrt ermüdende Konversation betreiben zu müssen, war somit nur minimal.

Der Kommissar warf sehnsuchtsvolle Blicke auf das gewaltige Heringsbüfett, das mitten im Saal thronte. Es sah bis ins letzte Dillsträußchen appetitanregend aus, aber trotzdem beschloss er, auf das verlockende Angebot zu verzichten und lieber à la carte zu speisen, obwohl das nicht so preisgünstig war.

Für Wall war ein Heringsbüfett ohne Schnaps nur ein halbes Vergnügen, und da er ein eingeschworener Gegner der Kombination Auto fahren und Alkohol war, fiel ihm die Entscheidung nicht schwer. Es würde sich schon noch die Gelegenheit bieten, das eine wie das andere zu genießen. Dafür versprach er sich selbst, während des Urlaubs nicht einmal einen Gedanken an irgendwelche Schlankheitskuren zu verschwenden. Derartigen Kasteiungen würde er sich erst später wieder aussetzen, im Herbst, das war traditionell die Zeit für asketische Gedanken. Dann würde er ernsthaft seinem Übergewicht zu Leibe rücken, das der Distriktsleiter so herzlos als »ein unappetitlich glibbriges Aspikstück« zu bezeichnen pflegte.

Wall war empfänglich für Boströms nadelspitzenscharfe Kritik, fand aber, dass sie nicht ganz gerechtfertigt war. Sicher, er war korpulent, aber ein wabbeliger Sumoringer war er ja nun auch nicht. Außerdem verliehen ihm die Rundungen eine gewisse Autorität, und das konnte in seinem Beruf durchaus von Nutzen sein.

Die Jens Kofoed legte mit einem diskreten Ruck vom Kai ab, und Sekunden später gratulierte Wall sich zu seiner Entscheidung, auf das Heringsbüfett zu verzichten. Die übrigen Gäste stürzten sich auf die Leckereien, als hätten sie seit Tagen nichts mehr gegessen. Brodelndes Chaos griff um sich. Teller fielen zu Boden, Gläser klirrten und wütende Wortwechsel folgten, bis die Schlangen sich organisiert hatten und das aufgebrachte Gemurmel über den Lachsscheiben, Krabbenschälchen, Aalvariationen, eingelegten Heringen, Salatschüsseln, den mit Mayonnaise garnierten Eihälften, dampfenden Wurst- und Frikadellengerichten und vielem anderem sich legte.

Die Überfahrt verlief glatt. Das mächtige Schiff stampfte rhythmisch seinem Zielhafen zu. Die Ostsee war ruhig, beinahe tanzbodenglatt, und Wall fühlte sich, als säße er zu Hause in seinem Wohnzimmer und entspannte sich in seinem Fernsehsessel. Er nahm drei Gänge zu sich und genoss es, keine längeren Gespräche mit seinen Tischnachbarn führen zu müssen. Er tauschte nur die üblichen Höflichkeitsfloskeln mit ihnen aus, um das Schweigen nicht peinlich werden zu lassen. Ansonsten kümmerte sich jeder um sich selbst.

Als der Kommissar schließlich aufs Autodeck zurückkehrte, versuchte er sich daran zu erinnern, wann er das letzte Mal eine derart angenehme Schifffahrt zwischen Ystad und Rönne erlebt hatte. Aber ihm fiel keine ähnlich entspannte Reise ein, und dabei hatte er schließlich seit mehr als zwei

Jahrzehnten seinen Sommerurlaub auf Bornholm verbracht.

Bei so einem Auftakt mussten die vor ihm liegenden Wochen ja herrlich werden.

Ein Urlaub konnte gar nicht besser beginnen.

Und es ging in gleichem Stil weiter.

Er kam aus Jens Kofoeds dunklem und von Fischgeruch geschwängertem Inneren rechtzeitig und ohne Probleme heraus und musste seine Augen beschatten, um von dem strahlenden Sonnenschein nicht geblendet zu werden.

Was für ein Wetter!

Die gut zwanzig Minuten lange Autofahrt nach Allinge in der nordöstlichen Ecke Bornholms war eine Strecke voller Erinnerungen. Wall kannte hier jeden Meter und musste schmunzeln, als er entdeckte, dass es wie üblich in Hasle, dem größten Ort auf seiner Route, einen Schuhschlussverkauf gab.

Wahrscheinlich wäre er tatsächlich etwas enttäuscht gewesen, wenn er das Schild mit dem Angebot nicht gesehen hätte; es machte ihn seltsam froh, so etwas Altem, Vertrautem wieder zu begegnen.

Wohlbehalten am Ziel angelangt, parkte er seinen Wagen unerlaubterweise an der Östergaden vor dem Släktsgården. Er hoffte, dass er die anderen Verkehrsteilnehmer nicht stören würde, während er das schwerste Gepäck aus dem Kofferraum wuchtete und es auf dem Hof abstellte, bevor er weiterfuhr zu dem höchstens hundert Meter entfernten Parkplatz am Meer.

In aller Eile holte er die Taschen aus dem Auto. Als er so weit war, fuhr er schnell wieder los, erleichtert darüber, dass er auf der schmalen Straße keinen Stau verursacht hatte.

Nachdem er seinen Volvo an dem üblichen Platz vor der

Herings- und Aalräucherei abgestellt hatte, fast direkt am Wasser, ging er zurück zu der Pension, die er im Laufe der Jahre als sein zweites Zuhause anzusehen gelernt hatte.
Und er wurde von dem Besitzer Arvid Iversen in der üblichen Form begrüßt: mit echter Herzlichkeit und einigen Tuborgs. Iversen gönnte sich außerdem einige Sticheleien über die fehlenden blaugelben Fußballerfolge während der vergangenen Saison. Das konnte er sich problemlos leisten, da Dänemark sich im Gegensatz zu Schweden für die Weltmeisterschaft in Frankreich in diesem Sommer qualifiziert hatte. Einige der rotweißen Fans hatten in Zeitungsinterviews bereits optimistisch verkündet:
»Das kann genauso schön werden wie bei der Europameisterschaft 1992.«
Damals hatte Dänemark gewonnen; eine Tatsache, die Iversen dem fußballbegeisterten Wall gern unter die Nase rieb. Walls Hinweis auf Schwedens kürzlich errungenen 3:0-Sieg über die Erzfeinde wischte er mit einem lockeren Schulterzucken vom Tisch:
»Das war ja nur ein Freundschaftsspiel!«
Arvid Iversen – ein hoch gewachsener, schlaksiger Mann von siebenundvierzig Jahren mit roten Wangen, ausgeprägtem Arbeitseifer und viel Sinn für Humor – wusste genau, wie er seinen schwedischen Freund packen konnte. Die beiden kannten sich inzwischen in- und auswendig.
Nach dem Bier (Wall lehnte die Einladung zu einer dritten Flasche dankend ab) richtete er sich in seiner Stammwohnung in dem Eckgebäude zwischen den beiden Gärten des Släktsgårdens ein. Die Wohnung verfügte über zwei kleine Zimmer und ein Bad. Die Küche befand sich direkt davor, was einerseits ganz praktisch und bequem war, andererseits aber auch gewisse Unannehmlichkeiten mit sich brachte. Denn noch andere Gäste hatten Zugang zur

Küche, da konnte es schon mal etwas lauter werden. Wall notierte sich, dass er Ohropax kaufen musste. Er wollte schließlich ungestört schlafen können.

Der Kommissar packte seine Taschen aus und legte seine frisch gewaschenen und gebügelten Kleider in ordentlichen Stapeln in den Schrank und die Kommode. Die Bücher stapelte er in zwei Haufen auf dem Nachttisch, und den Inhalt seiner Kulturtasche verteilte er auf die dafür vorgesehenen Plätze im Bad.

Dann holte er seinen Urlaubsschnaps – einen Aalborg Jubiläumsaquavit und einen Absolut Wodka – heraus und stellte die Flaschen in den Kühlschrank in der Küche. Das tat er ohne die geringste Sorge. Während all der Jahre war ihm nie auch nur ein Tropfen seiner Vorräte aus dem Kühlschrank, der von allen Gästen in diesem Teil der Pension benutzt wurde, abhanden gekommen.

Die Sonne brannte mit unveränderter Intensität vom Himmel, und Wall beschloss, es sich auf einem der Liegestühle in dem vor Blicken am besten abgeschirmten Garten gemütlich zu machen.

Er steckte sein rundes Gesicht durch die Tür und stellte fest, dass es in dem von Hecken umgebenen Garten menschenleer war. Ausgezeichnet. Also ging er zurück in seine Wohnung, zog sich Shorts und T-Shirt an, schnappte sich das oberste Buch von einem der Stapel und begab sich hinaus in den leeren Garten.

Obwohl er ganz allein war, bewegte er sich nur vorsichtig, wollte seine kreideweißen Beine voller Krampfadern keinen fremden Blicken preisgeben. Zwar war er nicht übertrieben eitel, was sein Äußeres betraf, aber jeder hatte ja so seine Schwachstellen, die er nicht gern in der Öffentlichkeit zeigte.

Er brauchte wirklich dringend einige Sonnenstrahlen. Sein

leichenblasses Hautkostüm konnte kaum als besonders kleidsam bezeichnet werden. Nach einigen Mühen (er hatte noch nie besonders viel praktisches Geschick bewiesen) hatte er den Liegestuhl in Position gebracht. Er warf ängstliche Blicke in alle Richtungen und traf dann eine Entscheidung: das T-Shirt herunter und die Shorts noch ein Stück die dicken Schenkel hoch geschoben.

Mit einem zufriedenen Seufzer sank er auf den Liegestuhl und nahm sich vor, mindestens drei Kapitel zu lesen. Aber in der brütenden Hitze wurde er schnell von Müdigkeit übermannt. Schon nach kaum fünf Minuten begannen seine Augenlider zu zucken.

Er schloss die Augen und ließ das Buch ins Gras fallen, schließlich hatte er Ferien und konnte tun und lassen, was er wollte.

Und so versank er in einen Dämmerzustand irgendwo zwischen wach sein und Schlaf.

Die Zeit verging

Plötzlich zuckte er zusammen, von irgendeinem Geräusch aufgeschreckt. Verwirrt suchte er nach etwas, um sich zu bedecken – er wollte nicht, dass eine unschuldige Person von dem Anblick einer fast nackten, albinoweißen Erscheinung, die sich in einem Liegestuhl lümmelte, schockiert wurde.

Zwar konnte er niemanden entdecken, begriff aber schnell, was ihn geweckt hatte. Durch eines der Fenster aus dem ersten Stock der Pension drangen immer wieder verzückte Laute nach draußen. Wall schielte zu dem Fenster hoch, das geöffnet war und die unmissverständlichen Geräusche eines feurigen Liebesaktes herausließ – und dieser verlief nicht gerade leise.

Es wurde gestöhnt und gequiekt, gejammert und geknurrt, geseufzt und gekeucht, gewimmert und geschrien.

Die weibliche Stimme war am besten zu hören. Ab und zu stieg sie in ein schrilles Falsett auf.
Wall fühlte sich wie ein Eindringling. Es war, als läge er absichtlich gerade hier, um zu lauschen und zu spionieren. Das erzeugte in ihm ganz gegen jede Logik ein Schuldgefühl und das Empfinden, etwas Unanständiges zu tun.
Gleichzeitig ließ ihn dieser Hochgenuss, der sich so schamlos und offen direkt in seiner Nähe zutrug, auch nicht ganz kalt. Er begann sogar darüber nachzudenken, ob er nicht selbst einen Vorstoß in dieser Richtung unternehmen sollte. Unmöglich war das schließlich nicht. Nur weil er Junggeselle war, musste er sich doch ein wenig körperliche Nähe und Wärme als Abwechslung in seinem einsamen Dasein nicht versagen. Während seiner früheren Bornholmbesuche hatte er das eine oder andere Techtelmechtel mit geneigten Damen gehabt, war jedoch immer sorgsam darauf bedacht gewesen, sich nicht zu binden. Die Vergnügungen waren rein temporärer Art gewesen, mehr nicht. Bei diesen Kontakten war er in einem Punkt standhaft geblieben: Er hatte niemals eine Affäre mit einer Frau begonnen, die bereits gebunden war. Niemand sollte ihn beschuldigen können, sich zwischen zwei Menschen zu drängen.
Nun war es natürlich schon eine ganze Weile her, seit er das letzte Mal in den Genüssen einer körperlichen Begegnung geschwelgt hatte, aber es war ja dennoch denkbar, dass er ganz zufällig auf eine freie, Kontakt suchende Dame im entsprechenden Alter stoßen würde. Und dann …
Das Keuchen aus dem ersten Stock inspirierte ihn, gleichzeitig hatte es aber auch einen abschreckenden Effekt. Tatsächlich fürchtete Wall sich vor der Leistung, die eine viel versprechende (und im schlimmsten Fall fordernde) Partnerin von ihm erwarten würde, weshalb es wohl am sichersten war, gleich einen Rückzieher zu machen.

Jemand schrie schrill und erregt auf Schwedisch:
»Bleib drin, bleib drin, geh nicht raus.«
Die rauere Stimme eines Mannes, dänisch, informierte die Umwelt darüber, dass er gleich kommen würde, und kurz darauf drangen an Walls Ohren Geräusche, die nur das Eine bedeuten konnten.
»Wie schön, dass mein bescheidenes Haus so nette Unterhaltung bieten kann.«
Arvid Iversen trat verschmitzt lächelnd aus der Küchentür, und Sten Wall streckte sich automatisch nach seinem T-Shirt. Der Pensionswirt hatte Harke und Spaten in den Händen, er war offenbar auf dem Weg zu dem gartenhausähnlichen Schuppen an der Mauer zur Straße hin.
Er nickte zum ersten Stock hoch, wo das Fenster jetzt geschlossen wurde. Kurz war ein weißer Arm zu sehen, der gleich wieder verschwand.
»Die Vorstellung ist offensichtlich zu Ende«, sagte Wall und versuchte seine überbordenden Schenkel, so gut es ging, mit Hilfe des Buchs und der Hände zu bedecken.
Iversen legte seine Gartengeräte auf den Boden, zog sich einen Stuhl heran und setzte sich. Wall wäre am liebsten hineingegangen, um sich anständig anzuziehen. Es kam ihm vor, als hätten seine Schenkel während des Sonnenbads einen leichten Rosaton angenommen, und das Schweinchenhafte der Farbe verstärkte noch das Pathetische seiner Erscheinung. Er drehte sich zur Seite, damit der größte Teil seiner Krampfadern den Blicken des anderen verborgen blieb.
Der Pensionswirt war in Redelaune. Er beklagte sich über den Bevölkerungsschwund auf seiner Heimatinsel. Wenn der Fortzug nicht gestoppt wurde, konnte das ernsthafte Konsequenzen haben.
»Wir haben seit Jahrzehnten knapp 50 000 Einwohner gehabt«, erzählte er. »Aber in den letzten Jahren sind wir im-

mer weniger geworden. Bis jetzt ist das noch keine Katastrophe, aber es muss etwas dafür getan werden, dass die Bornholmer bleiben. Es gibt nicht genügend Jobs, die Ausbildungsmöglichkeiten sind unzureichend. Die Fischerei ist in beunruhigendem Maße zurückgegangen, und leider scheint auch der Tourismus abzunehmen.«

»Na, ich tue jedenfalls, was ich kann«, meinte Wall und wurde mit einem breiten Grinsen belohnt.

»Wenn alle so vernünftig wären wie du, dann gäbe es keinen Grund zur Klage«, sagte Iversen. »Aber da die Sommersaison ja nur so kurz ist, nur ein paar Monate lang, müssen die Pensionen und Hotels sehen, dass sie dann möglichst voll belegt sind. Ich habe immer noch ausreichend Gäste, vor allem im August, wenn die Deutschen kommen, aber sonst ist es weniger geworden. Wir haben Juni und noch vor zwei Jahren hatte ich zu dieser Jahreszeit fast alles belegt. Und guck nur, wie es jetzt aussieht! Dreißig von meinen fünfzig Betten stehen leer!«

Wall warf aufmunternde und tröstende Worte ein, während sein Freund sich über seine Probleme ausließ, aber er wusste, dass die tröstenden Worte eigentlich gar nicht notwendig waren. Arvid Iversen war im Grunde seines Herzens ein großer Optimist, ausgestattet mit einer Vitalität, die mit den hartnäckigsten Problemen fertig werden konnte. Im Augenblick musste er offenbar ganz einfach etwas Dampf ablassen, und Wall war ein guter Zuhörer.

Nach einer Weile knarrte die Küchentür, und ein junges Paar betrat den Garten. Der Junge war von mittlerer Größe, mit Nackenhaar, das bis auf seine Schultern hing, seine Freundin war so mager, dass Wall sie zuerst für magersüchtig hielt. Aber als sie näher kam, erkannte er seinen Irrtum. Sie war einfach nur sehr zart gebaut, hatte aber ausgeprägte Muskeln in den schlanken Beinen.

Sie nickten Wall zu, und Iversen machte sie eilfertig mit dem schwedischen Polizeimann bekannt. Murmelnd streckte dieser seine Hand aus, um sie zu begrüßen, während er gleichzeitig seine mangelnde Voraussicht verfluchte, was seinen Aufzug betraf. Seine Schenkel quollen weißlich über den Liegestuhlrand, schlaff und untrainiert.

Der junge Mann hieß Sören Knudsen und stammte aus Roskilde, das Mädchen kam aus Blekinge und trug den Namen Jenny Lang. Seine Stirn glänzte am Haaransatz von einigen Schweißtropfen, ihre Wangen glühten. Ansonsten war den beiden von ihren vorherigen Aktivitäten nichts anzumerken.

Nach wenigen Minuten verabschiedeten sie sich.

Iversen nickte ihnen nach:

»Das waren doch die, die ...«

»Ja, ja,«, sagte Wall und blätterte in seinem Buch, worauf der Pensionswirt sofort reagierte. Er sammelte seine Harke und seinen Spaten auf, bemerkte, dass er bald das Abendessen vorbereiten müsse, und erhob sich dann zu seiner beeindruckenden Länge.

Als er vom Geräteschuppen zurückkam, fragte er Wall, ob dieser auswärts essen oder die Küche des Släktsgårdens testen wolle.

»In gewisser Hinsicht bin ich eine äußerst konservative Person«, erklärte Wall, »deshalb werde ich ins Algarve gehen. Dort habe ich immer meinen ersten Urlaubsabend verbracht. Und das werde ich auch so beibehalten.«

»Jetzt, wo du es sagst, fällt es mir auch wieder ein«, sagte Iversen, nachdenklich dazu nickend.

»Aber sage mir Bescheid, wenn es dänische Frikadellen gibt. Dann melde ich mich sofort an.«

Eine zottige, auffallend hässliche Katze kam aus dem Gebüsch neben dem Geräteschuppen geschlichen.

»Das ist meine Katze«, sagte Iversen nicht ohne Stolz.
»Wie heißt sie?«
»Perikles, er ist ein Kater, und ich habe noch nie einen größeren Faulpelz gesehen. Wenn er eine Maus entdeckt, dann gähnt er nur lange und ausgiebig. Meistens liegt er faul im Fenster. Er hat vier Lieblingssimse, die er abwechselnd benutzt. Und da liegt er dann den ganzen Tag schlaff herum und studiert das Leben vor den Fensterscheiben.«
»Da macht er es genau wie ich«, sagte Wall. »Zu Hause habe ich vier Fernsehkanäle, zwischen denen ich immer hin und her zappe.«
Der lange Pensionswirt lachte laut auf und machte sich auf den Weg, der Kater folgte ihm gemächlich.
Kurz darauf hatte der Kommissar von der Sonne genug. Er sammelte seine Siebensachen zusammen und zog um ins Haus, wo er noch eine Stunde las, bevor er sich für den Restaurantbesuch umzog.
Auf dem Weg zu dem kleinen Krug in Allinges idyllischem Hafen kam er an ein paar Fahrradtouristen vorbei, die vergnügt ihr Krölle-Bölle-Eis schleckten. Der Troll Krölle Bölle war das Wahrzeichen Nordbornholms und galt als Glücksbringer. Die beliebte Figur trat in den phantasievollsten Versionen auf und konnte als Souvenir aus diversen Materialien und in den verschiedensten Formgebungen gekauft werden.
Ein Transistorradio lief. Eine dänische Stimme verlas die Nachrichten und Wall meinte mitzubekommen, dass in Schweden jemand ermordet worden war, war sich aber nicht sicher, ob er es richtig verstanden hatte.
Zuerst erwog er umzukehren, um genauer zuzuhören. Aber nach kurzem Zögern beschloss er, doch lieber weiterzugehen.

Mord in Schweden – war das etwas, das dänische Zuhörer interessieren konnte?
Ja und wenn schon?
Wenn es wirklich darum ging (er hatte nur Fetzen der Nachrichten aufgeschnappt), war es jedenfalls nichts, worum er sich kümmern musste.
Er wollte abschalten, nicht an seinen Job denken, sondern zwei Wochen lang ausschließlich faulenzen.
Ausgelassen betrat er das Algarve und suchte sich einen Platz auf der Terrasse. Er bestellte sich einen trockenen Martini und nippte an ihm, während er begeistert die Speisekarte studierte.
Dem bald pensionsreifen Kommissar ging es gut, besser als seit langem.
Die Ferien hatten begonnen.

Der Mörder

Trotz eines ausgiebigen Frühstücks spürte er leichten Hunger. In Erwartung der Mittagsnachrichten im Fernsehen gönnte er sich eine leichte Zwischenmahlzeit, bestehend aus einem halb vollen Teller Sauermilch mit Müsli. Abends wollte er richtig essen, schließlich hatte er etwas zu feiern, jetzt, wo Phase eins seines Vorhabens so elegant abgeschlossen worden war.
Er war äußerst zufrieden.
Die Medien hatten seine Leistung mit dem gebührenden Respekt behandelt, den er erwartet hatte. Natürlich bestimmte der Mord die Schlagzeilen in den Zeitungen, war die erste Meldung in Rundfunk und Fernsehen. Immerhin war eine bekannte Person ins Jenseits befördert worden. Bill Elfvegren hatte offensichtlich ein beträchtliches Renommee genossen, auch wenn man ihn natürlich nicht mit Olof Palme vergleichen konnte. Wie man es auch drehte und wendete, zwischen einem Premierminister und einem ganz normalen Staatsanwalt war doch ein himmelweiter Unterschied.
Der Palmemord war nie aufgeklärt worden. Und auch der Elfvegrenmord sollte sich unter die großen geheimnisvollen Fälle mit den unbeantworteten Fragen nach »Wer?« und »Warum?« reihen.
Er musste seine Freude richtiggehend zügeln, als er von den vielen Spekulationen hörte und las, eine verrückter als die andere. Alle hatten so ihre Vorstellung davon, was wirklich hinter Elfvegrens unerwartetem Abgang steckte.
Auf diese Weise kam auch zutage, dass Bill Elfvegren einen weitläufigen Umgang mit Männern wie Frauen gepflegt hatte (privat eher mit den Damen; das ausschweifende

Leben des Staatsanwalts und seine Schwäche für Vergnügungen wurde mehrmals spekulativ erwähnt – Indiskretion lässt sich nicht immer von Tragödien bremsen).

Die Tatsache, dass sein Opfer in verschiedene Liebesaffären verwickelt gewesen war, diente dem Mörder natürlich zum Vorteil: Das erhöhte die Zahl der Verdächtigen – Eifersuchtsdramen spielen oft eine herausragende Rolle im Zusammenhang mit Verbrechen.

Hinzu kam noch, dass Elfvegren sich in seinem Beruf auf jeden Fall Feinde gemacht hatte, sodass die Polizei genug Stoff hatte, über den sie nachgrübeln konnte. Gewaltige Ressourcen und große Kompetenz wurden darauf verwandt, den Mörder zu schnappen, aber sie würden für alle ihre Anstrengungen nicht belohnt werden. Sie würden auf keinen Fall etwas finden, das ihn mit dem Opfer verband. Wenn er nur darauf achtete, nicht übermütig zu werden, konnte er sich absolut sicher fühlen.

Die Hinrichtung war effektiv und mit bewundernswerter Eiseskälte ausgeführt worden.

Er konnte stolz auf seine Arbeit sein (und das war er auch). Diesem aufgeblasenen Juristen das Lebenslicht auszupusten war einfacher vonstatten gegangen, als er es erwartet hatte. Zwar hatte er nicht mit wirklich bedeutenden Schwierigkeiten gerechnet, da er ja alles genauestens geplant und alle notwendigen Vorsichtsmaßnahmen eingehalten hatte, aber dennoch: Es war fast zu leicht gewesen. Es sollte nicht so leicht sein, das Leben eines Menschen auszulöschen. Sonderbarerweise empfand er das Fehlen eines reellen Widerstands als etwas Unbefriedigendes, während er gleichzeitig dankbar dafür war, dass die Aktion ohne weitere Zwischenfälle abgelaufen war.

Schon sehr früh hatte er sich für die Methode entschieden. Noch heute konnte er sich deutlich daran erinnern, was er

gedacht hatte, als er den Revolver dort in dem erbärmlichen Umkleideraum des Schießclubs entdeckt hatte:
Vielleicht würde er die Waffe ja irgendwann einmal brauchen können.
Und nach mehr als einem Vierteljahrhundert im Versteck war es an der Zeit gewesen, dass der Revolver nutzbringend eingesetzt wurde.
Er war damals direkt nach dem Diebstahl, von einer Art Waffenleidenschaft gepackt worden. Angeregt von seinem heimlichen Neuerwerb hatte er mit großer Begeisterung angefangen, alles über Handfeuerwaffen zu lernen.
Der Schatz, der ihm da in die Hände gefallen war, war eine Smith & Wesson .38, und er erfuhr schnell, dass diese jahrelang die Standardwaffe der amerikanischen Polizei gewesen war.
Er hatte den Revolver gewogen und war überrascht, als der Zeiger bei 1,1 kg stehen blieb: Die Waffe fühlte sich schwerer an.
Natürlich war er in Versuchung, den Revolver auszuprobieren, aber aus reinem Selbsterhaltungstrieb zügelte er seine Ungeduld und ließ seinen Schatz in einem ausgeklügelten Versteck liegen, bis der Diebstahl vergessen war. Er hatte eine »Quarantäne« von ungefähr einem Jahr einhalten wollen, aber nach nur vier Monaten konnte er sich nicht mehr bremsen. An einem kalten Februartag schlich er sich in ein Waldstück und feuerte einige Schüsse ab.
Alles ging gut. Niemand entdeckte ihn. Der Revolver wurde wieder versteckt, und sein Interesse für Waffen nahm ab. Sehr viel später erst hatte er die Gelegenheit, sich neue Munition für seine Smith & Wesson zu beschaffen. Er nutzte das Angebot (*vielleicht würde er den Revolver ja irgendwann einmal brauchen können*).
Als er beschlossen hatte, als zweifacher Exekutor zu fun-

gieren, hatte er gleichzeitig entschieden, den Revolver bei dem ersten Mord zu benutzen.

Natürlich musste er kontrollieren, ob die Waffe nach all diesen Ruhejahren überhaupt noch funktionierte. Zwar erinnerte er sich daran, einmal gehört zu haben, dass eine Smith & Wesson dafür gebaut war, bis zu hundert Jahre lang zu funktionieren, aber es wäre dumm gewesen, sich nur auf diese Aussage zu verlassen.

Der Test wurde ausgeführt. Zuerst im Keller, später dann draußen.

Beim ersten Test war er von dem dröhnenden Knall überrascht gewesen. Es klang wie eine Dynamitexplosion, als er direkt in einen Sack mit grobem Sand schoss.

Er war schon bereit, die Idee, Elfvegren Blei schmecken zu lassen, zu verwerfen und sich eine neue Variante zu überlegen.

Doch dann bekam der Revolver noch eine neue Chance. Nun machte er seine Übungsschüsse draußen, auf einem abgelegenen Feld, und dort fand er nicht mehr, dass es so Furcht erregend laut klang, wie es ihm im hallenden Keller vorgekommen war. Und als er ein Frotteehandtuch um den kurzen Lauf wickelte, reduzierte sich der Lärm noch einmal deutlich.

Da Elfvegren so abgelegen wohnte – fast einen Kilometer von anderen Häusern entfernt – hatte er deshalb schließlich beschlossen, den Revolver als Tatwerkzeug zu benutzen.

Eines frühen Morgens war er dann zur Tat geschritten, nahezu unkenntlich gemacht durch eine Perücke und eine Sonnenbrille. Mehrere Tage gründlicher Observation hatten ihn auf die große Aufgabe gut vorbereitet, und Elfvegren hatte sich folgsam wie ein Opferlamm überwältigen lassen.

Der Schuss traf ihn mitten in der Stirn, genau über den Augenbrauen. Der Jurist hatte eher überrascht als erschrocken gewirkt. Offenbar hatte er die tödliche Gefahr gar nicht mehr auffassen können, sondern war ohne ein Bewusstsein dessen, was da eigentlich mit ihm geschah, verschieden.

In dem Moment, als er auf den Abzug drückte, war er einen Schritt nach hinten getreten, um Blutspritzer zu vermeiden.

Es *war* laut gewesen, trotz des Handtuchs, aber damit hatte er ja auch gerechnet. Deshalb beunruhigte ihn das nicht weiter.

Man konnte es trotzdem für eine Fehlzündung oder einen platzenden Reifen halten, oder aber auch für einen gesetzlich erlaubten Schuss, ausgelöst von einem Jäger in dem nahe gelegenen Waldstück.

Direkt nach der Tat empfand er ein fast unbeschreibliches Wohlbefinden. Es schien, als wäre alle Anspannung von ihm abgefallen, als hätten sich alle Krämpfe gelöst. Er wurde von einem wahren Machtrausch befallen. Er fühlte sich als Herrscher über Leben und Tod. Er war es und niemand sonst, der in der Lage war, den Daumen nach oben oder nach unten zu richten.

Nur zu gern hätte er allerdings das Ganze noch etwas hinausgezögert. Es wäre schön gewesen, den selbstherrlichen Elfvegren sich winden und vor Angst schwitzen zu sehen, bevor die Kugel abgefeuert wurde, aber gleichzeitig wäre es doch zu riskant gewesen. Was wäre passiert, wenn dieser Schweinehund angefangen hätte, aus vollem Halse loszuschreien? Zwar wohnte er reichlich isoliert, aber es war dennoch nicht undenkbar, dass sich jemand zufällig in der Nähe aufhielt und herbeieilte.

Dieses Risiko gab es natürlich auch, als der Revolver sich

laut zu Wort meldete. Der Unterschied dabei war nur, dass zu diesem Zeitpunkt die Sache entschieden war und er sich direkt aus dem Staube machen konnte, ohne jede Verzögerung.

Sein Plan war im Grunde bombensicher, hatte nur eine Schwäche: Er ließ keine unnötige Zeitverzögerung zu. Von dem Moment an, als er feststellen konnte, dass die Luft rein war, traute er sich nicht, unnötige Sekunden zu vergeuden. Um auf der sicheren Seite zu sein, hieß es, schnell zu handeln: das zu erledigen, weshalb er gekommen war, und dann schnellstmöglich wieder zu verschwinden.

Und genau das hatte er gemacht. Er hatte sich bis in die Fingerspitzen hinein professionell verhalten.

Aber beim nächsten Mal würde er sich mehr Zeit lassen.

Die Schusswaffe verschwand wieder in ihrem alten Karton. Dort hatte sie fast sechsundzwanzig Jahre gelegen, ohne entdeckt zu werden, und dort konnte sie noch weitere sechsundzwanzig Jahre liegen, wenn es nach ihm ging, denn er hatte nicht vor, sie auch für Mord Nummer zwei zu benutzen.

Als weitere Sicherheitsmaßnahme hatte er sich auch der Perücke, der Sonnenbrille und seines Popelinemantels entledigt, den er aus der unbewachten Garderobe einer Pizzeria gestohlen hatte.

Heute, an diesem Mittwoch, war er morgens in einem Zigarettenladen gewesen, um sich die Zeitungen zu kaufen. Aber eine war noch nicht erschienen gewesen, deshalb ging er noch einmal hinaus, um sie sich zu besorgen. Nicht, weil er glaubte, sie würde ihm ein außergewöhnliches Leseerlebnis bieten, aber die Neugier trieb ihn an. Es konnte ja etwas in ihr stehen, was die anderen Quellen bisher noch nicht berichtet hatten.

Gelenkt von einer inneren Stimme suchte er einen ande-

ren Kiosk auf, auch wenn es eigentlich keinerlei Bedeutung hatte, wo er nun seine Einkäufe machte. Er bezahlte für die Zeitung und eine Schachtel Halstabletten und setzte sich auf eine Parkbank, um zu lesen. Der Bericht stimmte haargenau mit denen der Konkurrenz überein, aber mit etwas anderem hatte er auch gar nicht gerechnet.
Der Mörder faltete die Zeitung zusammen und schob sie in eine seiner Jackentaschen.
Vor sich sah er den überraschten – fast schafsartigen – Gesichtsausdruck von Bill Elfvegren, als dieser zu ihm aufblickte.
Er sehnte sich danach, dieses Gefühl der Überlegenheit wieder zu verspüren, mit einem neuen Opfer am Haken. Aber beim nächsten Mal würde er sich, verdammt noch mal, Zeit lassen und den Genuss in die Länge ziehen. Außerdem konnte er die Schusswaffe nicht wieder benutzen, damit die Polizei keine Gelegenheit hatte, sofort einen Zusammenhang zwischen den beiden Morden herzustellen. Deshalb war es nötig, auf etwas Neues zu kommen, seine Phantasie zu gebrauchen.
Es würde ihm nicht besonders schwer fallen, sich eine raffinierte Methode auszudenken, um Nummer zwei das Lebenslicht auszupusten.
Eine schreckliche Unruhe überfiel ihn plötzlich. Es war, als pochte etwas in ihm mit unbändiger Kraft, etwas, das ihn antrieb, etwas, das ihn zu Aktionen anspornte.
Zuerst hatte er geplant, noch eine Weile abzuwarten, aber jetzt wurde ihm klar, dass er das Eisen schmieden sollte, solange es noch heiß war. Und im Augenblick hatte er ja fast unbegrenzt Zeit für sein Vorhaben. Er konnte nicht sagen, wie das in Zukunft sein würde.
Mit anderen Worten: Er konnte ebenso gut gleich loslegen.
Er befand sich in der Nähe der Bibliothek, brauchte nur ein

paar Minuten, um dorthin zu gelangen. Im Foyer hüpften einige Kleinkinder hin und her, schrien laut herum und prügelten sich. Die Leute im Zeitschriftensaal warfen wütende Blicke auf die Ruhestörer, während diese unverdrossen ihre lautstarken Spiele fortsetzten, ohne dass ihre Mütter (Tagesmütter? Kindermädchen?) eingriffen. Stattdessen standen sie diskutierend und rauchend vor dem Eingang, die Rücken beflissentlich dem Chaos hinter ihnen zugewandt.

Aber das war ja nicht sein Problem. Er wich einem herumwirbelnden Kind aus und fragte an der Information nach den Telefonbüchern. Schnell fand er, was er suchte, und notierte sich einige Nummern auf dem Rand der letzten Seite der Abendzeitung.

Kurz darauf stand er in einer Telefonzelle und wählte die erste Nummer – die Wohnung des Gesuchten. Dort antwortete niemand, also versuchte er es an dessen Arbeitsstätte.

Und dort bekam er natürlich eine Verbindung.

»Polizei.«

Mit leicht verstellter Stimme (es war immer besser, auf der Hut zu sein) fragte er:

»Könnte ich bitte mit Sten Wall sprechen?«

Jan Carlsson

Es gab wohl keinen schwedischen Polizeibeamten, der Bill Elfvegrens trauriges Schicksal nicht kommentierte. Irgendwie war er ja einer der »Ihren«, weshalb die Gefühle natürlich in Wallung gerieten, als bekannt wurde, dass er so brutal ermordet worden war. Und das, obwohl er bei denen, die beruflich mit ihm zu tun hatten, nicht sonderlich beliebt war, im Gegenteil, er hatte ein ziemlich ramponiertes Renommee.

Aber das war in diesem Fall nicht so wichtig. Elfvegren war ein Verteidiger der demokratischen Rechte gewesen, ein Vertreter von Gesetz und Ordnung, und gerade deshalb – behaupteten viele – war es umso wichtiger, dass sein Mörder gefasst wurde. Und zwar möglichst bald.

Andere in der Branche meinten, der Mord an dem exzentrischen Staatsanwalt müsse unbedingt aufgeklärt werden, weil andernfalls das Prestige der Kriminalpolizei in ernsthafter Gefahr sei – wie stünde man denn da nach einem neuerlichen »Palme-Debakel«?

Und dann gab es natürlich noch diverse Repräsentanten der Auffassung, dass selbstverständlich alle Mörder gefasst und hart bestraft werden mussten, ganz gleich aus welchen Beweggründen. Bei einem Mord konnte es keine Toleranz geben, hatte es keinerlei Bedeutung, ob das Opfer ein hoch angesehener und verdienter Mitbürger oder ein verachtetes, verkommenes Individuum war: Immer handelte es sich um ein Menschenleben.

In jeder Polizeidirektion des Landes wimmelte es nur so von Experten, die genau wussten, weshalb Bill Elfvegren sein Leben hatte lassen müssen. Und sie wussten auch ganz genau, wie das vor sich gegangen war.

Die Kriminalbeamten in Stad bildeten da keine Ausnahme. Auch sie waren Besserwisser, die durchdachte Theorien von sich gaben und sie ihren Kollegen mit großer Begeisterung mitteilten. Und sie waren der Meinung, ganz besonders befähigt zu sein, sich zu diesem Thema zu äußern, da Elfvegren schließlich in ihrer Stadt gewirkt hatte. Zwar war das nun schon so um die zehn Jahre her (und es hatte sich auch nur um einen kurzen Zeitraum gehandelt), aber dennoch ergab sich daraus ein gewisses Gefühl der Zusammengehörigkeit mit dem Opfer.

Die meisten unter ihnen hatten noch persönliche Erinnerungen an ihn, wenn auch nur vage und meistenteils ziemlich negativ. Schon zu jener Zeit hatte Elfvegren als borniert oder gar arrogant gegolten.

»Natürlich war es ein Auftragsmörder«, behauptete Carl-Henrik Dalman während einer Kaffeepause in der Cafeteria. »Das ist doch sonnenklar. Ein Schuss in die Stirn. Keine Spuren. So verhält sich nur ein Profi.«

Niemand widersprach ihm. Mit dem sturen Dalman zu diskutieren hatte so wenig Sinn, wie mit dem Kopf gegen eine Wand zu stoßen. Und diesmal schien es außerdem, als hätte er mit seinen Spekulationen Recht: Die Tat trug die Handschrift eines Berufsverbrechers.

Jan Carlsson begann einen anderen Faden aufzunehmen.

»Höchstwahrscheinlich ist er aus Rache ermordet worden, von irgendjemandem, der ihm etwas heimzahlen wollte. Von jemandem, der sich von ihm ungerecht behandelt fühlte, jemandem, der ...«

»... einen Mörder engagiert hat«, ergänzte Dalman.

Der Bodybuilder und Meisterschütze Otto Fribing kratzte sich den Bart. Dieser bedeckte seine gesamte Oberlippe, ohne deshalb den Status eines echten Knebelbarts beanspruchen zu können.

Dann sagte er:
»Aber es kann sich natürlich genauso gut um ein Eifersuchtsdrama handeln.«
Dalman schnaubte verächtlich.
»Dann wird der Mörder niemals gefasst werden. Betrogene Ehemänner und Freunde haben sich bei ihm sicher die Klinke in die Hand gegeben. Er war schließlich ein Bock der rücksichtslosesten Art. Ich könnte mir denken, dass er sogar Hörner und Klauen vorzuweisen hatte. Und diese Sorte hat meist genügend Unternehmungsgeist, um jedes gewünschte Wild zur Strecke zu bringen. Guck dir doch nur dieses Schwein Egon Fager hier im Ort an! Sieht nach nichts aus, hat nicht einmal besonders viel Charme. Sein Ruf ist unter aller Kanone. Und trotzdem schafft er es immer wieder, Trophäen zu sammeln. Und wisst ihr, warum? Genau, weil er skrupellos und schamlos genug ist, um seine frivolen Angebote jeder Erstbesten zu offerieren. Dass seine Opfer teilweise verheiratet sind, das interessiert ihn gar nicht. Elfvegren war haargenau von gleichem Schrot und Korn wie Fager, vielleicht nur auf einem etwas höheren Niveau.«
Jan Carlsson meinte eine Spur von Bitterkeit bei seinem Kollegen zu bemerken, der es daheim nicht leicht hatte. Die ganze Polizeistation wusste schließlich, dass Dalman zur Zeit verzweifelt versuchte, seine Ehe mit Eva zu retten, seiner Ehefrau, mit der er vier erwachsene Kinder hatte.
Etwas in Dalmans Tonfall ließ ihn erahnen, dass Carl-Henrik fürchtete, Eva könnte untreu sein. Carlsson selbst konnte sich das nur schwer vorstellen, aber was wusste er schon über die dalmanschen Familienverhältnisse?
Eine Frage von Otto Fribing unterbrach seine Überlegungen.

»Gab es nicht Gerüchte über eine Abtreibung, als Elfvegren damals hier gearbeitet hat?«

»Das stimmt«, nickte Jan Carlsson. »Ich meine mich noch erinnern zu können, dass es eine der Urlaubsvertretungen war, die den Attacken des großen Juristen zum Opfer fiel.«

»Und wenn hier so etwas passiert ist, dann kann es doch auch woanders vorgekommen sein«, fuhr Fribing fort. »Könnt ihr euch noch daran erinnern, wie sie hieß?«

Carlsson wie auch Dalman mussten passen.

»Schade, dass Wall oder Castelbo nicht hier sind. Die haben ein Gedächtnis wie Bridgemeister, vergessen nie einen Namen.«

»Apropos Wall«, sagte Dalman, »der hat doch damals zusammen mit Elfvegren diesen zugereisten Drogenhändler aus Norrland eingebuchtet. Ich komme so schnell nicht auf den Namen, aber auf jeden Fall war das einer der wenigen Fälle, die Elfvegren in der kurzen Zeit abschließen konnte, in der er unsere Stadt mit seiner Anwesenheit beglückte.«

Jan Carlsson saß einige Sekunden lang schweigend da.

»Daniel Kärr«, sagte er dann. »So hieß er, der Dealer aus Norrland. Ich war selbst bei der Verhandlung dabei. Kärr hat Wall und Elfvegren damals Rache angedroht, das weiß ich noch, aber die beiden haben sich natürlich nicht einschüchtern lassen. Kärr war auch, ehrlich gesagt, nicht besonders Furcht erregend. Er schien kein Gewalttäter zu sein, eher ein ziemlich weicher Typ, wenn ich mich noch recht erinnere.

»So etwas ist jedem Staatsanwalt schon mal passiert«, sagte Fribing. »Ich meine, solche Drohungen.«

»Aber nichtsdestotrotz könnte eine ähnliche Geschichte hinter dem Mord in Norrviken stecken. Elfvegren hat bestimmt Dutzende solcher Drohungen hinnehmen müssen, seit er Stad verlassen hat, und es wird nicht leicht sein, die richtige herauszufiltern. Ich beneide unsere Kollegen in Stockholm nicht darum. Die werden garantiert mit guten Ratschlägen nur so überschüttet, aber trotzdem sollten wir ihnen das mit der Abtreibung sagen. – Aber jetzt lasst uns zur Tagesordnung übergehen. Der Mord an Elfvegren ist ja nicht unser Job. Wir haben hier selbst genug zu tun.«

Der weitere Arbeitstag verlief wirklich auffallend hektisch. Es herrschte ohnehin schon Personalmangel, deshalb war die Urlaubszeit doppelt spürbar. Eine der Vertretungen hatte sich bei einem Motorradunfall das Bein gebrochen, und zu allem Übel hatte Thure Castelbo – seit vielen Jahren eine der Säulen der Abteilung – die Grippe bekommen. Er lag mit 40 Grad im Schatten darnieder, um seine besorgte Ehefrau Eva-Louise zu zitieren.

Obwohl Carlsson als Sten Walls Vertreter genug zu tun hatte, konnte er die Gedanken an Daniel Kärr nicht vollkommen abschütteln. Wenn nun …

Mit äußerster Kraftanstrengung schob er das Bild des bleichgesichtigen Junkies beiseite und versuchte sich auf seine Arbeit zu konzentrieren.

Der Tag schleppte sich dahin. Er organisierte drei Einsätze, hing fast ununterbrochen am Telefon und wurde zum Chef beordert in einer Sache, die außerhalb seines Gebiets lag (und mit der er sich nicht weiter befassen sollte).

Als er endlich fertig war, hatte er seine reguläre Arbeitszeit um gut und gern eine Stunde überschritten.

Die Abendsonne schien immer noch herrlich, als er auf die marmorierte Außentreppe der Polizeistation trat und sich auf den kurzen Fußweg nach Hause machte. Er beschloss, bei der Konditorei Emilia auf dem Stortorget vorbeizuschauen, um Kuchen zu kaufen, mit dem er Gun zum Abendkaffee überraschen wollte.

Trotz der harten Konkurrenz der Badestrände tummelten

sich reichlich Leute in den Straßen der Stadt. Fast alle waren leicht bekleidet in der angenehmen Abendwärme. Shorts dominierten eindeutig gegenüber langer Hose, Supermini schlug lang und mittellang. Auf dem Tivolivägen sah Jan Carlsson eine äußerst süße junge Frau, die einen Kinderwagen vor sich herschob. Sie hätte eine Babysitterin sein können (das Alter deutete darauf hin), aber er ging doch davon aus, dass es sich um die Mama selbst handelte, die da so liebevoll mit dem Baby schäkerte.
Plötzlich blieb die junge Frau stehen und beugte sich vor, um irgendetwas im Wagen zu richten. Da sie ein äußerst kurzes Kleid trug, bot sich Carlsson der verlockende Anblick eines schwarzen Slips. Sogleich verlangsamte er sein ohnehin schon gemächliches Tempo, um den Anblick so lange wie möglich genießen zu können.
Fast hätte er angehalten, um so zu tun, als würde er sich die Schuhe zubinden, änderte dann aber seine Meinung. Schließlich musste es Grenzen für die Geilheit alter Kerle geben. Stattdessen ging er tapfer weiter und konnte beim Vorbeigehen feststellen, dass die Mama (oder Babysitterin) auch eine äußerst charmante Brust hatte, noch dazu ohne jeden BH.
Inspiriert von dem Anblick der schönen jungen Frau begann er Pläne zu schmieden für einen schönen Abend mit Gun. Seine Ehefrau war zwar bestimmt nicht genauso appetitlich wie der Leckerbissen mit dem Kinderwagen, und das hatte nicht nur mit dem Alter etwas zu tun. Gun war immer dünn gewesen, mit flachem Busen und auch sonst irgendwie ohne viele Formen, und ihr Gesicht unter dem straßenköterfarbenen Haar war alltäglich.
Aber sie war das Beste, was er im Leben besaß. Seine Abhängigkeit von ihr war im Laufe der Jahre immer größer geworden, vielleicht auch, weil sie keine Kinder hatten,

und nichts fürchtete er mehr, als dass sie vor ihm sterben könnte. Er war vollkommen überzeugt davon, dass er in diesem Fall vor Trauer vergehen würde und nicht in der Lage wäre, weiter zu existieren. Es verging nicht ein Tag, ohne dass er sich voll Panik vorstellte, seiner Geliebten könnte etwas Schreckliches zustoßen: ein Unglück oder eine unheilbare Krankheit.

Mein Gott, kaute er das jetzt schon wieder durch!

Wütend auf sich selbst, versuchte er diese fixen Ideen loszuwerden, die ihn in immer kürzeren Intervallen quälten.

Sexuell funktionierte es immer noch gut zwischen den Eheleuten, auch wenn der Reiz des Neuen aus natürlichen Gründen schon seit langem verschwunden war. Sie waren beide in den Fünfzigern und kannten sich seit ihrer Jugend. Zu Beginn ihrer Liebe hatte er, naiv, wie er war, heimlich über ihr Liebesleben Buch geführt in Form von diskreten Kreuzen im Taschenkalender. Er erinnerte sich an Wochen mit aneinander gereihten Kreuzen, das war eine herrliche Zeit gewesen.

Irgendwann hatte Gun seinen Kalender entdeckt und ihn gefragt, was die Symbole bedeuteten. Er hatte etwas vollkommen Unlogisches mit peripherem Bezug auf irgendeinen Sport gefaselt, und da Gun von allem, was mit Sport zu tun hatte, keinen blassen Schimmer hatte, schien sie sich mit dieser weit hergeholten Erklärung zufrieden zu geben. Danach hatte er mit dieser infantilen Beischlafstatistik im Kalender aufgehört. Aber er hätte seinen Stift ohnehin nicht mehr so häufig benutzen müssen. Die intimen Stunden waren deutlich seltener geworden, hatten aber dafür nichts an Qualität eingebüßt. Ganz im Gegenteil.

Er war fest davon überzeugt, dass es ein angenehmer Abend werden würde.

Und er konnte der Versuchung nicht länger widerstehen,

sich hinzuhocken, um an seinen Schnürsenkeln zu zupfen. Schon nach wenigen Sekunden überholte ihn das süße Mädchen mit dem Kinderwagen, und die Sonne funkelte auf ihren nackten Beinen.
Als sie in eine Seitenstraße abbog, beendete Jan Carlsson sein unschuldiges Spiel. Er warf einen letzten Blick auf ihr dahinwehendes blondes Haar und erreichte eine halbe Minute später den Marktplatz.
Neben dem Rathaus war ein Rednerpult aufgestellt worden, von dem aus jeder, der es wollte, sich Gehör verschaffen konnte. Der Platz wurde oft sogar Speakers corner genannt. Es gab erstaunlich viele Menschen, die die Gelegenheit nutzten, ihre Ansichten publik zu machen, und fast ausnahmslos wurde Unzufriedenheit mit etwas oder jemandem geäußert. Offenbar machte es mehr Spaß zu kritisieren, als zu loben.
Heute stand ein dicker Herr mittleren Alters da, der sich, von Selbstzufriedenheit strotzend, endlos über das Desinteresse der Politiker an ihren Wählern ausließ (oder war es doch das Desinteresse der Wähler an den Politikern?) – Carlsson bekam nur Bruchstücke der zähen Tirade des Mannes mit. Oft lockten die Redner eine ziemlich große Zuhörerschaft an, aber diesmal standen nur drei Rentner, allesamt mit Plastiktüten zu ihren Füßen, da und hörten reichlich desinteressiert zu. So schien es zumindest, einer der Zuhörer gähnte sogar.
Jan Carlsson ging zur Konditorei und traf dort seine Wahl – er schwankte lange zwischen Mocca und Tosca – und hoffte, Gun würde zufrieden sein.
Das war sie.
Viel, viel später, als sie auf der Terrasse ihren Kuchen genossen, warf Gun ihm eine überraschende Frage zu:
»Weißt du eigentlich, ob Sten nähere Verwandte hat?«

»Sten? Nicht dass ich wüsste. Warum fragst du?«
»Ach, weißt du, ich habe in der Stadt Gullan Thagesson getroffen oder wie immer sie nach ihrer Heirat jetzt heißt. Sie war mit dem Kinderwagen unterwegs und hat mir ihre kleine Tochter gezeigt. Sie war so stolz und fand, die Kleine würde ihr ähnlich sehen. Aber ich weiß ja nicht ...«
Bei dem Wort »Kinderwagen« spürte Jan Carlsson gegen seinen Willen einen Anflug schlechten Gewissens.
»Hat Gullan nicht Erziehungsurlaub?«, fragte er.
Gullan – eigentlich hieß sie Gunilla – war im Empfang der Polizeistation beschäftigt, aber den Sommer über zu Hause, um sich um ihr erstes Kind zu kümmern.
»Natürlich, aber sie hat mit Siw geredet, die doch auch da sitzt ...«
»Ja, ja«, sagte er und winkte ungeduldig ab, »aber was hat das alles denn mit Sten zu tun?«
Und so erfuhr er – aus dritter Hand –, dass ein Mann angerufen und nach dem Kommissar gefragt hatte. Als der Betreffende hörte, dass Wall im Urlaub war, war er hartnäckig geblieben und wollte wissen, ob er ihn trotzdem irgendwo erreichen könnte.
»Laut Siw war der Anrufer wohl äußerst zäh und gab sich erst zufrieden, als er eine Auskunft bekommen hatte. Siw hat dann gefragt, wer er denn sei, und da hat er erklärt, er sei ein naher Verwandter aus Göteborg.«
Jan Carlsson runzelte die Stirn.
»Klingt merkwürdig. Sten hat nie etwas von einem näheren männlichen Verwandten in Göteborg erwähnt. Und auch in keiner anderen Stadt, wenn man's genau nimmt. Bist du dir wirklich sicher, dass es ein Mann war, der da angerufen hat?«
»Wie soll ich mir denn sicher sein? Schließlich hat Gullan mir nur erzählt, was Siw wiederum ihr erzählt hat.«

Er zuckte mit den Schultern, und sie nahm das als Zeichen, dass die Diskussion beendet war.

Aber Jan Carlsson grübelte weiter darüber nach. Wie so oft guckte er sich später am Abend noch einen Thriller auf einem der Satellitenkanäle an, ohne viel von dem Film mitzubekommen.

Bill Elfvegren, Daniel Kärr, dieser Anruf des mysteriösen Verwandten aus Göteborg: Alles zusammengenommen rief böse Ahnungen in ihm hervor.

Wahrscheinlich gibt es nicht den geringsten Grund zur Besorgnis, sagte er sich und versuchte diese Zwangsgedanken beiseite zu schieben.

Aber das unangenehme Gefühl blieb.

Obwohl es schon ziemlich spät war, beschloss er, in Allinge anzurufen. Er hatte die Telefonnummer vom Släktsgården auf den Kalender in der Küche gekritzelt.

Nach vielen Freizeichen bekam er eine flinke dänische Stimme an den Apparat.

Carlsson erklärte seinen Wunsch und wartete, während der Mann versuchte, Sten Wall zu erwischen.

Es dauerte mindestens drei Minuten, bis die Person am anderen Ende der Leitung wieder zurückkam.

»Leider kann ich ihn nirgends finden. Er ist weder in seiner Wohnung noch in unserem Aufenthaltsraum. Aber vielleicht kann ich eine Nachricht für ihn aufnehmen? Ich werde ihn spätestens morgen beim Frühstück sehen. Er hat seit zweiundzwanzig Jahren noch niemals das Frühstück versäumt.«

Jan Carlsson musste lachen. Er nannte seinen Namen und seine Telefonnummer, bedankte sich für die Mühe und legte dann auf.

Als er zum Fernseher zurückkehrte, hörte er Gun im Badezimmer herumhantieren.

Er hatte sich noch nicht entschieden, ob er den Thriller zu Ende sehen oder sich lieber seiner Ehefrau im Schlafzimmer widmen wollte.

Dagegen war er sich sicher, dass er am nächsten Tag ein wenig nachforschen würde, was wohl aus Daniel Kärr geworden war.

Nicht, dass er wirklich fürchtete, es wäre da etwas im Busch, aber er war schon lange genug in diesem Gewerbe, um Alarmsignale ernst zu nehmen, auch wenn sie in diesem Fall nur sehr schwach und kaum beunruhigend aufblinkten.

Sten Wall

Während seiner Urlaube auf Bornholm hatte es sich Sten Wall zur Gewohnheit gemacht, die Tage auf sich zukommen zu lassen. Er hielt sich an keinerlei festgelegtes Schema. Wenn er ins Bett ging, wusste er nur selten, was der kommende Tag wohl bringen würde. Diese Spontaneität hatte ihren eigenen Charme. Er genoss es, mit dem Schmieden seiner Pläne für den Tag bis zum Frühstück zu warten. Das war ein Luxus, den er sich in seiner freien Zeit leisten konnte. Bei der Arbeit richtete er sich natürlich nach ganz anderen Maßstäben.

Aber auch wenn er sich selbst viel Freiraum für Überraschungen und impulsive Taten erlaubte, so gab es doch die eine oder andere Regel, an die er sich hielt. Er brauchte gewisse Fixpunkte, um die Anarchie außen vor zu halten. So war es ihm wichtig, täglich zu lesen, und er nahm sich zumindest vor, regelmäßig spazieren zu gehen.

Und in einem Punkt war er unerschütterlich. Er versäumte nie das gediegene Frühstück, das jeden Morgen im Speisesaal des Släktsgårdens wartete. Punkt neun Uhr trat er jeden Morgen durch die Tür, ganz gleich, wie er sich gerade fühlte (an einigen Tagen fiel es ihm schwerer als an anderen). Es war noch nie vorgekommen, dass er verschlafen hatte oder aus anderen Gründen dem Frühstück ferngeblieben war.

An diesem Freitag war er in Spitzenkondition aufgewacht, was mit sich brachte, dass er reichlich Appetit aufzuweisen hatte. Der Grad seines Hungers war immer vom vergangenen Abend abhängig. Wenn die Gelage allzu ausschweifend gewesen waren, wurde das Frühstück meist nur zu einem unkonzentrierten Gestocher in der reichhaltigen Auswahl des Büfetts.

Am vergangenen Abend war er in einem gemütlichen kleinen Lokal namens Hut li hut gewesen, wo er an der Bar Gesellschaft von einem jungen Schweden bekommen hatte, der gerade im Klostergården abgestiegen war, dem direkten Nachbar des Släktsgården.

Wall hatte einige Biere mit seinem Landsmann getrunken, dessen Namen er inzwischen schon wieder vergessen hatte. War das nicht irgend so etwas Modisches wie Kevin oder Robin gewesen? Die beiden waren mit einem weiteren Urlauber aus Schweden ins Gespräch gekommen – ein begeisterter Ornithologe, der sich mit irgendeinem -son-Namen vorgestellt hatte, Wall wusste es nicht mehr genau. Aber der Vogelkundler, der in einer Pension in Allinges Zwillingsstadt Sandvig untergekommen war, hatte sie ziemlich schnell wieder allein gelassen.

Kevin (oder war es doch Robin?) hatte größere Ausdauer bewiesen. Da auch er ein ziemlich häufiger Besucher der Insel war, konnten sie ihre Erfahrungen austauschen. Der Abend war ziemlich geglückt, so im Großen und Ganzen, und außerdem waren sie noch zu einer verträglichen Zeit aufgebrochen.

Das war auch der Grund, warum sich der Kommissar so frisch fühlte, als er sich methodisch durch das Frühstücksangebot arbeitete. Er ließ sich nichts entgehen. Grütze, Müsli, Cornflakes, die weich gekochten Eier, Brote mit unterschiedlichem Belag (Käse, Marmelade und eine einzigartige Leberpastete), Saft, Kaffee, Kopenhagener – alles ging seinen Weg.

Er schaufelte mehr als üblich in sich hinein und hatte dabei einen Hintergedanken. Er plante nämlich eine längere Tour und wollte den Lunch überspringen. Das würde ausgezeichnet klappen. Denn Tatsache war, dass er bis oben hin voll gegessen war.

Als der Speisesaal sich geleert hatte, ging Wall in die Küche, wo Arvid Iversen Erfrischungsgetränke und Bier in einem Kühlschrank verstaute, während eine weibliche Angestellte anfing, das Frühstück abzudecken. Wall verkündete, dass er beschlossen hatte, sich für das Abendessen anzumelden. Normalerweise aß er in verschiedenen Lokalen, nahm aber jedes Mal zwei oder drei Mahlzeiten im Släktsgården ein, wo immer wohlschmeckende, reichlich bemessene Gerichte serviert wurden, ob es sich nun um ehrbare Hausmannskost oder um etwas Exklusiveres handelte.
Iversen lachte.
»Wie schön, aber heute Abend gibt es keine dänischen Frikadellen. Nun guck deshalb nicht so enttäuscht. Heringshäppchen und anschließend Kalbssteak mit Kartoffeln, Gelee und Gurken dürfte doch auch nicht so schlecht sein.«
»Lecker«, sagte Wall. »Lecker!«
Der Wind wehte angenehm, als der Kommissar etwas später zum Parkplatz hinunterging. Bornholm war auch bei schlechtem Sommerwetter eine Perle: Weder Regen noch Nebel vermochten das Licht wegzuwischen. Aber an einem Tag wie heute – mit klarer Sonne und messerscharfer Sicht in alle Richtungen – trat der Charme der Insel am deutlichsten hervor.
Während seiner Autofahrt Richtung Süden hatte er linker Hand lange Zeit die Gesellschaft des Meeres. Auf der anderen Seite wurde er von wogenden Äckern und prächtigen Kornfeldern begleitet – es war ein fruchtbares Land, das konnte man nicht leugnen.
Er hatte beschlossen, einen Abstecher nach Almindingen zu machen, dem drittgrößten Wald Dänemarks. Almindingen lag mitten auf Bornholm, das gar nicht so flach war, wie es sich viele vielleicht vorstellten, wenn sie auf der Karte die kotelettförmige Insel sahen, ein Stück in die Ost-

see hinausgeworfen, wenn man es von der schonischen Südostküste aus betrachtete.

Überhaupt war die Insel ungeheuer abwechslungsreich: karge Felsen standen in scharfem Kontrast zu sandweichen Badestränden, muntere Laubbäume wechselten sich mit Partien von Fichten- und Tannenwald ab, flache Ebenen wurden abrupt von stark hügeligem Terrain unterbrochen.

Eigentlich gab es hier so ziemlich alles, was man sich wünschen konnte.

Nachdem er fast zwei Stunden im Gebiet von Ekodalen herumgestrichen war, hatte Wall genug von den Anstrengungen. Die engen Waldwege, begrenzt von nadelspitzen Tannen, zehrten an ihm. Außerdem hatten ihm die Anstrengungen einiger steiler Treppen und das Besteigen des Aussichtsturms Ryttarknegten Schmerzen in den Waden verursacht, weshalb er beschloss, dass es für heute genug sein sollte mit dem Training. Zufrieden mit sich selbst (dem Gewissen tat die physische Anstrengung ebenso gut wie dem Körper), kehrte er zum Auto zurück.

Für den Heimweg nahm er die Straße durch das Landesinnere. In Åkirkeby drehte er noch ein paar Extrarunden um das Zentrum herum. Eigentlich hatte er geplant, in dieser »Stadt der Blumen« spazieren zu gehen, aber er fand keinen Parkplatz. Und außerdem war er noch ein wenig mitgenommen von den zwei Waldstunden in Almindingen.

Stattdessen hätte er fast beim Klemens Kro angehalten, einem wunderbaren dänischen Landgasthaus, das er sehr schätzte. Er wollte sich schon selbst einreden, dass er doch auch nur reingehen könnte, um die Papageien zu begrüßen, die zu dem Etablissement gehörten, solange er denken konnte. Aber das wäre natürlich nur ein Vorwand gewesen: Es war die Küche, die ihn lockte. Schon merkwürdig, was für eine Lust aufs Essen so ein anstrengender Waldspaziergang machen konnte!

Heroisch widerstand er der Versuchung.

Daheim nahm der Hunger noch zu, und nachdem er zwei Kapitel eines neuen Romans gelesen hatte, entschied er sich für einen kleinen Kompromiss.

Ein einzelner geräucherter Hering und ein Pils, das war ja nun keine größere Sünde. Und es war schon lange her, seit er sich das letzte Mal mit dem Besitzer der Räucherei unterhalten hatte, die nur gut hundert Meter vom Släktsgården entfernt lag.

Auf dem kleinen Parkplatz bemerkte Wall eine beträchtliche Anzahl von Autos mit deutschem Kennzeichen. Erfreulicherweise war der blitzblanke Laden direkt neben der Räucherei gut besucht. Denn natürlich waren gut gefüllte Tageskassen in den Sommermonaten nötig, wenn der Laden laufen sollte.

Wall erinnerte sich daran, wie der Chef des Betriebs ihm im vergangenen Jahr voller Bedauern erzählt hatte, dass die Bornholmer Fischerei inzwischen auf nur noch zehn Prozent dessen geschrumpft war, was sie zu ihren Hochzeiten gewesen war.

»Damals hatten wir eine ganze Armada von Berufsfischern in der Ostsee. Jetzt sind nur noch Reste davon zu finden.«

»Nun ja«, hatte Wall ihn getröstet. »Jedenfalls sieht es nicht so aus, als ob du größere Not leiden würdest.«

Und dann hatte er mit weit ausholender Geste auf das reichhaltige Angebot gezeigt. Die Kühltresen waren gefüllt mit einem kaum zu überblickenden Sortiment von Makrelen, Flundern, Schollen, Forellen, gesalzenem, gebratenem Weißfisch, heiß geräuchertem Lachs, Aal, Bückling, Dorschrogenpai, Dorsch, Heilbutt und natürlich dem Gold des Meeres, geräucherten Heringen. Es gab auch reichlich

Krabben, französisches Fischgewürz und alles Mögliche andere.

Ab und zu ging Wall mit in die Räucherei, die ihn jedes Mal aufs Neue faszinierte. Während der Hochsaison stand der Besitzer bereits um fünf Uhr an seinen sechs Öfen und arbeitete dann ununterbrochen dreizehn Stunden lang.

»Nur so lohnt sich der Laden überhaupt«, pflegte er zu sagen, während er unermüdlich seine frisch geräucherten Leckerbissen hervorholte. Der Hering bekam nach einer Spezialbehandlung eine blasige, goldbraune Haut, die ihm ein besonders appetitliches Äußeres gab.

Auf Bornholm gab es viele Räuchereien, aber diese in Allinge war die einzige, in der man die Fische vor dem Räuchern mit Grobsalz einrieb.

Wall steckte seinen Kopf in die Räucherei. Sie war leer. Also ging er zurück in den Laden, wo ihm gesagt wurde, dass der Chef nach Tejn gefahren war, um kurz etwas zu erledigen. Wall bat, ihn zu grüßen, und kaufte sich einen Hering und ein Bier.

Er setzte sich auf eine Bank vor dem Laden und genoss seine Zwischenmahlzeit (er bezeichnete sie lieber so, da Lunch ihm doch zu hochtrabend dafür erschien), als er bemerkte, dass ihm jemand von der Straße her zuwinkte. Wall erkannte den Ornithologen, dessen wallende braune Haare in der Sonne golden glänzten, sofort. Er winkte zurück, dann war die Straße wieder leer.

»Darf man sich dazusetzen?«

Wall drehte sich um und schaute direkt in ein freundlich lächelndes Gesicht.

Er hatte Gesellschaft von seiner erst gestern gemachten Bekanntschaft aus der Pension neben dem Släktsgården bekommen: Robin oder Kevin oder wie immer er nun auch hieß; es war höchste Zeit, die Namensfrage zu regeln.

Genau wie am gestrigen Abend waren er und dieser Vogelenthusiast ungefähr gleichzeitig aufgetaucht; ein an und für sich nicht gerade bemerkenswerter Zufall – Allinge war nicht besonders groß.

»Ich habe dich gesehen, als ich gerade zurück zum Klostergården gehen wollte«, erklärte der Neuankömmling. »Und da dachte ich, wir könnten vielleicht wieder ein Bier zusammen trinken, das war doch nett gestern Abend.«

Wall nickte.

»Klar können wir das«, sagte er.

»Willst du noch eins?«

»Nein, eins reicht mir.«

Der Mann machte ein Zeichen, dass er gleich zurück sein würde, und verschwand im Laden. Bei seiner Rückkehr hielt er eine Flasche Elefantenbier in der Hand. Er trank direkt aus der Flasche.

Jetzt und hier, in dem kräftigen Sonnenschein, kam er Wall etwas älter vor als am vergangenen Abend: Offenbar hatte er sich von dem Schummerlicht in der Bar täuschen lassen.

»Und wie gefällt es dir im Klostergården?«

»Gut. Der reinste Gourmettempel. Nimmt es voll und ganz mit dem Släktsgården auf.«

»Das kann schon sein«, sagte Wall und fasste einen Entschluss.

Er musste endlich wissen, wie seine Bekanntschaft hieß – sonst würde die Unterhaltung langsam eine merkwürdige Schlagseite bekommen. Es war anstrengend, die ganze Zeit den Namen seines Gesprächspartners zu vermeiden.

»Weißt du, Robin«, tastete er sich vor, während er das Gesicht des anderen beobachtete. Dieses drückte Verwunderung aus, weshalb der Kommissar sich schnell korrigierte.

»Ja, Kevin, ich ...«

»Robin.«

»Wie bitte?«

»Ich heiße Robin, nicht Kevin.«

Wall lachte verlegen auf.

»Das weiß ich doch. Ich weiß gar nicht, wie ich auf Kevin komme. Das muss etwas mit beginnender Senilität zu tun haben.«

Nachdem die delikate Namensfrage gelöst war, floss das Gespräch unbehindert weiter dahin, unterstützt durch die Tatsache, dass der Kommissar noch mit einem Grünen Tuborg nachhalf (man durfte ja wohl seine Meinung mal ändern), und Robin mit zwei weiteren Elefantenbieren. Als sie sich voneinander verabschiedeten, fiel Wall ein, dass er immer noch keine Ahnung hatte, wie Robin eigentlich mit Nachnamen hieß. Wenn es am gestrigen Abend überhaupt erwähnt worden war, so hatte er es vergessen. Dafür hatte er aber seinen Beruf erfahren: Robin arbeitete als Verkäufer in einem Fernseh- und Videoladen in Göteborg.

Sie verabschiedeten sich nach ungefähr einer Stunde voneinander, Robin wirkte etwas unsicher, als er aufstand, um zurück zum Klostergården zu gehen.

Erschöpft von der anstrengenden Tour in Almindingen und etwas müde nach den zwei Bieren legte Wall sich aufs Bett. Er hatte nicht die Absicht zu schlafen, wollte sich nur ein wenig ausruhen. Aber sicherheitshalber stellte er sich doch den Wecker (keinesfalls wollte er das Abendessen versäumen), was nur ein Glück war.

Er schlief nämlich fast augenblicklich ein.

Ein schrilles Signal ließ ihn erschrocken aus dem Bett hochfahren. Es dauerte eine Weile, bis er seinen Ursprung, den Wecker, lokalisieren konnte.

Er fühlte sich schwindlig und ziemlich verwirrt und brauchte eine lange kalte Dusche, um wieder zu sich zu kommen.

Wall hatte in den letzten Jahren gemerkt, dass es ihm immer schwerer fiel, sich nach einem kurzen Nickerchen mitten am Tag wieder aufzurappeln. Offenbar hatte das etwas mit dem Alter zu tun.

Dennoch machte er sich rechtzeitig zum Speisesaal auf. Vor der Tür stieß er auf Arvid Iversen. Es sah so aus, als hätte der Pensionswirt dort auf ihn gewartet, als er ihn diskret am Hemdsärmel zupfte.

»Hast du etwas dagegen, wenn ich dich an einen Tisch mit zwei anderen schwedischen Gästen setze?«

»Ganz und gar nicht. Es ist doch angenehm, wenn man nicht allein essen muss.«

Iversen deutete vorsichtig zu einem Tisch hinüber.

»Beide sind gestern angekommen. Es ist das erste Mal, dass sie hier auf Bornholm sind. Einer sitzt schon da. Kennst du ihn vielleicht?«

Durch das Glas der Eingangstür studierte Wall neugierig den Mann. Er hatte eine Glatze, genau wie er selbst, und er saß da und drehte ein kleines Cocktailglas zwischen den Fingern.

»Habe ihn noch nie gesehen.«

Um einer eventuellen peinlichen Situation vorzubeugen, fragte Wall:

»Weißt du, wie er heißt?«

»Rune Strömbom«, sagte Iversen. »Und der andere hat sich Ytter irgendwas genannt.«

»Hat sich genannt?«

»Na, ich nehme an, dass er so heißt. Ytter, meine ich. Aber sein Vorname fällt mir nicht mehr ein.«

Sie gingen in den Raum, und Wall begrüßte seinen Tischnachbarn mit Handschlag, worauf dieser sofort zu erzählen begann, dass er nach einer anstrengenden Rückenoperation im Frühling jetzt in Rekonvaleszenz war. Der zweite Mann traf kurz darauf ein: ein ziemlich kleinwüchsiger, sehniger Mann mit flinken blauen Augen unter buschigen Augenbrauen. Er stellte sich als Leif Ytter vor und erklärte ohne weitere Vorrede, dass er sich in einem so genannten Trainingsurlaub befand.

»Ich bin ein Bewegungsfanatiker«, sagte er, »habe den Klassiker schon vier Mal mitgemacht. Und da mir gesagt worden ist, dass Bornholm eine herrliche Fahrradinsel sein soll, habe ich mir gedacht, das doch dieses Jahr mal auszuprobieren. Ich hoffe nur, ich werde es nicht bereuen.«

»Ganz bestimmt nicht«, versicherte Wall. »Hier ist es einfach herrlich. Ich verbringe jetzt schon seit zweiundzwanzig Jahren meinen Urlaub in Allinge.«

Leif Ytter betrachtete ihn misstrauisch.

»Seit zweiundzwanzig Jahren? Ist das nicht ein wenig phantasielos?«

Wall führte das Thema nicht weiter aus.

Stattdessen fragte er:

»Der Wasalauf, Vättern Runt und der Lidingölauf. Was ist noch der vierte Teil des Klassikers?«

Wieder setzte Ytter eine skeptische Miene auf: War es tatsächlich möglich, dass es Schweden gab, die nicht wussten, was zum Klassiker gehörte?

»Natürlich das Wansbroschwimmen.«

»Ach ja, natürlich.«

Wall und Ytter verzichteten auf den Aperitif, Ytter auch auf den Schnaps zum Hering. Aber die drei Herren beschlossen, sich zum Kalbssteak eine Flasche Rotwein zu teilen.

Der Kommissar versuchte, das Alter der beiden anderen einzuschätzen. Rune Strömbom schien in den Fünfzigern zu sein, aber es war natürlich denkbar, dass seine runde Taille und der blanke Schädel ihn älter erscheinen ließen – Wall, der seit seinem neunundzwanzigsten Lebensjahr sowohl korpulent als auch kahl war, hatte in diesem Punkt so seine persönlichen Erfahrungen.

Einmal, vor langer, langer Zeit, war sein Alter geschätzt worden, und zwar als das, was er jetzt erreicht hatte, das heißt gut sechzig. Und das ist nicht besonders lustig, wenn man gerade erst die dreißig überschritten hat. Dass es außerdem noch eine attraktive Frau war, die dieses unbedachte Urteil gefällt hatte, machte die Sache nicht gerade besser. Nach dieser kolossalen Fehleinschätzung hatte Wall es nicht mehr gewagt, sein wahres Alter kundzutun, und sich stattdessen für einen Kompromiss entschieden:

»Aber ich bin erst vierzig.«

»Na, so was! Und dabei habe ich extra ein paar Jahre abgezogen, um dich nicht zu kränken«, sagte sie.

Wall hatte Pläne gehegt, die hübsche Frau (sie konnte unmöglich älter als fünfundzwanzig sein) zu erobern, aber diese kühnen Hoffnungen zerplatzten bereits im Anfangsstadium. Welches junge Mädchen würde schon mit einem alten Kerl ins Bett gehen, von dem sie meinte, er ginge auf die siebzig zu? Ein alter Kerl, der fett und glatzköpfig war. Er konnte doch jetzt nicht mehr betonen, dass er tatsächlich erst dreißig war – und nicht vierzig, wie er peinlich berührt behauptet hatte –, wenn sie ihn für einen Greis hielt.

Wenn also Rune Strömbom möglicherweise jünger war, als er aussah, so verhielt es sich mit Leif Ytter wahrscheinlich genau andersrum. Dieser Bewegungsfanatiker (seine eigene Bezeichnung) sah wirklich aus wie dreißig, vielleicht ein wenig darüber, aber es war gut möglich, dass man sich auch einfach nur von seiner gesunden, sonnengebräunten

Erscheinung und dem offensichtlich sportgestählten Körper blenden ließ.

Das Gespräch floss ungezwungen dahin. Die drei Männer verbrachten einen angenehmen Abend miteinander. Nach der ausgezeichneten Mahlzeit tranken sie im Fernsehzimmer Kaffee, zu dem sich Wall einen Cointreau und Strömbom einen doppelten Whisky mit zwei Eiswürfeln bestellte. Ytter erklärte, er sei vollkommen mit dem zufrieden, was er am Abend getrunken hatte.

»Ich habe morgen einen harten Tag vor mir. Da will ich um die halbe Insel radeln, so habe ich es jedenfalls geplant.«

Je länger ihr Beisammensein währte, umso offenherziger wurde die Stimmung. Wall erfuhr, dass Ytter Junggeselle war wie er selbst, während Strömbom verheiratet war und drei Kinder hatte.

Nach und nach verrieten sie auch ihre Berufe.

Ytter hob abwehrend seine Hände, als Wall erzählte, er sei Kriminalkommissar.

»Ich bin vollkommen unschuldig«, beteuerte er.

Ytter selbst arbeitete als Vorarbeiter in einer größeren Druckerei in Stockholm.

»Ihr könnt euch nicht vorstellen, wie sehr die Computer die Arbeit verändert haben, seit ich angefangen habe«, erklärte er, was Wall überlegen ließ, ob er nicht zu großzügig gewesen war, als er das Alter des anderen schätzte.

Sie wandten sich Strömbom zu.

»Und womit beschäftigst du dich?«

»Jetzt dürft ihr mal raten. Hier ein Tipp: Es ist einer der beliebtesten Berufe bei jungen Mädchen und gleichzeitig der am wenigsten geeignete für sie.«

»Meine Güte!«, rief Ytter aus. »Bist du Soldat oder Zuhälter?«

Strömbom lachte.

»Ganz und gar nicht. Ich bin Tierarzt.«

Keiner sagte etwas, aber offensichtlich konnte er die Gedanken der beiden lesen, denn er fügte schnell hinzu:
»Nun glaubt bloß nicht, dass ich so ein widerliches Chauvinistenschwein bin, nur weil ich die Wahrheit sage. Massen junger Mädchen wollen unbedingt Tierärztin werden, und das natürlich in erster Linie, weil sie Tiere lieben und keinen größeren Wunsch haben, als sich für ihre Lieblinge einsetzen zu dürfen. Ich weiß, wovon ich rede. Meine eigene Tochter nervt mich immer wieder damit, dass sie Veterinärmedizin studieren will, und ich habe alle Hände voll damit zu tun, ihr diese Grillen auszureden. Das ist einfach kein Beruf für Frauen.«
»Und warum nicht?«, fragte Wall provokativ.
»Weil er viel zu hart für sie ist«, erwiderte Strömbom und stand auf, wobei er sich leicht mit der flachen Hand gegen den Rücken schlug. »Was glaubt ihr denn, woher ich dieses Elend habe? Nun ja, weil ich mich jahrelang an Kühen, Schweinen und schweren Hunden verhoben habe. Dann kriegt man Probleme mit dem Rücken, dann muss man zur Erholung nach Bornholm fahren.«
Wall wollte nicht so schnell klein beigeben.
»Was mich betrifft, so habe ich immer für weibliche Polizeikräfte plädiert. Warum sollten dann nicht …«
»Das habe ich doch gerade gesagt«, unterbrach ihn Strömbom, dessen Wangen sich im Schein der Lampen des Fernsehzimmers etwas rötlich färbten. »Das ist körperlich zu anstrengend für normal ausgestattete Frauen, das schaffen sie nicht.«
»Ach was«, bemerkte Ytter. »Natürlich schaffen sie das.«
»Man merkt, dass die Herren von meinem Beruf keine Ahnung haben. Natürlich bin ich für die Gleichstellung im Beruf. Frauen eignen sich wunderbar für viele Aufgaben. Sie können beispielsweise ausgezeichnete Zugabfertiger

werden, Anwälte, Direktoren, Eishockeyschiedsrichter, Piloten, Journalisten, Uhrmacher, Programmierer, Modeschöpfer, Künstler, Taxifahrer, Priester und Chirurgen, aber als Veterinäre sind sie nicht geeignet. Glaubt mir. Ich weiß, wovon ich rede, ich spreche aus eigener Erfahrung.«

Eishockeyschiedsrichter und Chirurgen – Wall beschloss, Rune Strömbom nicht als Chauvinisten der schlimmsten Sorte anzusehen. Aber er war immer noch nicht überzeugt davon, dass der Mann Recht hatte mit seiner kategorischen Behauptung, Frauen könnten die Arbeit eines Veterinärs nicht in zufrieden stellendem Maße erfüllen.

Sie beendeten aber die Diskussion und unterhielten sich über allgemeinere Dinge.

Leif Ytter sagte:

»Apropos ... war dieser Mord da bei Stockholm nicht schrecklich?«

Wall schaute ihn fragend an.

»Welcher Mord?«

»Hast du denn nichts davon gehört?«, fiel Strömbom ein.

»Wovon?«

»Und du willst Kriminalbeamter sein«, schüttelte Ytter den Kopf. »Und weißt nicht mal was von dem Fall, über den zu Hause alle reden. Die Zeitungen sind doch voll davon.«

»Im Urlaub lese ich fast nie schwedische Zeitungen«, verteidigte sich Wall. »Aber nun mal raus mit der Sprache. Wer ist ermordet worden?«

»Ein Staatsanwalt. Mitten in die Stirn geschossen. Sein Name fällt mir nicht mehr ein.«

»Elfström oder so«, erklärte Strömbom.

»Nein, nicht Elfström wie der Schauspieler in den Åsa-Nisse-Filmen«, widersprach ihm Ytter. »Irgendwie so ähnlich. Und er hieß auch nicht John, sondern hatte irgend so einen anderen ausländischen Vornamen.«

Er fiel ins Grübeln. Dann sagte er laut und mit triumphierender Stimme:
»Jetzt hab ich's! Bill Elfvegren hieß er.«
Strömbom nickte zustimmend.
»Bill Elfvegren, genau. Das stimmt. Die Polizei hat gesagt, es wäre geradezu eine Hinrichtung gewesen. Ein Profijob. Eine Kugel mitten ins Hirn, und schon war's vorbei.«
Wall wurde es eiskalt. Er erinnerte sich an die Fahrradtouristen, die er gleich nach seiner Ankunft auf Bornholm unten im Hafen gesehen hatte. Sie hatten ein Transistorradio bei sich gehabt, und der dänische Nachrichtensprecher hatte gerade etwas über einen Mord in Schweden berichtet.
Ein Staatsanwalt kaltblütig ermordet, in den Kopf geschossen: So eine Nachricht war es natürlich wert, exportiert zu werden, zumindest in die Nachbarländer.
Die beiden anderen starrten ihn an.
»Weißt du, wer das war?«, fragte Strömbom.
Wall nickte.
»Kanntest du ihn etwa?«
»Das kann man wohl sagen.«
Mit einer gemurmelten Entschuldigung brach Wall kurz danach auf und eilte zum Hafen, in der Hoffnung, es hätte noch der eine oder andere Kiosk offen. Er wollte sich eine schwedische Zeitung besorgen, fürchtete aber, dass alle Läden bereits geschlossen sein könnten.
Und so war es auch. Da kam ihm die Idee, zu Arvid Iversen zu gehen, um sich von ihm eine dänische Zeitung zu leihen – er musste unbedingt mehr über den Mord an dem Staatsanwalt erfahren, mit dem er früher einmal zusammengearbeitet hatte. Und inzwischen müsste darüber ja auch etwas in dänischen Zeitungen stehen.
Ein bläuliches Licht im Wohnzimmer des Pensionsbesitzers

verriet, dass der Fernseher bei ihm lief. Wie schön. Dann war er also noch nicht ins Bett gegangen.

Wall klopfte an und teilte seinen Wunsch mit, als Iversen im Trainingsanzug aufgetaucht war.

Der Däne wühlte in einem Korb am anderen Ende des Flurs und kam sogleich mit einem ganzen Stapel Zeitungen zurück.

»Nimm doch gleich alle«, schlug er vor und überreichte Wall den Haufen Papier.

Im nächsten Moment überzog ein Schimmer der Erinnerung sein Gesicht.

»Ach, übrigens! Da hat dich jemand gesucht. Telefonisch. Er wollte, dass du ihn zurückrufst. So was, das habe ich vollkommen vergessen. Du musst entschuldigen. Eigentlich vergesse ich so etwas nie. Wollen wir nur hoffen, dass es nichts Wichtiges war. Aber dann hätte er bestimmt noch mal angerufen.«

Der Kommissar runzelte die Stirn. Es kam eigentlich nie vor, dass ihn jemand im Urlaub anrief. Wer konnte das gewesen sein?

»Wer war es?«

»Ich glaube, er hieß Carlsson. Ich habe es aufgeschrieben. Warte mal.«

Nach wenigen Minuten kam er mit einem Zettel in der Hand zurück.

»Ja, stimmt. Jan Carlsson. Er bat darum, dass du ihn zurückrufst, wenn es dir passt.«

Mit einem Blick auf die Uhr fragte Wall, ob er mal das Telefon benutzen könnte.

»Aber bitte. Du weißt ja, wo es ist.«

Jan Carlsson

Der innere Kern von Stad zeigte deutlich Einflüsse aus der Dänenzeit. In dem bei Touristen besonders beliebten Stadtteil Gamleby gruppierte sich um die Kirche ein Bündel außerordentlich charmanter Häuser. Hier waren die Dächer tief nach unten gezogen, hier gab es viele Fachwerkhäuser, hier waren die Gartenfleckchen liebevoll und sorgsam gepflegt, hier waren mehrere Gassen mit Kopfsteinpflaster belegt, hier schlängelte sich das Straßennetz in einer ansprechenden Unregelmäßigkeit.
Gamleby war der Augenstern der Stadt, die in Schweden, gerechnet nach Anzahl der Einwohner, die meisten Kunstwerke vorzuweisen hatte. Aber es gab noch viele andere Orte, die von Besuchern gern aufgesucht wurden. Unter anderem natürlich der Park. Diese zwei Kilometer lange und achthundert Meter breite Oase war minutiös gepflegt, mit großer Variationsbreite, was den Bestand an Laubbäumen betraf, und mit entzückend eingegliederten Teichen und gepflegten Wegen, die von prächtigen Blumenrabatten gesäumt wurden.
Das Zentrum der Stadt wurde von einem Lachs führenden Fluss im Westen und in den anderen Himmelsrichtungen von Kanälen eingerahmt. Nicht weit entfernt von Gamleby gab es den Stadtteil, der ein wenig pompös unter der Bezeichnung City geführt wurde. Auch hier war alles sauber und gut gepflegt, mit breiten, baumgesäumten Boulevards und mächtigen Steinhäusern mit reichhaltiger Ornamentik. Im südlichen Teil der City lag das Vergnügungsviertel mit einem breiten Angebot an Kneipen, Pubs, Kinos, Spielhallen, Diskotheken und eher traditionellen Tanzsalons. Hier gab es außerdem einige Räumlichkeiten, die unter anderem

für Aufführungen von Tourneetheatern und Revuen benutzt wurden. Das größte Theater von Stad befand sich aber mitten im Park, es war in einem mächtigen Gebäude beheimatet, das außerdem ein beliebtes Restaurant beherbergte. Vor dem Eingang des Theaters flossen Wasserstrahlen in Carl Milles Solglitter – hinter vielen Kunstwerken in Stad standen bekannte Namen. So war auch der Name von Professor Stig Blomberg hier häufiger zu finden als in jeder anderen schwedischen Stadt.

An dem südlichsten der Kanäle lagen die meisten Sportanlagen, und in dieser Gegend waren auch die exklusiveren Villen angesiedelt.

Im Norden paradierten mehrere Betriebe der Schwerindustrie entlang einigen großen Verkehrsadern. Hier gab es auch eine große Anhäufung kasernenähnlicher Mietshäuser. Wie Bauklötze lagen sie da, die düsteren Bauten in Grau, Beige, Gelb und Braun – es gab keine einzige Grünnuance an den Häusern, dennoch wurde die Gegend im Volksmund als Grönland bezeichnet.

Ein bedeutender Teil von Stads gut sechzigtausend Einwohnern hatte hier eine Bleibe gefunden. Viele der »Grönländer« suchten nach Leibeskräften nach einer Bleibe in angenehmerer Umgebung, aber es gab für die, die es vorzogen, hier wohnen zu bleiben oder die keine Möglichkeit hatten umzuziehen, auch gewisse Vorzüge. Die Mieten waren verhältnismäßig niedrig, und es war trotz allem nicht besonders weit bis ins Zentrum. Außerdem waren die Busverbindungen durchaus akzeptabel.

Grönland war vielleicht nicht der gastfreundlichste Ort der Stadt, aber alles in allem gar nicht so übel. Schlimmer stand es um den allgemein verachteten Stadtteil, der zwischen dem Krankenhaus und dem oberen Teil der City lag. Dieses heruntergekommene, geprüfte Viertel wurde ganz einfach

Slutet, der Schluss, genannt: eine in diesem Zusammenhang äußerst treffende Bezeichnung. Das Viertel lud zu keinerlei Fortsetzung ein. Mit wenigen Ausnahmen wollten alle in Stad diesen Schandfleck am liebsten ausgemerzt sehen. Aber verschiedene Faktoren trugen dazu bei, dass die Sanierung nur äußerst langsam vor sich ging.

Jan Carlsson rieb sich vor Müdigkeit die Augen, als er am Morgen aufstand. Er hatte in der vergangenen Nacht nicht besonders viel Schlaf bekommen, was aber nicht an irgendwelchen Aktivitäten im Bett lag. Die großartigen Pläne, die er hinsichtlich einer Begegnung mit seiner Ehefrau gehabt hatte, waren zunichte gemacht worden – von ihm selbst. Er war vor dem Fernseher hocken geblieben und hatte sich entschuldigt, als Gun sich in ihrem sexy Negligé gezeigt hatte. Der Enthusiasmus, der ihn früher am Tag erfüllt hatte, war ganz einfach abgeklungen.
»Ich komme gleich«, sagte er, »will nur noch den Film zu Ende gucken.«
Ohne allzu große Enttäuschung schenkte sie ihm ein Lächeln und verschwand. Er fühlte sich so erschöpft und unfähig, dass er nur hoffte, sie würde schon schlafen, als er sich schließlich fürs Zubettgehen fertig machte.
Aber das tat sie nicht, obwohl er seine Badaktivitäten ganz ungewöhnlich in die Länge gezogen hatte.
»Du, Gun«, druckste er herum. »Ehrlich gesagt ...«
Wie so oft konnte sie seine Gedanken lesen. Sie beugte sich zu ihm und gab ihm ein Küsschen auf die Nasenspitze.
»Ist schon in Ordnung, Jan. Ich bin auch reichlich müde.«
So kann eine Ehe auch funktionieren, dachte er. Manchmal sind nicht mal vollständige Sätze dazu nötig, dass die Botschaft verstanden wird.
Später hatte er einen sonderbaren Traum mit vielen Kreu-

zen, die vor Guns verwunderten Augen an der Decke entlangtanzten.
»Was ist das denn?«, hatte sie gefragt. »Alle diese Kreuze?«
»Ach, kümmere dich nicht darum«, hatte er geantwortet. »Das hat was mit Sport zu tun, nichts, wovon du überhaupt nur Notiz nehmen müsstest.«
Er wachte in schlechter Verfassung auf. Obwohl er sein eheliches Recht nicht ausgeübt hatte (er zog die Variante »Recht« dem Begriff »eheliche Pflicht« vor), war er träge und hatte einen schweren Kopf. Seine Augen fühlten sich rau an, wie nach viel zu vielen schlaflosen Nächten.
Vielleicht sollte ich mal zum Gesundheitscheck gehen, überlegte er, verwarf den Gedanken aber schnell wieder. Wenn es um seinen Beruf ging, war Jan Carlsson ein mutiger Mann, aber vor einem Krankenhausbesuch zitterte er wie Espenlaub. Und seine Zahnarztphobie war beharrlich; die Grundlage dazu war während seiner Kindheit gelegt worden, als er von einem dunkelhäutigen Mann mit einem erschreckenden gutturalen Akzent reichlich unsanft behandelt worden war. Noch heute konnte er die drohenden, lauten Ermahnungen hinter dem schrill vibrierenden Bohrer hören:
»Maul weit auf, junger Mann, weiter auf, das kannst du besser, mach endlich den Mund auf. Auf, habe ich gesagt!«
Es nützte nichts, dass Gun, die in einer Zahnklinik arbeitete, ihm immer wieder versicherte, dass die heutigen Behandlungsmethoden sich deutlich von denen der Vergangenheit unterschieden – und zwar zum Besseren hin.
Sobald er auf dem Behandlungsstuhl saß, den Mund weit aufgesperrt, hallte die Angst einflößende Stimme aus seinem Inneren hervor:
»Maul weit auf, junger Mann, weiter auf, das kannst du besser, mach endlich den Mund auf. Auf, habe ich gesagt!«

Eine Katze jagte auf der anderen Straßenseite einen Spatzen, als Jan Carlsson Gamleby verließ und zum Stortorget hinüberging.

Er warf noch einen Blick auf sein kleines pittoreskes Haus und pries sich wieder einmal glücklich, dass er und Gun die Chance bekommen hatten, dieses Kleinod direkt neben der Kirche zu kaufen. Ihr Paradies war mit einem kleinen Garten auf der Rückseite ausgestattet (das Rasenmähen schaffte er in zwei Minuten), und er war dankbar dafür, dass er sich nie zum Verkauf hatte überreden lassen, trotz einiger lukrativer Angebote.

Direkt vor der Polizeistation ließ ihn der wütende Trompetenstoß eines alten Käfers zusammenzucken, der vor einem zweistöckigen Haus auf der anderen Straßenseite parkte. Carlsson sah darin einen Jüngling sitzen, der zu einem der Fenster hochschaute, während er noch einmal auf sein Signalhorn drückte.

Nach einer Weile reichte es dem Polizisten, und er trat neben den Fahrer.

»Wenn Sie so gütig sind und mir sagen, wen Sie suchen, dann werde ich hochgehen und den Betreffenden holen. Sie bräuchten dann nicht unnötig Ihr Auto zu verlassen, meine ich. Das wäre ja zu beschwerlich.«

Es war schon möglich, dass der Fahrer die Ironie verstand, denn er schloss die Augen, woraufhin er aber ein weiteres demonstrativ lang gezogenes Hupen den Morgenfrieden zerschneiden ließ.

Jan Carlsson war kurz davor, die Geduld zu verlieren und seinen Dienstausweis herauszuholen – dieser rotzfreche Bengel hatte doch allzu schlechte Manieren –, aber in dem Moment kam ein Mädchen aus dem Haus geeilt.

»Immer mit der Ruhe, Jocke«, rief sie. »Ich komme ja schon. Du brauchst doch nicht die ganze Zeit zu hupen.«

Der Junge murmelte etwas, und Jan Carlsson drehte sich auf dem Absatz um. Er spürte Schadenfreude, weil die Freundin des Käferfahrers (wenn es sich denn um seine Freundin handelte) nicht gerade zu den Schönheiten des Landes gehörte.
Manchmal muss man sich mit den kleinen Triumphen begnügen.
Auf der Treppe hinter der Rezeption der Polizeistation entdeckte er Helge Boström und ließ seinen Schritt schneller werden, um ein Gespräch zu vermeiden. Hastig schloss er seine Tür vor dem ewigen Raucherhusten des Distriktsleiters und stellte dabei fest, dass er – ob nun bewusst oder nicht – schon Sten Walls Methoden übernommen hatte. Der Kommissar war auch nie besonders scharf darauf, mit Boström zu reden, wenn es nicht nötig war.
Sten Wall, ach ja.
Wie es ihm wohl in seinem wohlverdienten Urlaub ging?
Bisher hatte er noch nichts von seinem Freund gehört, aber es war natürlich möglich, dass seine Nachricht ihn gar nicht erreicht hatte.
Er musste wohl im Laufe des Tages erneut versuchen, mit ihm Kontakt aufzunehmen, aber zuerst einmal wollte er herausfinden, wo Daniel Kärr sich im Augenblick befand.
Vermutlich war das ein reines Windei, aber man konnte ja nie wissen. Ein Gefühl der Unruhe ließ ihn nicht los, hatte ihn befallen, seit er von dem Anruf von Stens »Verwandtem« gehört hatte.
Er rief einen Kollegen von der Datenbank an und bat ihn um Hilfe.
Ihm wurde umgehende Antwort versprochen.
Sie kam schneller, als er erwartet hatte. Der Anruf erreichte ihn schon nach einer Viertelstunde.
»Du wolltest wissen, wie es um Daniel Kärr steht?«

»Ja, genau.«

»Schlecht.«

Jan Carlsson begriff zuerst nicht, was der Kollege damit sagen wollte.

»Schlecht? Wieso?«

»Er ist tot. Und das ist doch schlecht genug, finde ich zumindest.«

»Wann ist er gestorben?«

»Erst vor kurzem. Vor drei Monaten.«

»Im Gefängnis?«

»Nein. In Mölndal, im Krankenhaus. Krebs. Möchtest du, dass ich noch mehr Informationen über ihn sammle?«

»Ja, gern, wenn du Zeit hast. Aber es eilt nicht.«

»Im Augenblick habe ich ziemlich viel zu tun. Aber ich kann mich am Nachmittag darum kümmern.«

»Das wäre nett von dir.«

Jan Carlsson bedankte sich und legte auf.

Er verspürte eine gewisse Erleichterung. Jetzt brauchte er Sten Wall nicht noch einmal zu stören. Es war also wirklich ein Windei gewesen, der Mord an Bill Elfvegren hatte mit dieser alten Sache in Stad nichts zu tun. Manchmal machte die Phantasie schon reichliche Luftsprünge.

Jan Carlsson rieb sich die Augen und konzentrierte sich auf die Aufgaben des Tages.

Halb im Fernsehsessel liegend, schaute er ohne große Teilnahme ein mittelmäßiges Fußballspiel an. Immer wieder war er kurz davor einzunicken, aber die aufgeregten Tiraden des Kommentators weckten ihn jedes Mal wieder auf.

Jan Carlsson war ziemlich sportinteressiert. Aber mit seinem jüngeren Kollegen Otto Fribing konnte er sich in dieser Beziehung nicht messen. Der war ein Fanatiker, wenn es um Körperertüchtigung ging. Er trainierte fast wie ein Profisportler und war ebenso stolz auf seine schwellenden Muskeln wie auf die Tatsache, dass er ein Schütze der Spitzenklasse war.

Jan selbst hatte in seiner Jugend oft an Orientierungsläufen teilgenommen und Fußball gespielt, und es kam auch jetzt noch vor, dass er sich seinen Trainingsanzug überzog und einen der beleuchteten Laufpfade auf dem früheren Sportgelände der Gemeinde im Süden abtrabte. Aber er wusste selbst, dass er leider viel zu pflichtvergessen war, wenn es um die Kondition ging.

Eigentlich müsste er sich vornehmen, sich in diesem Punkt zu bessern. Während seine Augenlider immer schwerer wurden, nahm er sich selbst das Versprechen ab, in Zukunft mindestens einmal in der Woche zu joggen. Die Faulheit durfte nicht die Überhand gewinnen. Vielleicht konnte er den alten Wall ja auch überreden, mit rauszukommen. Es machte immer mehr Spaß, mit jemandem zusammen zu trainieren, als sich allein zu quälen, und Wall konnte es weiß Gott nicht schaden, einige überflüssige Pfunde loszuwerden.

Jan Carlsson schlief langsam ein, zuckte aber zusammen, als sich die Tür öffnete. Er richtete sich auf, schlug die Augen auf und sah, dass Gun im Rahmen stand.

»Telefon für dich, Jan«, sagte sie.

»Wer ist es?«

»Sten. Er ruft von Bornholm aus an.«

Der Mörder

Als Kind hatten ihn Besuche auf Friedhöfen in Angst und Schrecken versetzt. Die Reihen glänzender Grabsteine flößten ihm Angst ein. Dieser Ort des Todes war für andere, nicht für ihn geeignet.

Aber dieses unangenehme Gefühl hatte er schon lange überwunden. Heute hatte er geradezu Freude daran, in Ruhe und Frieden in der stillen Umgebung herumzuspazieren und die Texte auf den Steinen zu lesen. Vielleicht war er ja ein bisschen morbide, aber es gab da einen Grabstein, vor dem er gern gestanden hätte, einen Grabstein weiter oben im Norden.

Er schob diese Gedanken beiseite und genoss stattdessen den prachtvollen Ausblick von Gudhjems Friedhof aus. Das Meer glitzerte tief unter ihm wie Hunderte von Katzenaugen. Der Höhenunterschied an diesem Ort war so extrem, dass es an einem abschüssigen Hang sogar Schilder gab, die das Radfahren hinunter verboten! Er fand das etwas komisch.

Die Reiseführer übertrieben nicht, wenn sie das besondere Licht priesen, das es in Gudhjem gab, schließlich wurde der Ort ja auch das Capri des Nordens genannt. Dieses fast magische Licht lockte schon seit langer Zeit Künstler in den idyllischen Ort an Bornholms Ostküste, und es gab Experten, die behaupteten, dass der signifikante Gudhjemschimmer sogar dem überlegen war, den es in Skagen gab.

Die Dächer des dichten Häusergemischs im Hafengebiet glänzten und funkelten golden in dem verschwenderisch ausgegossenen Sonnenlicht.

Irgendwo da unten befand sich in diesem Augenblick ein

fetter schwedischer Polizeibeamter, der keine Ahnung hatte, welches Schicksal ihn erwartete.

Der Mann auf dem Friedhof zündete sich eine Zigarette an und stieß voller Wollust den Rauch aus, während sein Blick einer Sturmmöwe folgte, die hinter einem kleinen Schiff am Horizont hersegelte.

Es war kein Problem gewesen, Sten Walls Aufenthaltsort herauszubekommen. Die Frau in der Telefonzentrale in Stad war zwar etwas zurückhaltend gewesen, hatte aber schließlich doch die Adresse rausgerückt – aber erst, nachdem er ihr vorgeschwindelt hatte, er wäre ein naher Verwandter des Kommissars. Diese Lüge musste ihn aber nicht weiter beunruhigen. Das Gespräch würde Wall sicher nie zu Ohren kommen. Und wenn doch – so what? Alle hatten doch irgendwelche nahen Verwandten, oder? Und er hatte nie einen Namen genannt.

Nach kurzer Besinnung hatte er beschlossen, Wall nach Bornholm nachzureisen. Der Hauch eines Lächelns umspielte einen Mundwinkel des Mannes, als er sich daran erinnerte, wie er sein bevorstehendes Abenteuer selbst bezeichnet hatte: eine kombinierte Arbeits- und Urlaubsreise.

Tatsächlich eine sehr passende Bezeichnung. Er hatte nämlich vor, das Nützliche mit dem Angenehmen zu verbinden. Zunächst hatte er keine genauen Pläne gehabt. Er wollte erst einmal das Terrain sondieren, die Gewohnheiten des Kommissars kennen lernen, vielleicht ein wenig Spaß mit einer willigen Dänin haben (oder mit einer willigen Woher-auch-immer) und sich insgesamt ein wenig entspannen. Er hatte noch nicht einmal entschieden, ob er Wall während des Urlaubs umbringen oder damit warten wollte, bis er sich wieder auf schwedischem Boden befand.

Aber inzwischen wusste er, wo er es machen würde.

Er war fest davon überzeugt, dass er unverwundbar war. War es ihm etwa nicht gelungen, Bill Elfvegren ins Jenseits zu befördern? Und hatte ihn jemals jemand mit den Ereignissen in Verbindung gebracht, die in einem Sommer vor langer, langer Zeit passiert waren?

Jetzt ging es nur darum, Risiken zu vermeiden, nach außen hin ganz normal aufzutreten und in keiner Weise vom üblichen Schema abzuweichen.

Er war nur einer unter vielen Touristen auf Bornholm, und dass er seinem zukünftigen Opfer ab und zu begegnete, war nichts, was ihn beunruhigen musste. Schließlich traf Wall täglich viele Menschen – da war das kein Wunder.

Gewisse Sicherheitsvorkehrungen waren jedoch getroffen worden. Er war nicht mit seinem eigenen Auto gekommen, sondern hatte sich eine Karre von einem entfernten Kumpel geliehen, der im Augenblick keine Verwendung dafür hatte. Kein Wunder, wenn man vier Monate im Knast abbrummen musste.

Außerdem reiste er unter einem Pseudonym. Eigentlich wäre das gar nicht nötig gewesen, aber es konnte ja nicht schaden, wenn man sich absicherte.

Oftmals waren es die kleinen Details, die den großen Erfolg garantierten. Und das hier würde wohl ohne größere Schwierigkeiten ablaufen.

Er warf seine Kippe auf den Kies, trat sie aus und machte sich auf den Weg zum Hafen. Wenn er unvermutet auf Wall stoßen würde, wollte er ihn freundlich grüßen, als würde er ihn ganz zufällig treffen. Ansonsten hatte er vor, sich außer Sichtweite seines potenziellen Opfers zu halten. Allzu enger Kontakt war wohl unnötig.

Schon nach wenigen Minuten entdeckte er das rundliche Profil des Kommissars. Der Polizist stand vor einem mexi-

kanischen Restaurant und las die Speisekarte, und er wirkte dabei so konzentriert, dass es ein Leichtes gewesen wäre, hinter seinem Rücken vorbeizuhuschen. Wall hatte ihn augenscheinlich gar nicht bemerkt. Dieser Fresssack war offenbar vollkommen von den exotischen Menüs gefangen genommen.
Der Mann entschied sich dennoch dafür, umzukehren und einen anderen Weg zum Parkplatz zu nehmen.
Er kaufte sich ein Krölle-Bölle-Eis. In der Sonnenhitze begann das Eis schnell zu schmelzen, und er musste es weit von sich halten, um sich nicht zu bekleckern. Die Reste warf er in einen Papierkorb, wischte sich die Finger an einem Taschentuch ab und erreichte sein Auto.
Bis jetzt hatte er noch nicht beschlossen, *wie* er Sten Wall umbringen wollte, aber es war ihm inzwischen klar geworden, *dass* er es auf Bornholm tun würde.
Und zwar ziemlich bald.
Er lenkte seinen Wagen Richtung Norden, auf die Zwillingsstädte Allinge und Sandvig zu, das Menuett von Boccherini pfeifend. Die Melodie sauste ihm immer wieder im Kopf herum, seit er im Winter den alten Film »Ladykillers« im Fernsehen gesehen hatte.
Er spürte in sich ein prickelndes Gefühl der Erwartung aufsteigen.
Es war ein angenehmes Gefühl, und es würde sich noch steigern.
Wie beim letzten Mal.
Mit jeder Minute, der er der Hinrichtung von Bill Elfvegren näher gekommen war, war dieses Gefühl der Wollust stärker geworden, um schließlich im Augenblick des Todes selbst in einem fast ekstatischen Genuss zu kulminieren.
Trotzdem war es ihm gelungen, die notwendige Selbstbeherrschung zu bewahren.

Der Blick des Staatsanwalts war dumm und verwundert gewesen, oder?
Der Mann sehnte sich nach einer Wiederholung, mit einem neuen Opfer, aber dem gleichen Resultat.
Nur eines war klar: Diesmal konnte er das Ganze gut und gern etwas mehr in die Länge ziehen.
Beim letzten Mal war es wirklich unnötig schnell gegangen.

Sten Wall

Tacos, Tortillas, Enchiladas, Panuchos, Chiles en nogado.
Alles hörte sich lecker und einladend an, aber Sten Wall beherrschte sich. Im Urlaub legte er eigentlich seine guten Vorsätze immer beiseite. Die Ferien machten ja keinen Spaß, wenn man dabei die ganze Zeit Kalorien zählen musste. Aber auch wenn er sich während seines Bornholmaufenthaltes viel gönnte, so gab es doch Grenzen. Er musste sich ja nun nicht den ganzen lieben Tag lang mit Essen und Trinken voll stopfen.
Deshalb verzichtete er auf das Mittagessen in dem mexikanischen Restaurant auf dem Hügel und fühlte sich wie ein Märtyrer. Er dachte schon sehnsüchtig an die Abendmahlzeit. Strömbom wie auch Ytter hatten beim Frühstück deutliches Interesse an einem gemeinsamen Souper geäußert, und Wall hatte einen Ort vorgeschlagen. Er empfahl Tullkammeren – das Zollamt – im Hafen von Allinge, nur wenige Minuten Fußweg vom Släktsgården entfernt. Das war bei den Herren auf einhellige Zustimmung gestoßen. Wall war überzeugt davon, dass sie nicht enttäuscht sein würden.
In leichter Sommerausrüstung – kurzärmliges Hemd, bequeme Freizeithose und Slippers – wanderte der mollige Kommissar durch Gudhjems verwinkelte Gassen, in denen einiges Gedränge herrschte. Während Wall das wogende Leben um sich herum betrachtete, fiel es ihm schwer zu glauben, dass Bornholm laut einhelliger Meinung zahlreicher Einwohner so viel von seiner Anziehungskraft auf Besucher von außen verloren hatte.
Aber eines war natürlich klar: Die Konkurrenz zwischen den Zimmeranbietern und den Gewerbetreibenden war groß und die Hochsaison ziemlich kurz. Sie dauerte eigent-

lich nur von Mitte April bis Ende September, obwohl es hier natürlich vereinzelt auch zu den anderen Jahreszeiten Gäste gab.

Ein Besuch in Gudhjem war ein Muss für Sten Wall. Gewisse andere Ziele konnte er gut und gern überspringen (schließlich hatte er nicht unbegrenzt Zeit), aber das »Capri des Nordens« ließ er nie aus.

Eine seiner traditionellen Kraftproben im Urlaub war der Wanderweg entlang der Küste zwischen Gudhjem und Heligdomen. Es waren insgesamt fünfzehn Kilometer hin und zurück, und Wall brauchte dafür so ungefähr vier Stunden. Der Weg war kräftezehrend, da er eine ziemlich hügelige Strecke beinhaltete. An einigen Punkten musste man gefährlich nahe an Schwindel erregenden Steilwänden balancieren, und die vielen Steigungen kosteten Energie. Er fühlte sich jedes Mal gleich zufrieden, wenn er diesen langen Weg absolviert hatte und sich wieder ins Auto setzte. Man konnte an beiden Endpunkten parken, er bevorzugte Gudhjem als Start- und Zielpunkt.

Heute war er nicht fit genug, um sich dieser harten Strapaze zu unterwerfen. Vielleicht morgen. Oder Montag. Aber unter keinen Umständen wollte er sie versäumen. Irgendwie war sie genauso unverzichtbar wie das Frühstück im Släktgården.

Er entschied sich stattdessen für eine ausgiebige Runde um die Insel oder zumindest um Teile davon.

Von Gudhjem aus fuhr er nach Süden, auf Svaneke zu, seinem zweiten Lieblingsort.

Svaneke wurde wie ein Kleinkind umsorgt. Alles war gepflegt bis hin zur Perfektion, und es hatte Wall nicht überrascht, als die kleine Küstenstadt vor einigen Jahren mit einem internationalen Kulturpreis für die Erhaltung des architektonischen Erbes ausgezeichnet wurde.

Obwohl er es zunächst gar nicht geplant hatte, entschied er sich für einen kürzeren Aufenthalt in der Stadt. Er lief in den zentralen Straßen herum und war schon kurz davor, dem Angebot eines großen Fassbiers für nur zwölf Kronen zu erliegen. Diese nette Offerte kam von einem Mann in rot karierter Schürze und mit dänischer Brauereimütze, der sich mit seinen attraktiven Waren vor einer der Marktschänken platziert hatte. Das Bier wurde an einem unscheinbaren Stand angeboten, der Wall an die Würstchenstände früherer Zeiten erinnerte.

Einige Durstige standen bereits Schlange. Ein großes gutes Pils für nur zwölf Kronen: das war bei dieser Hitze schon mitzunehmen.

Von Svaneke aus fuhr Wall weiter in Bornholms zweitgrößte Stadt, nach Nexö. Diese war nicht so gut erhalten wie die meisten anderen Städte auf der Insel, was aber auch nicht verwunderlich war. Nexö war im Zweiten Weltkrieg am härtesten getroffen worden, ganze Stadtteile waren von Bomben zerstört worden.

Wall beschloss, endlich einmal das Martin-Andersen-Nexö-Museum zu besuchen, das an der südlichen Ausfallstraße der Stadt lag. Der berühmte Arbeiterdichter – der Mann, der hinter großen Werken wie »Ditte Menschenkind« und »Pelle der Eroberer« stand – wurde, was nur recht und billig war, durch ein Museum geehrt. Schon früher war Wall mehrere Male auf dem Weg dorthin gewesen, aber immer war irgendetwas dazwischengekommen und hatte seine Pläne über den Haufen geworfen.

Aber diesmal wurde etwas daraus, und er ließ sich dabei richtig viel Zeit. Abgesehen von einem deutschen Ehepaar und der Museumswächterin war er allein in dem Gebäude. Zuerst war er überrascht, dass Andersen Nexö in so viele Sprachen übersetzt worden war, sah dann aber ein, dass das doch eigentlich ganz logisch war – schließlich handelte es sich um einen Schriftsteller mit einem phänomenalen Erzähltalent, verbunden mit einem glühenden Sozialpathos.

Auf dem Weg hinaus wurde er von der Frau aufgehalten, die das bescheidene Eintrittsgeld eingenommen hatte. Sie stellte sich als eine entfernte Verwandte des Dichters vor und erzählte mit stolzer Stimme, dass Martin in diesem Jahr posthum zum Ehrenbürger seiner Heimatstadt ernannt worden war.

»Und das war allerhöchste Zeit«, sagte sie in leicht indigniertem Ton. »Das hätte schon vor Jahrzehnten geschehen müssen. In Dresden ist ihm die gleiche Ehre mit einem ähnlichen Titel schon vor langer Zeit zuteil geworden, aber hier hat man verdammt lange gewartet, bis man sein Gedächtnis endlich würdigte. Ein richtiger Skandal.«

Wall murmelte etwas vom »Propheten im eigenen Land«, sah aber am Gesichtsausdruck der Frau, dass sie nicht verstand, was er meinte. Er hatte keine Lust, das näher zu erklären, bedankte sich lieber für den anregenden Besuch, wünschte ihr viel Glück für die Zukunft und verließ das Gebäude.

Von der Kultur zum Freiluftsport, dachte er und gab Gas, Richtung Dueodde an der Südspitze der Insel.

Er dachte an eine kürzere Joggingrunde in den Dünen am Strand und vielleicht auch an ein erfrischendes Bad.

Aber als er Bornholms beliebtesten Strand erreichte und mit einem Gewimmel von sonnengebräunten und größtenteils gut trainierten Badebesuchern konfrontiert wurde, gab er seine großzügigen Pläne auf. Er wollte sein weißes Fett nicht diesen unzähligen neugierigen Augen preisgeben. Nie hätte er gedacht, dass der Strand so viele Sonnenanbeter und Badegäste anlocken würde.

Sich nicht in das kristallklare Wasser stürzen zu müssen war eher eine Erleichterung. Wall war eigentlich ziemlich wasserscheu und brauchte so um die fünfundzwanzig Grad Wassertemperatur, um eine Schwimmrunde wirklich genießen zu können. Aber es war ein Strich durch seine Rechnung, dass er eine kürzere Laufrunde durch die Dünen absagen musste. Es war ja nun absolut ausgeschlossen, dass er sich halb entblößt vor all diesen Menschen in seiner schnaufenden Konditionslosigkeit präsentieren würde. Es gab auch so genügend Schikanen, da musste er sich nicht noch wie ein Exhibitionist aufführen und sich an einem öffentlichen Badestrand zum Gespött machen.

Der Kommissar zog seine Schuhe und Strümpfe aus, krempelte die Hosenbeine hoch und schlenderte langsam durch den weichen Sand, der sowohl hinsichtlich der Farbe als auch seiner Konsistenz nahezu an Weizenmehl erinnerte.

Er suchte sich seinen Weg zwischen Sandburgen und provisorischen Volleyballfeldern, huschte an Bikinikoketterie und Badeanzügen von anno dazumal vorbei, hielt sich von muskelbepackten Bodybuildern fern und parierte die erhobenen Spaten der Kleinkinder.

Aber bald verfiel er in Gedanken, die ihn für seine Umgebung taub und blind werden ließen. Der Profi in ihm holte Bill Elfvegren und sein schreckliches Schicksal hervor. Der Urlauber in ihm versuchte den toten Juristen beiseite zu schieben, schaffte es aber nicht.

Wall war geradezu gerührt von Jan Carlssons Besorgnis: zu denken, dass seine Zusammenarbeit mit Elfvegren im Fall Daniel Kärr etwas mit dem Mord zu tun haben könnte! Das war wirklich reichlich an den Haaren herbeigezogen, aber dennoch wurde es Wall warm ums Herz, wenn er an das Engagement seines Kollegen in dieser Sache dachte.

Kärr war also an Krebs gestorben. Aber selbst wenn er noch am Leben gewesen wäre, wäre es kaum vorstellbar, dass der Mord an Elfvegren etwas mit einer Sache zu tun haben könnte, die sich gegen Ende der achtziger Jahre abgespielt hatte. Wie viele andere Kriminelle hatte der Staatsanwalt nicht im Laufe der vergangenen zehn Jahre vor den Kopf gestoßen? Und viele von denen waren wahrscheinlich zu längeren Gefängnisaufenthalten als Kärr verknackt worden, der ein verhältnismäßig mildes Urteil bekommen hatte.
Zugegeben, die Sache mit diesem nahen Verwandten, der angerufen hatte, um seinen Aufenthaltsort zu erfahren, war schon ein wenig merkwürdig, aber auch dafür gab es bestimmt irgendeine logische Erklärung.
Jan hatte Wall gefragt, ob der sich daran erinnern könnte, wie noch die Urlaubsvertretung hieß, die Elfvegren geschwängert hatte und die dann eine Abtreibung hatte machen lassen.
»Barbro Torstensson«, hatte er, ohne zu zögern, geantwortet. »Sie ist gleich danach weggezogen. Ich weiß noch, dass das gleich nachdem Elfvegren die Stadt verlassen hat geschehen ist, aber ich habe keine Ahnung, wo sie sich jetzt aufhält.«
»Danke. Die Information werde ich nach Stockholm weiterleiten«, hatte Jan Carlsson gesagt, »auch wenn das wohl nichts bringen wird. Dort oben ersticken sie schon in wertlosen Hinweisen.«
Wall wich automatisch einem feisten Jüngling aus und wäre fast im Wasser gelandet.
Die Fragen wollten nicht weichen.
Wer hatte Elfvegren umgebracht? Und warum? Aus Eifersucht? Aus Rache? Oder ging es um Geld? Hatten die Ballistiker etwas gefunden, was auf die Spur des Täters führen konnte? Handelte es sich um …

119

Er war so versunken in seine Grübeleien, dass er zusammenzuckte, als jemand plötzlich seinen Namen rief.

Der Landsmann und Nachbar vom Klostergården winkte ihm zu und kam mit schnellen Schritten näher. Er trug nur eine Badehose, die an seinem nicht allzu athletischen Körper klebte. Wall winkte zurück, und in einem Augenblick der Panik überlegte er, wie der Kerl denn nun wieder hieß. War es Kevin? Oder aber Robin? Walls Gedächtnis für die Vergangenheit war ausgezeichnet, aber ab und zu hatte er Probleme mit dem Kurzzeitgedächtnis. Aus irgendeinem Grund vermischte er immer wieder diese beiden Namen.

»Kommst du mit ins Wasser?«, fragte der andere, aber Wall schüttelte nur energisch den Kopf.

»Ich bin auf dem Weg nach Hause. Wollte gerade gehen.«

»Na gut. Dann bis später.«

Und dann ließ er sich mit kindisch übertriebener Begeisterung ins Wasser fallen.

Wall trat den Rückweg nach Allinge an, bis jetzt zufrieden mit seinem Tag.

Den Heimweg musste er nicht allein zurücklegen.

Er hatte Gesellschaft von Bill Elfvegren. In seinen Gedanken jedenfalls. Er stellte sich den zerschossenen Kopf des Staatsanwalts vor und spürte, wie ihm ein leichter Schauer das Rückgrat hinunterlief.

Der Mörder

Heute Nacht würde es passieren.
Es gab keinen Grund, länger zu warten.
Und er wusste jetzt, wie er vorgehen würde.
Die Erregung ließ ihn innerlich ganz heiß werden. Glühend heiß. Aber äußerlich war ihm davon nichts anzumerken. Der Spiegel zeigte ihm das gewohnte Bild, er sah so aus wie immer.
Allerdings sah man ihm vielleicht an, dass es ihm gut ging. Sogar verdammt gut.
Denn jetzt war er bereit. So bereit, wie er überhaupt nur sein konnte.
Heute Nacht würde es passieren.

Sten Wall

Ein etwas zerschlagener Sten Wall setzte sich nach seiner Rückkehr zum Lesen in den Garten. Der anstrengende gestrige Spaziergang in Almindingen hatte seinen Tribut in Form von schmerzenden Waden und Leisten gefordert, aber dennoch fühlte Wall sich wohl, war mit sich zufrieden. Er hatte bewiesen, dass er immer noch ziemlich harte körperliche Anstrengungen überstehen konnte.

Noch ist Pulver in dem Museumsstück, dachte er zufrieden, während er sich möglichst bequem auf dem Liegestuhl zurechträkelte.

Es hatte etwas aufgefrischt. Die hölzernen Windspiele am Fliederbusch klapperten leise. Eine bucklige Alte hackte Holz, während ihr bart- und hutgeschmückter Gatte hektisch sägte. Je kräftiger es wehte, umso größere Aktivität zeigten die beiden Figuren.

Jemand hatte im hinteren Teil des von einer Mauer eingefriedeten Gartens Wäsche aufgehängt, direkt hinter seinem Liegestuhl. Ab und zu war ihm, als würde er den Luftzug der flatternden Badelaken, Hemden und Nachtwäsche spüren. Die Handlung seines Romans fesselte Wall, und er bemerkte kaum, wie die Abendschatten sich langsam herabsenkten. Erst als er anfing zu zittern, reagierte er. Er stand auf, um hineinzugehen und sich einen Pullover zu holen.

Jetzt tat ihm auch noch der Rücken weh. Er stellte sich vor das wohlbestückte Kräuterbeet und vollführte vor unzähligen stumm dastehenden Zeugen – Zitronenmelisse, Salat, Rhabarber, Dill, Petersilie, Knoblauch und Radieschen – ein leichteres Gymnastikprogramm. Der Farn daneben gehörte auch noch zum Auditorium.

Die Zeit war schnell vergangen, und Wall beschloss, für diesen Tag seine Lektüre zu beenden. Der Himmel hatte sich bezogen und verdunkelt, es sah nach einem Wetterumschlag aus. Wall kam es vor, als würde das Rascheln der Büsche eine Regenwarnung beinhalten, aber das sollte seinen abendlichen Besuch im Zollamt nicht stören. Falls es zu regnen anfangen sollte, mussten sie eben drinnen sitzen, statt sich auf der Terrasse mit dem schönen Blick auf Allinges Hafen aufzuhalten.

Das würde sich schon zeigen.

Nach einer Dusche streckte Wall sich auf dem Sofa im hinteren Zimmer fünf Minuten lang aus, bevor er sich mühsam erhob, um sich für das Abendessen umzuziehen. Er klopfte bei Leif Ytter an, der sofort öffnete. Offensichtlich hatte er schon gewartet – seine Miene verriet eine gewisse Ungeduld (Wall schielte auf die Uhr, er war eine Minute zu spät). Laut Abmachung sollten sie Rune Strömbom direkt im Restaurant treffen, und ganz richtig war er bereits an Ort und Stelle: Wall entdeckte die glänzende Glatze des Tierarztes schon von weitem.

Er bemerkte auch ein anderes wohl bekanntes Profil, seinen Freund, den Vogelbetrachter, draußen auf dem Pier. Der Ornithologe spähte übers Meer und in die schnell dunkler werdenden Wolken.

Dann ist es wohl nur noch eine Frage der Zeit, bis Kevin-Robin auftaucht, dachte Wall, bis jetzt waren die beiden ja aus irgendeinem Grund unzertrennlich gewesen. Wenn man den einen sah, konnte man sicher sein, dass der andere auch nicht weit war. Wall wettete mit sich selbst, dass Kevin-Robin in höchstens zwei Minuten auf der Bildfläche erscheinen würde.

Aber er irrte sich.

Strömbom strahlte ihnen freudig entgegen, als sie seinem Tisch in einer windgeschützten Ecke der Terrasse näher kamen. Vor ihm stand ein überschäumender Bierseidel. Nach den glänzenden Augen und der lauten Begrüßung zu urteilen, war das nicht sein erster Krug an diesem Tag. Und auch wohl kaum sein letzter.

»Setzt euch«, rief er, »dann kann es ja losgehen.«

Leif Ytter protestierte.

»Wollen wir nicht lieber reingehen? Hier draußen ist es ja verdammt kalt«, klagte er und zog sein kariertes Sakko enger um seinen durchtrainierten Körper.

»Was seid ihr denn für Wikinger? Natürlich essen wir draußen, dann können wir gleich das Nachtleben studieren«, sagte Strömbom nachdrücklich. »Hier haben wir den perfekten Überblick. Und außerdem sitzen wir im Windschutz, da gibt es doch keinen Grund zur Klage. Ausgerechnet du, der sich wie ein Fakir mit Laufen, Radfahren, Schwimmen, Skilaufen und Gott weiß was sonst noch quält, wirst das ja wohl ertragen können.«

Er schaute mit fast flehendem Blick zu Sten Wall auf, um bei ihm die fehlende Stimme für einen Mehrheitsbeschluss zu bekommen.

Es kam zu einem Kompromiss.

Sie nahmen das einleitende Glas (Wall und Strömbom ein Bier vom Fass, Ytter eine Flasche Hof) draußen ein und zogen dann um ins Restaurant.

Als sie die Terrasse verließen, war sie bereits menschenleer. Die ersten leichten Tropfen begannen zu fallen, und es war dunkel wie im August.

Das Zollamt bot nur noch einen freien Tisch, direkt am Eingang, an dem sie sich natürlich sogleich niederließen.

Das Lokal wurde von den Farben Grün und Gelb dominiert. Auf allen Tischen stand die Flagge Bornholms mit ihrem grünen Kreuz auf rotem Grund.

Der Tresen thronte in der Mitte, und der Mann dahinter

nickte Wall wieder erkennend zu, schließlich war dieser ein eifriger Besucher des Etablissements.
Ohne längere Bedenkzeit entschied sich Wall für das Dänischste, was er sich vorstellen konnte: Schweinekotelett mit Kartoffeln, brauner Soße, Apfelmus und Rotkohl. Seine Kameraden brauchten etwas länger. Strömbom hatte sich seine Lesebrille aufgesetzt und schnupperte sich fast durch die Speisekarte, Ytters Lippen bewegten sich leise und unhörbar, als er das Angebot der Küche repetierte.
Während die beiden noch überlegten, betrachtete Wall einen tibetanischen Bauern, der ihn starr von einem Ölgemälde herab ansah. Der Preis für das Bild betrug 4 000 Kronen. Wall war versucht, es zu kaufen, aber nur, wenn er den Verkäufer zu einem beträchtlichen Nachlass überreden konnte. An 4 000 war gar nicht zu denken, aber wenn es möglich war, den Preis zu drücken …
Dann waren auch die anderen so weit. Strömbom entschied sich für ein Steak – mürbe, das beste Fleisch – und Ytter für eine Platte mit Ostseelachs und Kartoffelgratin. Ytter hielt sich weiterhin an sein leichtes Flaschenbier, während Wall und Strömbom langsam in Fahrt kamen. Sie widmeten sich dem Schnaps in gehörigem Maße und gossen Fassbier nach.
Alles deutete auf einen angenehmen Abend mit gutem Essen, die Zunge lösenden Getränken und lebhaften Gesprächen hin. Sie unterhielten sich unter anderem über alte Erlebnisse beim Zoll; in dieser Umgebung bot sich das Thema ja geradezu an.
»Ich habe einmal fünfzehn Liter aus Italien geschmuggelt«, prahlte Strömbom. »Habt ihr so was schon mal geschafft? Ich frage ja nur.«
Wall hob einen warnenden Zeigefinger.
»Hast du vergessen, was ich von Beruf bin? Jetzt muss ich

das leider melden. Das wird ernsthafte Konsequenzen haben.«

Dann begann er zu kichern.

»Einmal hat mich ein Zöllner darauf hingewiesen, dass ich vergessen hatte, ein Kreuz in einem Formular zu machen. Und zwar bei den Rubriken M und F.«

»Was maskulin und feminin bedeutet«, warf Ytter ein.

»Genau. Und der Zöllner fragte mich, ob ich ein Mann sei. Habt ihr schon mal so was Blödes gehört? Sehe ich etwa aus wie eine Frau?«

»Und was hast du da gesagt?«

»Auf die Frage, ob ich ein Mann sei? Nun ja, ich habe geantwortet: Bin ich gewesen. Der Zöllner hat mich nur angestarrt, als wenn ich ein Wesen vom anderen Stern wäre oder so.«

Das Trio blieb noch lange sitzen. Die Leute kamen und gingen. Einmal sah Wall ein Gesicht in einer der Fensterscheiben. Es war Kevin (Robin?), der sich umschaute, sicher auf der Suche nach einem freien Platz. Aber es gab keinen, und das Gesicht verschwand.

Eine Weile später ging das junge Paar aus dem ersten Stock im Släktsgården an ihnen vorbei. Sören Knudsen – der Standhafte aus Roskilde – grüßte freundlich, während seine schwedische Freundin scheu den Blick senkte, als sie vorbeiging.

Die jungen Leute suchten im hinteren Teil des Lokals einen Platz.

Strömbom machte eine verschwörerische Miene und beugte sich über den Tisch, wobei er seine Stimme senkte, damit kein ungebetenes Ohr sein Geheimnis mit anhören konnte.

»Ich muss euch was von heute Nachmittag erzählen. So gegen drei Uhr mache ich immer einen Spaziergang. Mir ist empfohlen worden, mich regelmäßig zu bewegen. Dagegen soll ich das Radfahren vermeiden, wie auch hohe Treppen oder steile Aufstiege. Nun ja, jedenfalls habe ich mich heute für den Küstenweg zwischen Allinge und Tejn entschieden. Eine herrliche Strecke, direkt am Meer. Kennt ihr sie?«

Wall und Ytter nickten gleichzeitig.

»Ungefähr auf halbem Weg musste ich dringend pinkeln, aber das war ja nicht weiter schlimm, ich konnte mich ja in die Büsche schlagen, es waren sowieso nicht so viele Leute unterwegs. Egal, als ich da ins Gestrüpp kam, so ungefähr dreißig, vierzig Meter vom Weg entfernt, hörte ich ganz in der Nähe merkwürdige Laute. Als ich fertig war, schlich ich in die Richtung der Geräusche und guckte heimlich mal nach. Und da lagen also die beiden, direkt auf dem Boden, und pimperten da drauflos. Das Mädchen lag wie gekreuzigt da, Arme und Beine in alle Richtungen ausgestreckt. So etwas habe ich noch nie erlebt. Jedes Mal, wenn er in sie fuhr, schrie sie wie ein abgestochenes Schwein, ich kann gar nicht begreifen, dass sie sich das traute. Es war schließlich ziemlich weit zu hören. Aber sie war offensichtlich so geil, dass sie sich nicht beherrschen konnte. Wenn man sich vorstellt, so eine bei sich in der Koje zu haben …«

»Sie sieht gar nicht aus, als hätte sie den Ätna zwischen den Schenkeln«, meinte Ytter angeregt. »Sie wirkt so scheu, dass man sie kaum bemerkt. Und grüßt fast nie.«

»Nein, anscheinend legt sie all ihre Kraft ins Bumsen.«

Auf irgendeine merkwürdige Art fühlte Wall sich von Strömboms frechem Bericht über die Intimitäten anderer Leute gestört. Beinahe war es ihm im Namen des Liebespaares peinlich. Aber schließlich handelte es sich ja auch um eine grobe Kränkung der Integrität anderer. Vor seinem inneren Auge sah er den glatzköpfigen Tierarzt, wie er hinter den Büschen stand, mit lüsterner Miene und noch nicht wieder zugeknöpftem Hosenschlitz.

»Die waren mit ihren Dingen so beschäftigt, dass sie keine Ahnung davon hatten, dass ich in der Nähe war. Und wisst ihr, was sie geschrien hat, als sie ...«

»Lasst uns von etwas anderem reden«, unterbrach Wall ihn.

Strömbom warf ihm einen überraschten Blick zu.

»Was ist denn nun los? Ist der Kommissar prüde geworden oder worum geht es?«

»Nein, ich finde es nur etwas peinlich, so zu reden. Ich höre sie auch. Sie wohnen genau über mir, ich weiß also, wie sie sich verhalten.«

»Herzlichen Glückwunsch!«, erklärte Ytter lachend.

Und dann wandte er sich wieder Strömbom zu.

»*Ich* möchte schon gern die Fortsetzung hören. Mich fasziniert das Zusammenleben anderer Menschen.«

»Ein andermal«, sagte Strömbom kurz.

Er schien leicht gekränkt zu sein. Wall klopfte ihm auf die Schulter.

»Darf ich den Herren etwas zum Kaffee spendieren? Einen Cognac? Einen Likör? Oder vielleicht einen Riesengrog?«

Ihr Beisammensein zog sich fast bis zur Sperrstunde hin. Als sie ihre Rechnung bezahlten, waren fast alle anderen Gäste schon aufgebrochen, abgesehen von einigen ruhigen Deutschen an einem der Mitteltische.

Auf ihrem Heimweg wollten die drei Schweden noch auf einen Schlaftrunk bei Grönbechs einkehren, aber das laute Gejohle um den Billardtisch in Kombination mit scheppernder, Angst einjagender Popmusik ließ sie weiterziehen.

Strömbom schlug ersatzweise einen abschließenden Whisky im Garten des Släktsgårdens vor, was aber die beiden

anderen dankend ablehnten. Der Veterinär schien deshalb nicht allzu enttäuscht zu sein. Er sah inzwischen etwas mitgenommen aus, schielte sogar schon, und außerdem hatte ein leiser Nieselregen eingesetzt, als sie den offenen, marktähnlichen Platz vor der Polizeistation überquerten.
Ein Igel huschte unter einen Gartenzaun, ein Schäferhund hob sein Bein an der Wand des Friseurs gegenüber der Kirche, während seinem Herrchen das Kunststück gelang, in dem zunehmenden Regen eine Zigarette anzuzünden.
An dem Antiquitätengeschäft am Hügel zum Släktsgården blieb Strömbom plötzlich stehen.
»Ich glaube, ich ändere meine Meinung. Ich brauche noch einen Nachttrunk. Und ich weiß, dass der Pilekroen noch offen ist. Der Gästgivaregården auch. Kommt ihr mit?«
»Ich schaffe es nicht mehr«, sagte Wall.
»Habe keine Lust«, erklärte Ytter.
»Schwächlinge«, bemerkte Strömbom, im Lampenschein grinsend. »Dann muss ich eben allein gehen. Schlaft gut!«
Er ging weiter, wobei er laut ›Old McDonald had a farm‹ intonierte; die Auswahl des Liedes konnte natürlich auf einem Berufsschaden beruhen.
Eine Minute später verabschiedete Wall sich von Ytter und ging in seine Räume.
Es drehte sich alles leicht um ihn, als er sich in einem der Sessel niederließ. Er war wohl etwas angetütert. *Etwas?* Das war eine reichliche Untertreibung. Um bei der Wahrheit zu bleiben: Er war reichlich beschwipst. Er rechtfertigte sich mit der Ausnahmesituation Urlaub und sehnte sich nach seinem Bett.
Ein ereignisreicher, schöner Tag war zu Ende.
Jetzt hoffte er nur noch auf eins: bis zum Frühstück ungestört schlafen zu können.

Der Mörder

Er stand unter einem Dachvorsprung, ganz in der Ecke des vorderen Gartens vom Släktsgården, und war für alle, die auf der zehn Meter entfernten Straße vorbeikamen, in dieser kompakten Dunkelheit nicht zu sehen. Aber es zeigte sich niemand dort draußen.
Allinge schlief.
Abgesehen vom hell erleuchteten Eingang, waren in der Pension sämtliche Lichter erloschen. Irgendwo weit in der Ferne war Motorenlärm zu hören, und der Wind rauschte in den Baumkronen. Ansonsten war die Nacht still. Der Regen hatte erst vor wenigen Minuten aufgehört.
Er wusste, dass Sten Wall seine Fenster einen Spalt weit offen ließ, wenn er schlief. Und ihm war bekannt, welchen der beiden Räume der Kommissar als Schlafzimmer benutzte: den hinteren. Natürlich plante er deshalb, in den vorderen zu klettern, um das Risiko, erwischt zu werden, zu minimieren. Nicht, weil er meinte, es gäbe in dieser Hinsicht eine größere Gefahr – Wall lag sicher fast im Koma, angesichts dessen, was er im Laufe des Abends alles in sich hineingeschüttet hatte.
Auf leisen Sohlen schob er sich von der Wand fort, glitt am Brunnen mit den wunderschönen Holzröhren vorbei und gelangte ans Schlafzimmerfenster.
Zufrieden stellte er fest, dass sich ihm ein Traumszenario bot: dumpfes Schnarchen bezeugte, dass der Kommissar außer Gefecht gesetzt war.
Er schlief wie ein Stein, schwer betrunken. Einfach perfekt, es könnte nicht besser inszeniert werden.
Sicherheitshalber beschloss er, doch noch eine Weile abzuwarten.

Er kehrte in die Schwärze seiner Ecke zurück.

Die Stille war Vertrauen erweckend. Nicht einmal der Wind machte sich noch länger bemerkbar. Die Uhr ging auf drei zu, und Allinge lag in vollkommener Stille.

Vermutlich war er der einzige Mensch, der noch wach war.

Wohl zum hundertsten Mal ging er seinen Plan durch. Er war klar und einfach, wie alles, was genial war. Warum sollte er es unnötig kompliziert machen?

Erstens: sich ins vordere Zimmer begeben, so lautlos wie möglich. Dazu brauchte er nur auf die Fensterbank zu klettern, vorsichtig die Blumentöpfe mit der behandschuhten linken Hand zur Seite zu schieben und auf den Boden hinunterzugleiten.

Anschließend: den schlafenden Polizisten überraschen und das ausführen, weshalb er gekommen war.

Sodann: ein undramatischer Rückzug. Er rechnete damit, ganz ruhig einfach durch die Tür hinausgehen zu können, um dann über den inneren Garten auf die Straße zu verschwinden.

Kurzzeitig hatte er überlegt, ob er eine Maske tragen sollte, diese Vorsichtsmaßnahme aber schnell als überflüssig verworfen. Sollte Wall ihn identifizieren, würde er daraus doch kein Kapital mehr schlagen können.

Er hatte beschlossen, den Kommissar so lange schmoren zu lassen, wie er es sich vernünftigerweise gestatten konnte. Elfvegrens Hinrichtung war unbefriedigend schnell vor sich gegangen. Damals hatte er sich nicht getraut, wertvolle Sekunden zu opfern.

Jetzt war die Situation eine andere. Die Ungestörtheit eines Schlafzimmers (vielleicht konnte er es wagen, eine Lampe einzuschalten, um die Reaktion des Überfallenen noch besser betrachten zu können), kein sonniger Vormittag wie in Norrviken, kein lauter Schuss, der unerwünschte Aufmerksamkeit auf sich lenkte.

Nur er und Wall im Schlafzimmer. Zwei Männer: einer bewaffnet, einer wehrlos; ein Raubtier, ein Opfer.

Wall würde keinen Mucks von sich geben, kein Wort sagen. Nicht einmal ein erfahrener Krimineller war verwegen oder dummdreist genug, sich aufzuspielen, wenn er eine scharfe Messerklinge an der Kehle hatte.

Flüsternd würde er ihm erklären, warum er gekommen war. Der arrogante Staatsanwalt war dahingeschieden, ohne zu wissen, warum, Wall aber sollte es erfahren. Wenn dann der richtige Zeitpunkt gekommen war, musste alles schnell gehen, er würde ohne die geringste Vorwarnung die Waffe wechseln, vom Messer zum Schraubenschlüssel. Ein kräftiger Schlag auf die Schläfe müsste ausreichen, um den Kerl auszuschalten. Wenn es sein musste, konnte er noch mit zwei oder drei Hieben nachhelfen, aber er ging davon aus, dass das gar nicht notwendig sein würde, nicht, wenn er gleich beim ersten Mal hart genug zuschlug.

Er hoffte, dass es mit einem guten Volltreffer getan sein würde, schon allein, um viel herumspritzendes Blut zu vermeiden.

Und dann, wenn der Fettmops ausgezählt dalag, brauchte er nur noch ein Kissen draufzudrücken und zu warten, bis das Leben davongeflogen war.

Einfach wie nichts.

Eine Liquidierung in drei Etappen:

Messer.

Schraubenschlüssel.

Kissen.

Das dürfte kein Problem sein. Aber *falls* doch Schwierigkeiten auftreten sollten – entgegen jeder Erwartung –, würde es für ihn nur eine zusätzliche Herausforderung bedeuten. Dann würde sich zeigen, dass er Herr der Situation war, dass er improvisieren konnte, dass er in der Lage war, auch überraschende Komplikationen zu meistern. Er war nicht derjenige, der in Panik geriet, wenn etwas schief ging.

Er würde nicht vergessen, dass *er* es war, der die Zügel in der Hand hielt. Er war derjenige, der die Entwicklung bestimmte, nicht derjenige, der sich voller Schrecken unter der drohenden Klinge wand.

Wall würde keinen größeren Widerstand leisten können, aber das war noch kein Grund, leichtsinnig zu werden. Er musste während der gesamten Operation auf der Hut sein. Zwar war der Kommissar in die Jahre gekommen, und mit seiner Kondition und Kraft schien es nicht besonders weit her zu sein. Hinzu kam, dass er von Schlaf und Alkohol benebelt war. Aber trotzdem: Eine falsche Einschätzung konnte böse Folgen haben. Der Kerl war nun mal ein Polizist, und das seit Urzeiten, und etwas musste er in all den Jahren ja wohl gelernt haben.

Bill Elfvegrens Mörder schaute auf seine Armbanduhr. Kurz nach drei. Er hatte sich jetzt seit fast einer halben Stunde hier herumgetrieben, ohne das geringste störende Moment zu bemerken. Besser konnte es kaum noch werden. Die Tat musste jetzt ausgeführt werden. Bald würde es hell werden. Er musste zuschlagen.

Ein tiefer Atemzug. Eine letzte Kontrolle, ob auch alles an Ort und Stelle war. Die dünnen, geschmeidigen Handschuhe übergezogen. Mut gefasst.

Ein Schatten huschte von der Wand fort auf das erste der beiden offenen Fenster zu, die zu Sten Walls Räumen gehörten.

Er war bereit.

Bereit zu töten.

Number two, here I come!

Sten Wall

Bereits auf dem schwankenden Heimweg hatte Sten Wall eingesehen, dass er etwas zu viel des Guten zu sich genommen hatte. Er hatte Probleme mit dem Gleichgewicht und hörte selbst, dass er ziemlich unklar redete. Deshalb lehnte er auch Rune Strömboms Einladung zu einem Nachttrunk im Pilekroen oder im Gästgivaregården dankend ab.

Aber sein Zustand war noch nicht beunruhigend. Wall hatte es schon schlimmer getrieben als jetzt, und da er ja schließlich Urlaub hatte, überfielen ihn auch die bedrückenden Schuldgefühle nicht, die ihn daheim in Stad inzwischen jedes Mal einholten. Es machte nicht einmal einen Unterschied, ob er frei und ohne Verpflichtungen war oder nicht. Auch dann wachte er mit einer quälenden Angst auf, die dazu geführt hatte, dass er immer sparsamer mit dem Alkoholkonsum geworden war.

Ein weiterer Grund für seine Zurückhaltung waren Helge Boströms ewige Andeutungen. Der Leiter des Polizeidistrikts nutzte jede Gelegenheit, um auf das Übergewicht und die Trinkgewohnheiten seines Arbeitskollegen hinzuweisen. Der magere Boström selbst war äußerst vorsichtig mit dem Alkohol, auch wenn er kein Abstinenzler war wie der große Moralist der Abteilung, Carl-Henrik Dalman.

Wohlbehalten in der Pension angekommen, machte sich der vom Rausch müde Wall direkt auf den Weg zum Kühlschrank, holte eine Flasche heraus und schenkte sich ein Glas perlendes Mineralwasser ein. Das geschah rein präventiv: ein Versuch, die Folgen des abendlichen Gelages am nächsten Tag zu lindern. Obwohl ihm schon schwante, dass es nicht besonders viel helfen würde. Der Kater war ihm eigentlich sicher.

Aber schließlich hatte er Urlaub (da kam wieder die rettende Planke).

Er bewegte sich vorsichtig, um die anderen Bewohner des Hauses nicht zu stören. Soweit er wusste, wohnten nur die beiden liebeskranken Jugendlichen in diesem Teil der Pension, und die waren sicher viel zu sehr mit anderen Dingen beschäftigt, als dass sie eventueller Krach stören würde.

Wall ging ein paar Schritte zur Treppe hin und horchte angestrengt. Kein Mucks. Sicher schliefen sie, ihre Aktivitäten waren wahrscheinlich ziemlich kräftezehrend.

Er schraubte den Deckel wieder auf die Flasche und stellte sie zurück, ohne den Stand des Inhalts auf dem Etikett zu markieren. Im Släktsgården vergriff sich nie jemand an den Dingen anderer Leute.

Dann ging er in seine Räume und öffnete die Fenster in beiden Zimmern einen Spalt. Er schlief lieber bei offenem Fenster, ganz gleich, zu welcher Jahreszeit und bei welchem Wetter.

Es war höchste Zeit, sich einiger der vielen Pils zu entledigen. Er stellte sich vor der Schüssel auf, stützte sich mit der linken Hand an der Wand ab, zielte mit der rechten und schaute gleichgültig zu, wie der Strahl das Porzellan traf und beim Kontakt mit Wasser anfing zu schäumen. Die Putzfrau hatte offensichtlich ein Reinigungsmittel in die Toilette getan.

Er war überzeugt davon, dass er sich mindestens von einem Liter befreit hatte, denn es wollte gar kein Ende nehmen. Sicher hatte er in kürzerer Zeit neue Attacken zu erwarten (das Bier war schließlich durch Mineralwasser verdünnt worden), also beschloss er, noch ein wenig mit dem Zubettgehen zu warten.

Nach sorgfältigem Händewaschen suchte er sich einen seiner Krimis heraus. Er setzte sich unter der Leselampe zu-

recht und versuchte sich auf das Buch zu konzentrieren. Aber das war unmöglich. Alles rauschte an ihm vorbei. Er las den letzten Absatz noch einmal, musste aber bald einsehen, dass es keinen Sinn hatte weiterzumachen. Er konnte sich ohnehin nie an das erinnern, was er in berauschtem Zustand gelesen hatte, da konnte er ebenso gut aufhören. Außerdem war ihm schon fast schwindlig vor Müdigkeit.
Mit einem Seufzer schlug er das Buch zu und holte sich eine Zeitung mit einem halb gelösten Kreuzworträtsel. Unkonzentriert starrte er auf die Seite, ohne einen einzigen Begriff zu finden.
Er stand auf und trat ans Fenster. Mit schläfrigen Augen schaute er auf den nur spärlich erleuchteten Garten, dessen überwiegender Teil ganz im Dunkeln lag. Eine Katze – war es Perikles? – bewegte sich zwischen den Schatten und Lichtpunkten hinten am Eingang.
Ein Nachttier auf der Jagd nach seiner Beute.
Alles war friedlich. Der Wind spielte leise im Mauergrün am Brunnen, der Himmel war rabenschwarz, mit dichten Wolkenteppichen vor den Sternen.
Ein leichter, dumpfer Kopfschmerz begann sich bemerkbar zu machen, und Wall war klar, dass es das Beste sein würde, sich zur Ruhe zu begeben. Ihm war auch klar, dass er mindestens einmal vor dem Frühstück zur Toilette würde gehen müssen, da er jetzt nicht mehr darauf warten konnte.
Er zog sich seinen grünen Seidenpyjama an und kroch zwischen die Laken.
Aber der Schlaf wollte sich nicht einstellen.
Er kannte das Symptom nur zu gut. So unlogisch es auch erschien, es passierte ab und zu, dass er zu müde war, um einzuschlafen. Diese Unvollkommenheit der Natur konnte er sich nicht erklären.
Während der folgenden zwei Stunden stand er zwei Mal

auf und ging pinkeln. Beim zweiten Mal war er so erschöpft, dass er beim Gehen schwankte und fast das Gleichgewicht verloren hätte, als er mit dem rechten großen Zeh gegen die Türschwelle zwischen Wohnzimmer und Schlafzimmer stieß.
Aber schließlich sank er doch in Schlummer.
Traumfetzen wirbelten vorbei, vollkommen ungeordnet.
Plötzlich setzte er sich senkrecht im Bett auf.
Es dauerte ziemlich lange, bis er begriff, was ihn geweckt hatte.
Etwas klopfte gegen die Decke, etwas schlug und polterte hektisch und unharmonisch. Trotz seines schlaftrunkenen und alkoholbeeinflussten Zustands begriff er, dass es sich dabei um das Bett seiner Übermieter handeln musste.
Wütend machte er das Licht an.
Es klang, als würde das Bett samt seiner Insassen sich durch die Decke bohren.
Als er genauer hinhörte, konnte er die inzwischen bekannten erotischen Äußerungen wahrnehmen.
Jemand – die tiefere der Stimmen – mahnte, leiser zu sein, aber das nützte nichts. Das Stöhnen und Jammern nahm nur noch zu.
Jetzt konnte man sogar schon Bruchstücke der hitzigen Konversation verstehen.
»Oh, wie schön, oh wie herrlich, oh, wie schön.«
»Jenny!«
»Warum machst du es nur so wahnsinnig schön für mich? Oh, wie herrlich.«
»Versuch dich ein bisschen zu beherrschen, leiser, sei so lieb, du weckst noch das ganze Haus. Denk an den Alten unten!«
»Du bumst mich so herrlich, dass es ruhig alle hören können.«

»Der Alte ...«

»Ach scheiß drauf, mach weiter, mach weiter!«

»Jenny! Ich bin verrückt nach dir, aber kannst du nicht ...«

Der Rest war unverständlich, die Worte wurden durch unartikuliertes Stöhnen ersetzt.

Verärgert setzte Wall sich im Bett zurecht. Noch vor kurzem war es ihm unangenehm gewesen, dass Rune Strömbom den sich liebenden jungen Leuten unverfroren nachspioniert hatte. Aber jetzt war er ihr ruhestörendes Verhalten leid. Er überlegte, ob er nicht den Besen aus der Garderobe holen und mit ihm gegen die Decke klopfen sollte, damit es endlich leise wurde; er brauchte sich das wirklich nicht länger gefallen zu lassen.

Aber dann besann er sich. Eigentlich wollte er doch nicht wie irgend so ein essigsaurer Spielverderber erscheinen. Sie sollten ihren Spaß haben, ohne dass er eingriff.

Stattdessen beschloss er, sich am nächsten Tag Ohrenstöpsel zu besorgen.

Während er da so mit schlafverklebten, brennenden Augen im Bett saß und der Ekstase über ihm lauschen musste, überfiel ihn ein schrecklicher Durst. Jedes Mal das Gleiche. Je mehr er am Abend zuvor getrunken hatte, umso mehr Flüssigkeit forderte sein Körper.

Er schlurfte hinaus, durch das vordere Zimmer, steckte den Kopf in die Küche, sah, dass die Luft rein war, und trat ganz ein. Er hatte keine Lust, sich noch ein Glas zu holen, schnappte sich stattdessen resolut die ganze Wasserflasche und ging wieder in seine Räume. Dort nahm er einige reelle Schlucke, bevor er versuchte, den Schlaf wieder zu finden.

Aus den Geräuschen von oben ging hervor, dass die beiden immer noch in vollem Gange waren, und Wall empfand eine Art widerwilliger Bewunderung für die Vitalität der jungen Leute: Dass die das durchhielten!

Er löschte das Licht, schloss die Augen und zählte Schäfchen.
Es nützte nichts.
Er war einfach viel zu wach. Sein Körper tat weh, sein Kopf dröhnte; sein Alter zeigte sich deutlich.
Und die Wut über die lautstarke Hemmungslosigkeit des jungen Paares überfiel ihn von neuem.
Es war doch zu dumm, dass sie nicht wie gewöhnliche Leute bumsen konnten!

Der Mörder

Er hielt in seinen Schritten inne, als er die Geräusche aus dem ersten Stock vernahm. Abwartend trat er zurück an die Wand, unsicher, wie er sich verhalten sollte. Wenn Sten Wall nicht stocktaub oder total ausgezählt vom Alkohol war, musste er von dem Lärm aufwachen. Außerdem konnten wahrscheinlich auch Leute aus anderen Teilen des Släktsgården hören, was da vor sich ging. Man brauchte nicht viel Phantasie, um sich vorzustellen, was da im ersten Stock los war. In erster Linie drang die Ekstase des Mädchens nach draußen, aber ihr Partner stand ihr dabei nicht viel nach.

Es klang beinahe wie das Kräftemessen zweier Meerschweinchen.

Als das Licht in Walls Schlafzimmer anging, verzog sich sein Gesicht vor Enttäuschung. Der Polizist war also aufgewacht.

Das war natürlich ein Strich durch seine Rechnung. Er überlegte, wie er mit der neuen Situation umgehen sollte. Direkt hineinzugehen erschien ihm zu gefährlich, wo Wall jetzt offenbar bei Bewusstsein war. Zwar gab es die Möglichkeit, noch eine Weile zu warten, aber bald würde die Morgendämmerung einsetzen. Und es deutete kaum etwas darauf hin, dass die Geilheit im ersten Stock demnächst erlöschen würde.

Ohne noch länger zu zögern, schlich er sich an der Mauer entlang davon. Sein Vorhaben musste aufgeschoben werden – aber nicht zu lange.

Er würde ihn stattdessen bei Tageslicht eliminieren. Eine neue, infernalische Idee nahm in seinem Kopf bereits Form an.

Vielleicht war es so überhaupt am besten. Es hätte doch riskant sein können, den Kommissar in der Pension zu überfallen, auch wenn es gleichzeitig eine Herausforderung gewesen wäre, ein zusätzlicher Beweis seiner Fähigkeiten.

Aber es gab sicherere Arten. Zwar hegte er keinerlei Zweifel an seinen eigenen Fähigkeiten (er hätte sein Vorhaben ausgeführt, wenn diese geilen Jugendlichen nicht ihr Sexkonzert angefangen und damit alles innerhalb ihrer Hörweite aufgeweckt hätten), aber es lag nun einmal ein gewisses Risiko in dem Plan, den er jetzt verwarf.

Dennoch fühlte er sich unverwundbar. Er war nicht nur äußerst handlungsfreudig, sondern besaß außerdem ein Talent zur Täuschung wie sonst nur wenige. Eigentlich hatte er nur ein einziges Mal Pech gehabt. Dass die Unregelmäßigkeiten in der Kasse des Schützenvereins entdeckt wurden, war eher ein unglücklicher Zufall als ein Versäumnis.

Er war noch ziemlich jung, als er merkte, dass er die Fähigkeit zur Manipulation besaß, dass er die Meinung aller Gutgläubigen in seiner Umgebung beeinflussen konnte.

War er fünfzehn oder sechzehn gewesen? Es war jedenfalls in dem Jahr, als Brasilien die Fußballweltmeisterschaft in Mexiko gewann und eine Norwegerin mit einer dünnen Kinderstimme ihn mit einem albernen Lied über einen Sommerurlaub nervte. Wann immer er das Radio einschaltete, schallte ihm die Stimme des kleinen Singvogels entgegen; jedenfalls hatte er es noch lange Zeit später so in Erinnerung.

Olof Palme war Premierminister von Schweden und Richard Nixon amerikanischer Präsident, aber das waren auch schon die einzigen Politiker, an die er sich noch erinnern konnte – er hatte sich eigentlich nie besonders darum gekümmert, was außerhalb seiner eigenen Interessengebiete passierte.

In diesem Sommer war sie aufgetaucht und hatte ihn verhext, das Mädchen aus Norrland mit den Rattenschwänzen und den großen Brüsten.

Zu jener Zeit verbrachte er einen Teil der Sommerferien bei seinem Onkel und seiner Tante an der Westküste. Zu den Attraktionen dort gehörte der Besuch des Ferienlagers hinten am Strand. Kindern aus verschiedenen Landesteilen – aus den tiefen Wäldern in Småland bis hoch nach Kiruna – wurde hier die Möglichkeit zu einem kräftigenden Ferienlageraufenthalt gegeben und zu salzigen Bädern in einer Umgebung, die sich deutlich von der ihrer Heimat unterschied.

Sein Mädchen kam aus Västerbotten, davon war er fest überzeugt.

Sie war als Begleitperson in dem Ferienlager, war eine der Älteren, die die Verantwortung für eine Gruppe Zehnjähriger hatte. Sie selbst war in seinem Alter, vielleicht sogar ein paar Jahre älter.

Zusammen mit seinen Kumpels trieb er sich während der Hochsaison oft am Strand herum. Alle wollten in der Nähe der fremden Mädchen sein, und er wusste, dass viele der romantischen Verabredungen später zu Freundschaften und sogar Ehen wurden.

Unter den Jungen gab es einen Typen namens Fabian. Er war einer der wenigen, die immer noch mit Elvistolle herumliefen. Er trug die lächerliche Andeutung eines Schnurrbartes, las verbotene Zeitschriften, war fast zwanzig, besaß einen Führerschein und hatte sich selbst zu einer Art Anführer der kleinen Gruppe ernannt.

Von Fabian lernte er einiges von Wert: den Unterschied zwischen Matratze und Weibsbild beispielsweise. Oder wie

man es schaffte, aus dem Automaten bei Kaufmann Ivarsson in der Stadt Zigarettenschachteln herauszufischen, ohne dafür zu bezahlen. Und es war auch Fabian, der ihn mit zum FKK-Strand im Norden nahm und ihm und seinen Freunden die Herrlichkeiten zeigte, von denen die Jungen zuvor nur auf der Toilette oder im Bett phantasiert hatten. Fabian hatte ein Loch in den Zaun um das Gelände gebohrt, und dankbar hatten sie sein Angebot angenommen, die sonnenbadenden Schönheiten auszuspionieren, die meinten, sie würden ungestört im weichen Sand liegen.
»Guckt mal, Jungs! Was für Titten! Das ist doch was.«
Es hatte Spaß gemacht, mit dem Gefühl prickelnder Spannung in den Dünen herumzukriechen und die nichts Böses ahnenden Mädchen heimlich zu beobachten, die sich voreinander zur Schau stellten, sicher, dass es keine heimlichen Beobachter in der Nähe gab.
Aber sie – das sexy Mädchen aus Västerbotten – hatte er nicht am FKK-Strand entdeckt, sondern bei einer Tanzveranstaltung in einem der Vergnügungsparks. Er hatte sich sofort in sie verknallt. Nur sie wollte er haben. Um jeden Preis. Sie und sonst keine.
Und er tat alles – wirklich alles –, um ihr Interesse zu gewinnen. Aber es gelang ihm nie. Sie verhielt sich sonderbar kaltschnäuzig, während seine Einladungen mit der Zeit immer verzweifelter wurden. Und nach einer Weile wurde die Jagd zum reinen Prestigekampf.
Er musste es schaffen, sie für sich zu gewinnen.
Aber was er auch versuchte, sie blieb eiskalt und abweisend, verweigerte sich mit einer Sturheit, die in ihm die Wut nur noch schürte. Ihre unbeugsame Haltung machte ihn fast wahnsinnig, aber er bekam seine Revanche und sie, was sie verdiente.
Es war jetzt Jahre her, seit er das letzte Mal an sie gedacht

hatte. Der Mord an Elfvegren räumte ihr wieder Platz in seinen Gedanken ein, obwohl seither so viel Zeit vergangen war, dass er sich an vieles nicht mehr erinnern konnte.

Aber einiges wusste er doch noch. Zum Beispiel, wie überzeugend er hinterher aufgetreten war, bei den Ermittlungen. Mit festem Blick hatte er den Leuten geradewegs ins Gesicht gelogen, schluchzend behauptet, er hätte getan, was in seiner Macht stand, um sie zu retten.

Er lächelte, als er sich daran erinnerte, dass er sogar für seinen Mut und seine Waghalsigkeit gelobt worden war, dafür, dass er unter Einsatz seines eigenen Lebens versucht hatte, die Katastrophe zu verhindern.

Niemand – kein einziger Mensch – hatte ihn in Verdacht gehabt.

Das Mädchen war die Einzige, die die Wahrheit kannte. Und die hatte sie mit sich genommen.

Wie hieß sie noch?

Berit irgendwas?

Oder doch anders?

Nicht, dass das eigentlich von Bedeutung war.

Jedenfalls jetzt nicht mehr.

Damals

Berit Marklund

Sie war zum ersten Mal an der Westküste – sie war überhaupt noch nie weiter von zu Hause fort gewesen als bis nach Stockholm oder Mo i Rana. Es war also ihre längste Reise bisher.
Zunächst fühlte sie sich unsicher. Sie wusste nicht so recht, was sie von der neuen Umgebung halten sollte. Alles war so anders als das, was sie während ihres sechzehnjährigen Lebens gewohnt gewesen war. Die Leute redeten in einer Art, die sich von den Dialekten in Mårdsele unterschied, wo sie geboren und aufgewachsen war. Und damit nicht genug. Sie fand auch, dass sie sich anders verhielten. Irgendwie sicherer; sie konnte es nicht so recht erklären.
Am meisten faszinierte sie aber das Meer, das die örtliche Bevölkerung aus irgendeinem sonderbaren Grund als See bezeichnete. Sie hatte im Vergleich mit anderen Gleichaltrigen nicht besonders viel erlebt, aber wie ein See aussah, das wusste sie schon.
Und das hier war kein See. Eher ein Ozean. Das Wasser erstreckte sich bis ins Unendliche, und sie überlegte, was sich wohl hinter dem Horizont befand. Würde sie Land entdecken, wenn sie an das Ende dessen käme, was sie von hier aus sah? Oder reichte das Meer noch weiter, bis zu einem neuen Horizont? Und zu noch einem?
Das Wasser war kälter, als sie geglaubt hatte, aber trotzdem ging sie jeden Tag hinein. Daheim traute sie sich nicht zu baden, weil sie nie schwimmen gelernt hatte, und in den Seen und im Fluss ging es immer gleich steil nach unten. Aber hier war das Wasser seicht. Sie konnte weit hinausgehen, und es ging ihr immer noch nur bis zu den Knien.
Das Leben als Leiterin in einem Ferienlager war zwar ver-

antwortungsvoll, aber nicht besonders anstrengend. Sie hatte das Glück gehabt, in einer Gruppe mit ziemlich ruhigen, bescheidenen Kindern zu landen. Einige kannte sie von früher, andere kamen aus Orten noch weiter oben in Västerbotten.

Sie und die anderen Gruppenleiter hatten reichlich freie Zeit. Sie wechselten sich mit den Diensten ab, und das Leben war im Großen und Ganzen recht angenehm.

Einer der Gründe, weshalb sie überhaupt die Erlaubnis bekommen hatte mitzufahren, war der, dass ihre beste Freundin aus Mårdsele, die ein Jahr ältere Katie, auch dabei war. Sie war schon im letzten Jahr engagiert gewesen, ein pflichtbewusstes Mädchen, das allgemein großes Vertrauen genoss.

Berits Mutter – die Witwe eines Waldarbeiters – hatte dem Betteln ihrer Tochter um ihre Zustimmung zu einem Sommerjob irgendwo weit weg im südwestlichen Schweden, an einem Ort, von dem sie noch nie etwas gehört hatte, schließlich nachgegeben.

Sie hatte lange gezögert (die knospende Weiblichkeit ihrer Tochter war ihr nicht verborgen geblieben), gab dann aber doch ihr Einverständnis, als sie erfuhr, dass auch der Lehrer Svanström die ganze Zeit dort sein würde. Und sie war um so beruhigter, als ihr gesagt wurde, dass auch Katie Lundström sich für einen weiteren Ferienlagersommer entschieden hatte. Katie war ein Mädchen, dem sie vertraute: urteilsfähig und besonnen für sein Alter.

Und außerdem hatte sie somit für ein paar Wochen einen Mund weniger zu stopfen; ein Argument, das nicht zu verachten war.

Katie und Berit sorgten dafür, dass sie in der gleichen Schicht arbeiteten. Sie waren fast die ganze Zeit zusammen. In ihrer Freizeit fuhren sie manchmal mit dem Bus in den nächsten Ort, aber meistens blieben sie am Strand in der Nähe des Ferienlagers. Dort gab es fast alles, was sie sich wünschen konnten: Cafés, Campingplätze, Minigolfplätze, Tanzbühnen und Geschäfte.

Mitten in einem Waldgebiet fanden sie sogar einen Tennisplatz, aber das war ein Spiel, das Berit nicht besonders lockte. Sie verstand diesen sonderbaren Sport mit dem vollkommen unbegreiflichen Zählsystem nicht. Wie konnte ein einziger Schlag fünfzehn Punkte bringen? Und was für einen Sinn hatte es überhaupt, einander Bälle übers Netz hinweg zuzuschmettern?

Sehr beliebt bei den Mädchen war ein kombinierter Würstchen- und Eiskiosk neben dem schicksten Restaurant der Gegend (dorthin zu gehen konnten sich die beiden natürlich nicht leisten). Aber sie waren Stammkunden bei dem gemütlichen rotnasigen Würstchen- und Eisverkäufer.

Berit gefiel es mit der Zeit immer besser, und sie bereute keinen Augenblick, dass sie die Chance genutzt hatte, etwas Neues, Spannendes zu erleben.

Und wie viele Jungs es hier gab! Das war etwas anderes als in Mårdsele. Daheim kannte sie nicht einen einzigen Jungen, von dem sie sich vorstellen konnte, sich allein mit ihm zu treffen. Aber sie war vorsichtig und beschloss, sich Zeit zu lassen. Es war noch lange hin bis zur Heimreise.

Sie merkte wohl, dass sie bewundernde Blicke sowohl von Gleichaltrigen als auch von etwas Älteren auf sich zog. Es war schmeichelhaft und irgendwie aufwühlend, aber gleichzeitig auch eine Spur erschreckend und gefährlich.

Bei einem Samstagstanz hatte Katie sie so in die Seite geknufft, dass sie fast ein paar Spritzer des teuren Getränks verschüttet hätte.

»Guck mal«, sagte sie und deutete diskret auf die mit Laub

geschmückte Bühne, auf der Bob Stevens Orchester mit viel Schwung musizierte.
»Wo?«
»Siehst du ihn nicht? Den mit der roten Jacke? Er starrt dich an, dass ihm gleich die Augen rausfallen.«
Und natürlich hatte sie ihn entdeckt, schon lange bevor Katie sie so aufgeregt auf ihn aufmerksam machte. Sie hatte seine Blicke gespürt, und sie hatten sie gestört. Er gefiel ihr nicht. Außerdem schien er ihr viel zu jung zu sein. Ein richtiger Rotzbengel.
»Blödsinn«, sagte sie. »Vielleicht glotzt er ja dich an.«
Katie schnaubte.
»Mich! O nein. Er hat dich im Visier und lässt dich nicht mehr aus den Augen.«
»Vergiss ihn!«
Später, kurz vorm Zubettgehen, hatte sie länger als sonst vor dem Spiegel in dem gemeinsamen Waschraum gestanden. Sie hatte sich herausgemacht. Ihre Brust war voll, sie hatte weichere Züge bekommen, weiblichere.
Sie bürstete sich das Haar und war damit so lange beschäftigt, dass schließlich jemand ungeduldig an die Tür klopfte.
In der folgenden Nacht hatte sie einen wunderbaren erotischen Traum gehabt – aber es war nicht er – dieser Grünschnabel in der roten Jacke –, der darin eine Rolle gespielt hatte. Stattdessen war sie von einem Liebhaber mit Koteletten und warmen Augen verführt worden.
Bei der Minigolfbahn sah sie den Grünschnabel zum zweiten Mal. Er stand mit seinem Moped dort und hatte seine Jacke gegen ein Polohemd vertauscht. Auch das ließ ihn nicht älter erscheinen. Er winkte ihr zu. Sie drehte sich um und ging fort. Ihre Wangen wurden ganz heiß.
Die Röte hielt noch an, als sie Katie vor dem Lager traf.
»Was ist passiert?«

Sie erzählte bereitwillig, und ihre Freundin lachte:
»Habe ich es nicht gesagt? Er ist hinter dir her.«
Diesmal protestierte sie nicht. Sie wusste, dass Katie Recht hatte, dass sie von Anfang an Recht gehabt hatte.
Das Unvermeidliche geschah. Sie kamen ins Gespräch. Es gelang ihm, ihren ersten Kontakt spontan wirken zu lassen, aber sie wusste genau, dass er alles aufs Genaueste geplant hatte.
Gegen ihren Willen musste sie zugeben, dass Ola Nielsen – so hieß er – netter war, als sie erwartet hatte. Er konnte locker reden, brachte sie oft zum Lachen.
Sie blieb aber weiterhin reserviert.
Es gab einen Zug an ihm, der sie beunruhigte. Sie konnte es nicht genau sagen, aber da war etwas an ihm, was nicht so recht stimmte.
Ein paar Tage später lud er sie ins Kino ein. Nach einigem Zögern sagte sie zu. Sie sahen »Topaz« von Alfred Hitchcock. Berit stellte ebenso überrascht wie erleichtert fest, dass Ola sie im Kinodunkel nicht betatschte. Er suchte zwar ein paar Mal nach ihrer Hand, nervte sie aber nicht weiter.
Anschließend schlug er ihr vor, sie solle doch mit ihm nach Hause kommen. Sie lehnte ab.
Er lächelte sie bedauernd an, aber seine Augen waren schwarz.
»Vielleicht nächstes Mal?«
Sie gab ihm keine Antwort und war froh, als sie ihn los war. Seine Augen – sie waren doch wohl schon die ganze Zeit so dunkel gewesen? – hatten ihr Angst eingejagt. Sie beschloss, jeden Kontakt mit ihm abzubrechen, bevor es zu spät war.
Doch das war leichter gesagt als getan. Er war aufdringlich wie eine Laus, ließ einfach nicht locker. Und es gab nie-

manden mehr, dem sie ihr Herz ausschütten konnte, da auch Katie offensichtlich seinem Charme erlegen war.

»Sicher, er ist noch reichlich jung«, sagte die Freundin. »Aber er ist doch süß. Ich mag ihn. Und du auch, wenn du ehrlich bist. Gib es doch zu!«

Berit war klar, dass sie von nun an keine Unterstützung mehr von Katie erwarten konnte. Das hier musste sie allein durchstehen.

Beinahe wünschte sie sich, sie könnte nach Hause fahren. Aber es wurde besser. Sie konnte Olas Bewachung entkommen und begann wieder aufzuleben.

Es war ihr fast gelungen, ihn zu vergessen, als sie eines Abends nach einem Ausflug zum südlichen Teil des Badestrands auf dem Rückweg zum Ferienlager war. Sie war spät dran zum Abendessen und hatte es so eilig, dass sie sogar auf den Felsvorsprüngen weiterlief.

Plötzlich hörte sie ihn ihren Namen rufen. Hatte er ihr aufgelauert?

»Wohin willst du?«, fragte er.

»Nach Hause.«

Ola ließ sich von der kurzen Antwort und dem kühlen Ton nicht abspeisen.

»Darf ich mitkommen?«

»Ich habe es eilig. Eigentlich sollte ich jetzt schon da sein.«

»Da kann ich dir helfen. Ich habe einen Kahn an der Flussmündung liegen. Dann brauchst du nicht ganz bis zur Brücke zu laufen.«

Sie wusste nicht, was sie tun sollte. Es stimmte schon, sie würde reichlich Zeit sparen, wenn er sie über den Fluss ruderte. Andererseits wollte sie nicht, dass er etwas für sie tat.

»Ach, komm schon«, drängte er. »Ich beiße nicht. Und du gewinnst mindestens zehn Minuten, wenn wir das Boot nehmen.«

Sie zuckte mit den Schultern. Warum eigentlich nicht? Er würde es schon nicht wagen, ihr draußen auf dem Fluss etwas zu tun. Und wenn er den Vorschlag, sich doch später am Abend zu treffen, machen sollte (und den würde er machen, das wusste sie), dann würde sie vollkommen uninteressiert tun. Ein für alle Mal wollte sie ihm klarmachen, dass sie nichts mit ihm zu tun haben wollte. Damit musste er sich endlich abfinden.

Sie waren an der Mündung des Flusses angelangt. Ein Segelboot war weit draußen auf dem Meer zu sehen, die Möwen schrien wie üblich über der Stelle, wo Süß- und Salzwasser aufeinander trafen.

»Spring rein«, forderte er sie auf, während er das Seil losmachte.

Sie stieg an Bord und merkte, dass sie Schwierigkeiten mit dem Gleichgewicht hatte.

»Vorsichtig«, sagte er. »Setz dich hin. Man soll in einem Boot nie stehen. Hast du das da oben in Lappland nicht gelernt?«

Sein Vorschlag kam bereits nach zwei Ruderschlägen.

»Hat du Zeit, heute Abend mit mir in die Stadt zu gehen, Berit? Wir könnten …«

»Leider nicht«, schnitt sie ihm das Wort ab. »Ich habe keine Zeit.«

»Dann ändere doch deine Pläne«, bat er.

Die Zeit war gekommen. Sie zwang sich, ihm in die Augen zu sehen.

»Ola, ich denke, wir sollten uns lieber nicht mehr treffen.«

»Warum nicht?«

»Habe ich nicht das Recht zu tun, was ich will? Darf ich das nicht?«

»Magst du mich nicht?«

Berit verdrehte die Augen. Sie wusste, dass er hartnäckig

sein würde. Aber sie hatte beschlossen, jetzt nicht nachzugeben.

»Darum geht es nicht«, sagte sie wütend. »Es hat nichts mit dir zu tun, aber ich gehöre dir nicht. Und ich bin der Meinung, wir sollten uns nicht mehr sehen. Ist das so verdammt schwer zu kapieren?«

Er ruderte mit gleichmäßigen, rhythmischen Zügen weiter. Und sie machte einen weiteren Versuch:

»Es ist nichts zwischen uns passiert. Und es wird auch nichts zwischen uns passieren. Begreife das doch. Mach das Ganze nicht schlimmer, als es ist.«

»Du bist also entschlossen?«

Sie nickte.

Er ließ seinen Blick über das Wasser schweifen, legte die Ruder hin und lächelte sie an.

»Du bist entschlossen?«, wiederholte er.

Bevor sie wusste, was geschah, hatte er ihre Handgelenke gepackt. Es ging so schnell, dass sie gar nicht reagieren konnte, bevor sie über Bord geworfen wurde und im Wasser landete. Sie hatte keine Möglichkeit, sich zu wehren, er hatte sie vollkommen überrascht.

Der Schock ließ sie zuerst fast erstarren. Aber dann wurde sie von Panik ergriffen und zappelte wild mit Armen und Beinen, während das Boot von ihr wegglitt.

Er lässt mich ertrinken! Er weiß, dass ich nicht schwimmen kann! Er lässt mich einfach zu Boden sinken!

»Hilfe!«, schrie sie. »Komm zurück! Ola! Verlass mich nicht!«

Sie sank, bekam den Kopf unter Wasser und war überzeugt davon, dass sie jetzt ertränke. Aber irgendwie gelang es ihr doch, sich wieder nach oben zu kämpfen, und blinzelnd sah sie, dass er näher kam.

Er rettet mich! Er hat das nur gemacht, um mich zu erschrecken! Jetzt schaffe ich es, ich schaffe es!

Das Ruder wurde ihr entgegengestreckt, und sie packte es voller Verzweiflung.

Ja, so, jetzt hatte sie es, jetzt war sie bald in Sicherheit.

Sie wechselte den Griff, um sich an dem glatten Holz besser festhalten zu können.

Da wurde ihr die Sicherheit entzogen.

Und Sekunden später wurde das Ruder stattdessen gegen ihren Hals gedrückt, aber jetzt war sie nahe genug herangekommen, um sich am Boot festhalten zu können.

Die Todesangst verlieh ihr Kraft. Obwohl sie erschöpft und benommen war, gelang es ihr, den Bootsrand so fest zu umklammern, dass sie meinte zu fühlen, wie aus lauter Anstrengung das Blut geradezu vor ihrem Blick vorbeirauschte. Das Blut war rot, mit Hunderten winzig kleinen Punkten darin.

Sie sah, wie weit es bis zum Ufer war. Sie würde es nie lebendig erreichen, wenn sie das Boot losließ.

Im nächsten Moment begann er ihre Finger loszubiegen. Einen nach dem anderen. Er begann mit der linken Hand.

»Nein«, flüsterte sie voller Panik. »Nein.«

Jetzt ging er zur rechten über.

Noch drei Finger.

Sie hatte sein verkniffenes Gesicht direkt über sich und begriff, dass dies das Ende war.

Zwei Finger.

»Nein!«

Da bekam sie einen harten Schlag auf den Daumen. Sie schrie vor Schmerz auf, verstummte aber, als sie ins Wasser gedrückt wurde und ein großer Wasserschwall ihr den Atem nahm.

Sie kämpfte, konnte aber die Kraft nicht bezwingen, die sie immer noch unten hielt. Wenn sie nur Grund bekäme, aber das war natürlich unmöglich, sie war ja mitten im Fluss.

Ihre einzige Hoffnung war nur, dass jemand sie von Land aus sah, jemand, der zu ihrer Rettung herbeieilte.
Aber sie wusste, dass es bereits zu spät war. In einem letzten Aufbäumen strampelte sie mit aller Kraft mit den Beinen, aber das nützte nichts. Der Druck auf ihren Kopf war genauso fest wie der auf ihre Brust. Sie nahm an, dass er ihre Haare gepackt hatte und sie jetzt hinunterdrückte. Es war unmöglich, nach oben zu kommen.
Dieser Teufel bringt mich um.
Danach nichts mehr. Gar nichts. Nur Schwärze. Überall Dunkelheit.
Vielleicht hatte Berit Marklund noch einen letzten Versuch gemacht, um Hilfe zu rufen. Aber es waren nur noch ein paar Luftblasen auf der Wasseroberfläche zu sehen, als das Ruderboot am Nordstrand anlegte.

Heute

Der Mörder

Natürlich erinnerte er sich nicht mehr an alle Details jenes Sommerabends, als er sie ertränkt hatte, als wäre sie ein Katzenjunges.

Aber ihm war im Gedächtnis geblieben, dass er im Affekt gehandelt hatte. Wenn sie nicht so rotzfrech und voller Verachtung gewesen wäre, hätte sie sicher noch heute gelebt. Sie hatte ihn zurückgewiesen, er war nicht gut genug für sie gewesen – was dachte sie denn, wer sie war? Eine Prinzessin? Was war denn schon so Besonderes an ihr?

Sie war doch nur so eine Rotzgöre aus dem Norden, die zufällig etwas größere Brüste hatte als ihre gleichaltrigen Freundinnen.

Er hatte sie angefleht, hatte ihr mehrere Chancen gegeben. Und noch heute konnte er ihre herablassende Stimme hören:

»Ich bin der Meinung, wir sollten uns nicht mehr sehen. Ist das so schwer zu kapieren?«

Diese herablassende Art hatte ihn spontan reagieren lassen. Die Ufer waren vollkommen menschenleer, und er nutzte die Gelegenheit. Er wusste ja, dass sie nicht schwimmen konnte, ihm war klar, dass es kein Problem sein würde, sie zu ertränken.

Und es klappte, wie er es sich gewünscht hatte. Sein verletzter Stolz hatte seine Rache bekommen.

Er schlug sofort Alarm, verzweifelt, erledigt; er war schon damals ein perfekter Schauspieler. Der leblose Körper wurde bald gefunden, und er war ganz außer sich vor Trauer. Die Polizei hatte selten jemand so untröstlich gesehen.

Alle hatten ihm geglaubt. Niemand hatte auch nur den geringsten Verdacht geäußert, dass ein Verbrechen vorliegen könnte. Er hatte sie hinters Licht geführt, alle zusammen, ohne Ausnahme.

Eine Zeit lang hatte er Angst, Berits beste Freundin (er hatte ihren Namen vergessen) könnte einen Verdacht hegen. Das wäre jedoch gar nicht nötig gewesen. Statt ihm Vorwürfe zu machen, versuchte sie ihn aufzumuntern, als sei er derjenige, der den größten Verlust erlitten hatte.

Er war sogar von verschiedenen Seiten für seinen aufopfernden und uneigennützigen Versuch gelobt worden, das verunglückte Mädchen zu retten.

Wenn die nur wüssten ...

Sein Mord an Berit war unentdeckt geblieben. Und er hatte den selbstgerechten Bill Elfvegren erschossen, ohne dass die Polizeiermittlungen auch nur einen Millimeter vorankamen. Natürlich würde er auch seine Aufgabe, Sten Wall umzubringen, erfüllen.

Der Kommissar hatte nur einen kurzen Aufschub bekommen. Schon am nächsten Tag sollte der Job ausgeführt werden.

Oder besser gesagt: heute.

Es war schon hell, als er das Rollo herunterzog und sich für ein paar Stunden Schlaf ins Bett legte. Er musste vor der wichtigen Aufgabe, die vor ihm lag, Kraft sammeln.

Jan Carlsson

Er war erleichtert, als er den Bescheid bekommen hatte, dass Daniel Kärr an Krebs gestorben war. Für ihn war Kärr ein Gauner, dessen Gesicht er sich nicht einmal mehr ins Gedächtnis rufen konnte. Sten Wall dagegen war ein lieber Kamerad und Kollege, ein Mensch, den er aus vielen Gründen sehr schätzte. Nicht nur, weil er ein außerordentlich geschickter, ehrenvoller und aufrichtiger Polizist war – er war auch ein echter Philanthrop, der sich selbstlos für andere einsetzte, was ja leider heutzutage immer ungewöhnlicher wurde.

Wenn es bei dem Mord an Bill Elfvegren eine Verbindung zu den alten Ermittlungen in Stad gab, dann bestand ein gewisses Risiko, dass Wall sich in der Schusslinie befand. Und dann musste er, Jan Carlsson, alles tun, was in seiner Macht stand, um den Bedrohten vor der Gefahr zu schützen. Das war seine Pflicht, nicht nur als Polizist, sondern auch als Mitmensch.

Sicherlich war sein Verdacht ziemlich weit hergeholt, aber was machte das schon?

Es gehört schließlich zum Verhalten eines gewissenhaften Polizisten, dachte Jan Carlsson, nie etwas außer Acht zu lassen, wie abwegig es auch erscheinen mag.

Die Phantasie war vielleicht nicht gerade seine stärkste Seite, aber er hatte anfangs doch ein stattliches Schreckensszenario skizziert. Daniel Kärr war der Mörder, der Ungerechtigkeiten rächte. Zweifellos war er bei der Verhandlung äußerst aggressiv aufgetreten, sowohl Elfvegren als auch Wall gegenüber.

Elfvegren war ermordet worden, und nach Carlssons Schreckensbild war Wall als Nächster an der Reihe.

Aber dann kam die Information, das Daniel Kärr im Krankenhaus verstorben war. Diese Nachricht und das Telefongespräch mit Wall in Allinge führten dazu, Jan Carlssons Misstrauen zu zerstreuen.
Alles war in Ordnung. Wall schien in Hochform zu sein. Und er selbst konnte wieder ruhig schlafen.
Doch dieser Zustand hielt nicht lange an.
Die Unsicherheit stellte sich von neuem ein, verursachte ihm regelrecht Bauchschmerzen.
Vermutlich war das nur eine chronische Berufskrankheit (Regel Nummer 1: Stelle auch das in Frage, was ganz glasklar erscheint), und wahrscheinlich sah er nur Gespenster.
Aber Tatsache war: Er konnte sich nicht von dem Gedanken befreien, dass sich Wall trotz allem in einer Art Gefahr befand.
Sten war sein Freund, er kannte ihn gut genug, um über seine Familienverhältnisse Bescheid zu wissen. Er wusste, dass Sten nur eine einzige nähere Angehörige hatte: die Tochter eines Bruders, die so um die fünfundvierzig sein musste. Sie wohnte in Falkenberg und war sein Anfang der Neunziger Witwe.
Ansonsten gab es nur entfernte Verwandte, zu denen Sten kaum Kontakt hatte.
Trotzdem: Es hatte eine Person bei der Polizei angerufen und darauf bestanden, Wall zu sprechen. Am gleichen Tag, an dem der Mord an Bill Elfvegren in die Öffentlichkeit gedrungen war. Und erst auf Nachfragen der Telefonistin hatte der Anrufer sich als ein Verwandter ausgegeben, hatte aber keinen Namen genannt.
Schon merkwürdig, aber reichte das, um Wall mit Kärr und dem Elfvegren-Mord in Verbindung zu bringen?
Wohl kaum.
Und trotzdem …

Als gewissenhafter Kriminaler, der er war, beschloss er, dennoch weiterzuforschen, aber natürlich in aller Stille, diese Sache lag ja nun ganz klar außerhalb seines Aufgabenbereichs. Doch als stellvertretender Leiter der Abteilung für Gewaltverbrechen konnte er sich gewisse Freiheiten herausnehmen.

Ohne Probleme gelang es ihm, in Erfahrung zu bringen, dass Daniel Kärr von einer alten Mutter und – das war wichtiger – einem in Sundsvall polizeilich gemeldeten jüngeren Bruder überlebt worden war. Letzterer hatte ein beträchtliches Vorstrafenregister (in erster Linie wegen kleinerer Vergehen), war aber offenbar wieder auf den Pfad der Tugend zurückgekehrt. Er arbeitete als Matrose auf einem schwedischen Frachter. Insgesamt verhielt er sich tadellos. Guter Leumund. Kein Rückfall in die Kriminalität während der letzten zwölf Jahre.

Bei diesen nicht besonders sensationellen Informationen wurde Jan Carlsson erneut von Unsicherheit übermannt. Dieser Bruder konnte trotz allem Daniel Kärrs verlängerter Arm bei einer eventuellen Racheaktion sein; er hatte schon sonderbarere Dinge gehört. So ganz traute man sich doch nie, daran zu glauben, dass der Wechsel in ein gesetzestreues Leben geglückt war.

Also nahm er diskrete Kontakte zu verschiedenen Kollegen auf, bat um eine helfende Hand, off the record, sozusagen.

An diesem Sonntagmorgen kam dann das Gespräch, auf das er gewartet hatte.

Ein Polizeibeamter aus Sundsvall rief an und teilte ihm mit, dass Simon Kärr sich zu dem Zeitpunkt, als Bill Elfvegren ermordet worden war, in Rotterdam befunden hatte. Dies wurde von den verschiedensten Seiten bestätigt, sodass es keinen Grund gab, an dem Wahrheitsgehalt der Aussage zu zweifeln.

Jan Carlsson bedankte sich herzlich und versprach, sich zu revanchieren, wenn der Kollege einmal Hilfe brauchte.
Und dann rieb er sich die Hände.
Damit war der Verdacht ausgeräumt, der ihn während der vergangenen Tage gequält hatte!
Sten Wall konnte ungestört friedliche Ferien dort unten auf seiner dänischen Lieblingsinsel verbringen.

Sten Wall

Am Sonntag geschah etwas Sonderbares im Släktsgården. Es war nicht gerade eine Sensation, aber es reichte, um Arvid Iversen verwundert seine Augenbrauen hochziehen zu lassen.

Ein rotäugiger Sten Wall erschien zwanzig Minuten später als üblich.

Der Pensionsbesitzer hatte schon eine spöttische Bemerkung auf der Zunge, aber als er den Kommissar näher betrachtete, schluckte er sie lieber wieder herunter. Er konnte sehen, dass Wall kaum für derartige Scherze empfänglich sein würde. Deshalb begnügte er sich damit festzustellen, dass das Wetter etwas schlechter geworden war.

Und daran bestand kein Zweifel. Regen hing in der Luft, es war insgesamt grau und ungemütlich.

Wall beschloss, sein Leiden tapfer zu tragen. Er hoffte, dass sein Unwohlsein (leichter Kopfschmerz, allgemeine Kraftlosigkeit, Tendenz zur Übelkeit) sich im Laufe des Tages geben würde.

Nach dem jähen Erwachen gegen drei Uhr war es ihm nicht gelungen, wieder zur Ruhe zu kommen. Die jungen Leute in der Wohnung über ihm hatten unerschütterlich bis zum Morgengrauen weitergemacht. Und trotzdem saßen sie nun offensichtlich frisch und erholt auf ihren Stammplätzen auf der anderen Seite des Speisesaals und widmeten sich mit großem Eifer dem, was das reichhaltige Frühstücksbüfett bot. Zwischen Kauen und Schlucken trafen sich ihre Hände immer wieder in heimlichem Kontakt unter der Tischdecke.

Beide lächelten Wall freundlich an. Diese kleine Geste hielt ihn von dem ab, was er geplant hatte, als er in seinem Elend und Jammer wach gelegen hatte. Eigentlich hatte er sie mit deutlichen Worten darum bitten wollen, doch während zukünftiger Liebesstunden mehr Rücksicht auf ihre Mitbewohner zu nehmen.

Ihr seid schließlich nicht allein in der Pension, hatte er sagen wollen. Wir anderen Gäste wollen auch Urlaub machen, aber so, wie ihr euch Tag und Nacht verhaltet, ist es unmöglich, sich zu entspannen.

Aber inzwischen war seine größte Wut verraucht. Er hatte einfach nicht das Herz, sie zu maßregeln.

Warum sich so kleinlich verhalten?

Stattdessen erwiderte er ihren Gruß und spürte gleichzeitig einen Stich von Neid: Es hatte zweifellos seine Vorteile, so jung zu sein. Während er sich vor Müdigkeit vollkommen aus der Bahn geworfen fühlte, sahen die beiden frisch und munter aus wie eh und je. Wahrscheinlich würden sie wieder loslegen, sobald sie im Speisesaal fertig waren.

Er rappelte sich auf. Seine jämmerliche Form war wahrscheinlich eher auf Schlafmangel als auf zu viele Biere zurückzuführen (aus irgendeinem Grund baute ihn diese Theorie mental wieder auf).

Nach dem Frühstück wollte er sich noch ein paar Stunden hinlegen, um sich später – gegen Nachmittag – der physischen Strapaze Nummer eins des Sommers zu stellen: der Wanderung von Gudhjem nach Heligdomen und zurück.

Im vergangenen Jahr hatte er einen ähnlichen Kater genau auf dieser Strecke abgewandert. Körperliche Anstrengung konnte für ihn wie ein Rettungsring sein: Durch sie wurden mancherlei Probleme der Luft preisgegeben und davongeweht.

Das von Iversen so kritisierte Wetter war eigentlich ideal für einige Stunden Bewegung an der frischen Luft. Er hatte keine stechende Sonne und brennende Hitze zu befürchten; wäre es noch genauso drückend wie am vorherigen Tag, hätte er derartige kräftezehrende Körperübungen gar nicht ins Auge gefasst.

Gerade als eine der netten Angestellten der Pension anfangen wollte abzudecken, öffnete sich die Tür und Rune Strömbom kam hereingestapft. Er sah aus, als ginge es ihm noch schlechter als Wall. Mit einem tiefen Seufzer sank er ihm gegenüber auf den Stuhl und kippte eine Tasse Kaffee in sich hinein.

»Oh, Scheiße«, sagte er.

Nach ein paar Sekunden wiederholte er seine Worte:

»Oh, Scheiße.«

Kurz und deutlich.

Mehr war aus dieser Richtung in den folgenden Minuten nicht zu vernehmen. Wall war klug genug, keinen Kommentar abzugeben. Er wartete die Fortsetzung mit einem leisen Lächeln ab.

Langsam hob Strömbom seinen Blick und musterte seinen Tischnachbarn mit blutunterlaufenem, neugierigem Blick.

»Wie kannst du nur so unverschämt munter sein? Du siehst ja aus, als ob du direkt aus der Sauna kommen würdest.«

Diese Frage – wie der Auftritt Strömboms – trugen deutlich zur Verbesserung von Walls Zustand bei. Vor sich hatte er einen Menschen, der kurz davor war, in sich zusammenzusinken, einen, der dazu noch der Meinung war, dass er, Sten Wall, frisch und munter aussah.

Da war es vielleicht doch nicht so übel um ihn gestellt, wie er in seinem Selbstmitleid geglaubt hatte.

Und als er nun behauptete, er sei in durchaus akzeptabler Form, war das nicht mal wirklich eine Lüge. Plötzlich war er dankbar dafür, dass Strömbom es ihm ermöglicht hatte, die morgendliche Situation in den richtigen Proportionen zu sehen.

»Willst du nichts essen?«, schlug Wall vor.
Der Tierarzt schüttelte den Kopf.
»Du fühlst dich besser, wenn du was im Magen hast.«
»Ich kriege nichts runter. Übrigens, wo ist Ytter denn?«
»Er ist schon unterwegs. Ich habe ihn in der Tür getroffen. Er hatte seinen Trainingsanzug an.«
Strömbom stöhnte.
»Er hat mir erzählt, dass er Rad fahren will. Nach Hammershus und Jons Kapel und dann weiter nach Rönne. Er ging davon aus, dass er erst spätabends wieder zurück sein würde.«
»So ein Wahnsinniger«, konstatierte Strömbom und wandte sich der Küche zu. »Gibt es noch Kaffee? Und bringen Sie mir doch gleich ein Guld Tuborg mit, bitte.«
Wall brach auf und ging in seine Räume, um zu lesen. Dort war das Bett schon gemacht. Er hatte eine Vereinbarung mit der Zimmerfrau, dass sie, wenn es möglich war, versuchen sollte, seine Zimmer während der Frühstückszeit fertig zu machen – das war eine Abmachung, die beiden gut passte. Sie wollte so schnell wie möglich fertig werden, damit sie wieder zu ihrer Familie in Olsker, ein paar Kilometer weit im Landesinneren, zurückkehren konnte. Allzu viele Langschläfer bedeuteten unnötige Wartezeit für sie, deshalb war sie froh über die regelmäßigen Morgengewohnheiten des sympathischen Schweden (heute hatte er sich zum ersten Mal erlaubt, von seiner Routine abzuweichen).
Schwer ließ Wall sich auf einen der Sessel fallen, bereit für eine schöne ausgiebige Schmökerstunde. Aber schon nach kurzer Zeit klopfte jemand bei ihm an die Scheibe.
Es war ein nach Bier riechender Strömbom, der tatsächlich schon viel munterer wirkte als vor einer Viertelstunde. Manchmal konnte ein Nachschlag (oder zwei) doch erstaunliche Formveränderungen mit sich bringen.

»Also, ich wollte nur mal fragen«, druckste er herum, »ob du nicht Lust hast, mit zum Hafen runterzugehen. Die haben da im Kiosk bei der Bibliothek leckeres Fassbier, da, wo die Fähre von Simrishamn anlegt. Du weißt schon. Und billig ist es auch. Komm doch mit. Du siehst so zerzaust aus. Brauchst bestimmt ein Bierchen.«

Vorhin war ich noch erstaunlich munter, dachte Wall.

Laut sagte er:

»Vielleicht später. Jetzt nicht. Ich will mich ein bisschen ausruhen, und dann will ich eine richtig lange Wanderung machen. Vier Stunden Anstrengung sind gut für den Körper. Gudhjem–Heligdomen, hin und zurück. Kommst du mit?«

»Mit meinem Rücken? Nie im Leben.«

»Wirklich nicht?«

»Wall, Wall. Du bist schon genauso verrückt wie Ytter«, schüttelte Strömbom den Kopf und machte sich auf zum Hafen.

Wall las weiter, am Fenster sitzend. Nach einer halben Stunde wurden seine Augenlider schwer. Nun hatte er endlich die Chance, einen Teil des Schlafs nachzuholen, der ihm im Laufe der Nacht nicht gegönnt gewesen war. Er legte sich aufs Bett, stellte aber sicherheitshalber seinen Wecker, um spätestens zum Mittagessen geweckt zu werden. Es wäre nicht sinnvoll, von Gudhjem zu spät nachmittags aufzubrechen.

»Ein Sandwich und ein Leichtbier bitte.«
»Danke, vielen Dank.«
Voller Eifer widmete sich Sten Wall den Dingen, die die junge Kellnerin vor ihn auf den Tisch gestellt hatte. Als er vom

Wecker geweckt worden war, hatte er sich richtig gut ausgeschlafen gefühlt, obwohl ihm so war, als hätte er einmal die inzwischen leicht zu identifizierenden intimen Geräusche von oben gehört (aber es konnte auch sein, dass er nur geträumt hatte).

Nach dieser angenehmen Ruhe ging es ihm gut. Der Kopfschmerz war fort, die Übelkeit auch.

Und er freute sich richtig auf den bevorstehenden Marsch. Aber zunächst war er gezwungen, den Hunger zu stillen, der sich bemerkbar machte. Offenbar hatte er zum Frühstück nicht genügend gegessen. Es war sinnvoll, seine Depots gut zu füllen, wenn man zu einem vierstündigen Marsch in der Natur aufbrechen wollte.

Er entschied sich für den Näsgården ein Stück entfernt vom Släktsgården.

Das war eine dieser Oasen, die ihm am besten in Allinge gefielen. Der Näsgården war eine von einer Familie geführte Pension in einem fast genau zweihundert Jahre alten Fachwerkgebäude. Hier wurde Kaffee und Kuchen serviert, aber auch kleinere Mahlzeiten, und die Gäste konnten wählen, ob sie im Haus oder draußen im Garten sitzen wollten.

Da es leicht nieselte, ging Wall ins Haus, wo es so niedrig war, dass er fast den Kopf einziehen musste, um sich nicht die Stirn an den gemalten Dachbalken zu stoßen. Als er sich in dem engen Raum umschaute, musste er feststellen, dass alles bis auf den letzten Platz besetzt war – er war offensichtlich mitten in die sonntägliche Lunchrushhour geplatzt.

Die Atmosphäre war herzlich und gemütlich. Alles strahlte einen rustikalen Charme aus. Die Wände waren dekoriert mit Weihnachtstellern aus vielen Jahrzehnten, es gab alte Spinnräder, Nähmaschinen und Geweihe, Öllampen und Jagdtrophäen zu bewundern. Die Fensternischen waren voll gestopft mit Zierrat, und auf einem alten Schreibtisch stand eine elegante Schatulle mit Federkielen.

Er betrachtete eine Federwaage gleich beim Eingang, als eine Kellnerin mit einem bedauernden Kopfschütteln lächelnd auf ihn zutrat.

»Tut mir Leid. Es ist alles belegt. Möchten Sie nicht etwas später wieder kommen?«

»Kann ich nicht draußen sitzen?«

»Gern, aber es regnet ja.«

»Ach, das ist nicht so schlimm. Ich setze mich da hinten unter den Baum«, erklärte Wall und deutete durchs Fenster hinaus.

Das hilfsbereite Mädchen folgte ihm und wischte die Gartenmöbel mit einem Tuch ab.

Wall bedankte sich und suchte sich einen Platz aus, wo er von dem dichten Laubwerk des Baums gut geschützt wurde. Hier saß er gut, im Großen und Ganzen unerreichbar für den Niederschlag. Nur wenn der Wind auffrischte, wurde er von einer sanften Dusche besprüht. Und das war zu ertragen.

Hinter ihm, auf der anderen Seite der Hecke, verlief die Straße. Er konnte vorbeikommende Radfahrer und Fußgänger hören wie auch den einen oder anderen Auto- oder Mopedfahrer.

Er war fast fertig mit seinem Krabbensandwich und dem Leichtbier, als er Gesellschaft bekam.

Arvid Iversen kam von der Straße her angehechelt.

»Setz dich doch«, schlug Wall vor und machte eine einladende Geste auf den Stuhl zu.

»Nein, ich muss weiter, einen Kollegen im Byskrivaregården besuchen, aber als ich dich hier entdeckt habe, wollte ich dich gleich fragen, ob du heute Abend bei uns isst. Frühlingshähnchen mit Spargel.«

»Klingt gut. Da kannst du mit mir rechnen.«

»Schön. Also, bis dann. Wohin willst du eigentlich? Du siehst sportlicher aus als sonst.«

Wall verriet ihm seine Pläne, und der andere zog wieder von dannen.

Fünfzehn Minuten später saß der Kommissar im Auto auf dem Weg nach Gudhjem.

Nach einer weiteren Viertelstunde hatte er geparkt.

Er schaute zu dem bewölkten Himmel hinauf.

Es sah nicht so aus, als ob der Regen stärker werden würde.

Er klatschte in die Hände, als wollte er damit unterstreichen, dass es jetzt losginge.

Und dann begab er sich von Gudhjems Hafengebiet aus zum Startpunkt des sich dahinwindenden Küstenwegs, der bis zu den mächtigen Felsenklippen in Heligdomen führte.

Hanne Madsen

»Willst du wirklich bei diesem Wetter raus und laufen?«
Mit skeptischer Miene zeigte Lise Madsen auf den grauen Himmel vor dem Fenster.
Hanne lachte nachsichtig (*dieses Wetter* – ihre Mutter hatte wirklich nicht die geringste Ahnung davon, was erforderlich war, um eine wirklich gute Läuferin zu werden; wenn man in diesen Breitengraden nur bei perfektem Wetter trainieren wollte, würden nie annehmbare Resultate zustande kommen).
»Das ist doch gar nicht so schlimm.«
»Mich würde jedenfalls nichts rauslocken bei dem Wetter.«
Lise Madsen musterte ihre Tochter, die sich ihre Laufkleidung anzog. Hanne war schlank und durchtrainiert, ohne die geringste Andeutung überflüssiger Pfunde. Lise selbst hatte grobe Knochen, und sie hatte reichlich zugelegt, gleich nach der ersten Schwangerschaft. Vor ihrer Heirat mit Svend hatte sie einen halbherzigen Versuch gemacht, Handball zu spielen, zusammen mit einigen anderen Mädchen daheim in Rönne, und da hatte sie auch an dem einen oder anderen Wettlauf querfeldein teilgenommen. Aber was für ein Kontrast lag doch zwischen ihrem ausgebeulten Overall und dem engen Anzug, der sich elegant an den fast asketischen Körper ihrer Tochter schmiegte!
»Mutter, habe ich etwa Zellulitis?«, fragte Hanne und strich sich über die schlanken Schenkel.
»Nein.«
»Du guckst ja nicht mal hin. Habe ich Zellulitis? Dann sage es jedenfalls ehrlich. Ich kann es schon verkraften.«
»Nein, hast du nicht.«
Damit gab Hanne sich zufrieden. Sie zog ihre Radlerhose

zurecht, die die unangenehme Angewohnheit hatte, immer zwischen die Pobacken zu rutschen.

Lise wusste, dass Hanne gut in Form war, dass sie die Möglichkeit hatte, in die Nationalmannschaft aufgenommen zu werden. Sie wollte Marathon laufen und hoffte auf eine Teilnahme bei den Olympischen Spielen in Sydney im Jahr 2000. Früher hatte Lise das für völlig utopisch gehalten, aber in letzter Zeit war sie in ihrer Auffassung ins Wanken gekommen. Vielleicht war es doch nicht so vollkommen unmöglich. Das Mädchen war zweifellos gut, was ein reichlich gefüllter Trophäenschrank in ihrem Schlafzimmer bezeugte.

Und dass sie über die Hartnäckigkeit verfügte, die für alle Langstreckenläufer eine Grundbedingung ist, daran gab es keinen Zweifel. Wenn sie sich etwas in den Kopf gesetzt hatte, dann war daran nichts mehr zu ändern. Wie jetzt die Idee, sich in Bröndby zu verheiraten statt auf Bornholm. War es doch laut Hannes äußerst chauvinistischem Vater schon katastrophal genug, dass sie sich keinen Bornholmer gesucht hatte, sondern die Insel verlassen musste, um sich einen Ehemann zu beschaffen.

Aber dass nicht einmal die Hochzeit auf der Insel stattfinden sollte, das war eine Schmach, eine Schande, eine Erniedrigung der schlimmsten Art.

Sich auf dem Festland zu verheiraten!

Als ihrem Vater Ort und Zeit der Hochzeit mitgeteilt wurden, bekam er einen prächtigen Wutausbruch.

»Unerhört! Wir haben die schönsten Rundkirchen der Welt, und du willst in die Großstadt. Du bist die Erste in unserer Familie, die außerhalb von Bornholm heiratet. Das werde ich nicht zulassen.«

»Das wirst du aber wohl oder übel müssen. Denk doch nicht, dass du mir drohen könntest. Das schaffst du nicht. Jedenfalls nicht mehr«, hatte Hanne erwidert, genau diese

Sturheit benutzend, die ihr Erfolge im Stadion und im Geländelauf verschafft hatte.

Svend Madsen war ein glühender Bornholm-Patriot. Er war in der sechsten Generation Landwirt auf einem Hof, der in der fruchtbaren Gegend zwischen Österlars und dem Landwirtschaftsmuseum in Melstad lag, gleich südlich von Gudhjem.

Dass er sich ein Mädchen von der Insel suchen würde, war für ihn immer sonnenklar gewesen. Etwas anderes kam gar nicht in Frage. Er hatte Lise auf einem Schützenfest im Gemeindehaus von Knudsker kennen gelernt und war sofort ihren runden Formen und ihrem offenen, einladenden Wesen verfallen. Sie wiederum hatte sich Hals über Kopf in seine leicht derbe und mürrische, aber sehr direkte Art verliebt. Und dazu kam, dass er sie im Bett besser packen konnte als einer der Jungen, mit denen sie vorher zusammen gewesen war.

Sie wurden mit zwei Töchtern beglückt. Aber bei der jetzt fast sechsundzwanzigjährigen Hanne war offensichtlich nichts zu machen. Sie war so stur, dass sie einen bis aufs Blut reizen konnte, und er hatte schon bald beschlossen, der Hochzeit in Bröndby fernzubleiben. Das war die einzige Möglichkeit für ihn, ernsthaft zu demonstrieren, was er von der Wahl des Gatten und des Hochzeitsortes hielt.

Voll Entsetzen erinnerte sich Lise noch an den hitzigen Wortwechsel zwischen Vater und Tochter.

»So einen alten Knacker zu heiraten.«

»Er ist erst fünfunddreißig.«

»Erst fünfunddreißig! Verdammt, er hat ja fast schon mein Alter. Ein alter Knacker vom Festland, das ist einfach inakzeptabel. Und dann noch ein Buchhalter.«

»Ein *vereidigter* Buchhalter.«

Ihr Vater schnaubte nur.

»Unsere Familie hat diesen Hof seit dem 18. Jahrhundert mustergültig betrieben. Wir haben den denkbar besten Ruf. Hast du vergessen, dass wir vor ein paar Jahren den Preis für den besten Milchproduzenten Dänemarks bekommen haben? Hast du das schon vergessen? Und da war keiner von uns *vereidigt* (es gelang ihm, sie ganz genau nachzuäffen), aber es hat trotzdem geklappt.«

Hanne hatte ihn mit einer Miene angesehen, die verriet, dass sie gar nicht daran dachte, in dieser Frage klein beizugeben. War es etwa nicht *ihre* Hochzeit, um die es sich hier handelte? *Ihr* Mann? *Ihr* Leben? *Ihr* Glück?

Da würde sie sich, verdammt noch mal, doch nichts von einem halsstarrigen, intoleranten und kleinlichen Alten mit reaktionären Ansichten sagen lassen, auch wenn er ihr Vater war.

»Du hast offenbar immer noch nicht mitgekriegt, dass ich gar nicht daran denke, meine Meinung zu ändern. Kommst du jetzt zu meiner Hochzeit oder nicht?«

»Nie im Leben! Ich hasse Kopenhagen. Ich verabscheue all diese grinsenden Festlandspolitiker, die uns immer um Bornholm beneiden. Und ich kann Buchhalter nicht ausstehen. Nicht einmal, wenn sie vereidigt sind.«

Es war ein gelinde gesagt unerfreulicher Wortwechsel gewesen, und Lise hoffte aus ganzem Herzen, ähnliche Familienszenen in Zukunft nicht mehr erleben zu müssen. Sie setzte ihre ganze Hoffnung auf ihre jüngste Tochter Birte, die erst achtzehn Jahre alt war. Lise Madsen hoffte, dass ihre Jüngste sich, wenn die Zeit gekommen war, mit einem netten Jungen von der Insel zusammentun würde, damit ihr Vater seinen Wunsch erfüllt bekäme und der Hof weiterhin in der Familie bliebe. Dann würde er leichter über den Schock von Hannes »Verrat« hinwegkommen.

Andererseits wünschte sie aber auch, dass Birte, genau wie

Hanne, die Chance bekäme, sich in anderer Art entfalten zu können, außerhalb der in gewisser Weise doch begrenzten Möglichkeiten Bornholms.

Aber das war nichts, worum sie sich jetzt Gedanken machen musste. Birte hatte zwar immer wieder kurze Beziehungen (einmal mit einem Mann vom Festland, glücklicherweise ohne dass Svend etwas davon mitbekam), aber es war nichts Ernstes. Sie konnten sich noch Zeit lassen.

Bei Hanne war das nicht der Fall. Ihre Hochzeit war auf einen Samstag im August festgelegt. Und daran war nichts mehr zu rütteln. Alles war bis ins kleinste Detail geplant. Stattdessen musste Lise mit allen Mitteln darum kämpfen, Svend von seinem festen Entschluss abzubringen, die Hochzeit zu boykottieren. Es wäre ein übler Skandal und ein ungehöriges Verhalten dem Schwiegersohn gegenüber, gegen den Lise nicht das Geringste hatte. Im Gegenteil: Er war ein höflicher, intelligenter und solider Mann mit gutem Ruf, einer festen Anstellung und nettem Aussehen.

Ihre Tochter hätte es schlechter treffen können, das stand fest.

»Mutter, ich bin so weit.«

»Wann bist du zurück?«

»Ich fahre mit dem Rad nach Gudhjem, und dann laufe ich bis zum Museum und wieder zurück. Das ist eine schöne Strecke.«

»Ganz bis Heligdomen? Ist das nicht eine reichlich anstrengende Strecke? Mit all den Hügeln?«

Hanne lachte. Sie hatte ein schönes Lachen, ihre Nase zog sich dabei leicht in Falten, und ihre wachen blauen Augen leuchteten.

»Das ist doch gerade der Witz daran«, erklärte sie. »Wie Treppensteigen, man kräftigt die Beinmuskeln und schafft dann mehr, wenn man wieder auf der flachen Ebene läuft.«

»Ja, dann man los mit dir. Aber sieh zu, dass du zum Essen wieder zu Hause bist. Du weißt, was Vater davon hält, wenn …«

»Ist mir doch egal, was er davon hält. Und das sollte es dir auch sein. Du lässt dir viel zu viel gefallen. Gib ihm doch mal Kontra. Tschüs, bis nachher!«

Lise brachte ihre Tochter bis zur Haustür und schaute ihrem Rücken nach, der sich schnell in dem sanften Nieselregen entfernte.

Dann ging sie hinein, hob den Hörer des Telefons und wählte.

Eine Stimme sagte:

»Bibliothek Rönne.«

»Kann ich bitte Karen Truedsen sprechen?«

»Einen Augenblick bitte.«

Nach wenigen Sekunden war die Gewünschte am anderen Ende der Leitung.

»Hallo, Karen. Hier ist Lise.«

»Oh, lange nichts gehört. Wie geht es dir?«

»Gut, danke. Du, ich wollte dich nur was fragen.«

»Geht es um Hanne?«

Lise gab nicht sofort eine Antwort. Karen bekam einen schärferen Ton in der Stimme:

»Schafft ihr es nicht, Svend dazu zu bringen, seine Meinung zu ändern? Ist er immer noch so stur und dumm, was die Hochzeit in Bröndby betrifft? So ein sturer Bock! Ich glaube, ich muss ihm mal die Leviten lesen. Er hatte schon in der Schule vor mir Respekt. Du bist einfach zu nachgiebig ihm gegenüber. Ich werde …«

»Nein, nein, darum geht es nicht.«

»Worum dann?«

Lise Madsen musste leise lachen.

»Ich wollte dich eigentlich nur fragen, ob du weißt, was Zellulitis ist.«

Der Mörder

Verdeckt von einem Laster sah er, wie Sten Wall auf dem kleinen Parkplatz vor der Fischräucherei aus seinem Auto stieg. Der Kommissar war für eine Wanderung gekleidet. Er trug eine helle, bequeme Hose, einen locker sitzenden Pullover und weiße Tennisschuhe.
Nicht mehr lange, dann war es an der Zeit zuzuschlagen. Und jetzt würde ihn nichts mehr daran hindern.
Dem Pensionsbesitzer gegenüber hatte Wall laut und deutlich seine Pläne für den Nachmittag verkündet, als er da im Garten des Näsgårdens etwas gegessen hatte. Die Worte waren bis auf die Straße gedrungen, durch die dichte Hecke hindurch.
Eigentlich passte es ganz ausgezeichnet, dass Wall gerade heute eine Wanderung zwischen Gudhjem und Heligdomen machen wollte. Soweit er verstand, war der Küstenpfad schon normalerweise nur spärlich von Leuten besucht, und bei diesem Wetter sollte das Risiko, dort störende Elemente zu treffen, verschwindend gering sein. Es regnete zwar nicht besonders kräftig, aber sicher genug, um die meisten Bewegungshungrigen daheim bleiben zu lassen.
Bei einer früheren Besichtigungsrunde hatte er sich mit der Wegstrecke vertraut gemacht, die wirklich reichlich Möglichkeiten für einen Überfall aus dem Hinterhalt bot. Es gab genügend Verstecke neben dem Pfad, und er würde sich nach vollbrachter Tat schnell in Sicherheit bringen können.
Zwar hatte er zunächst geplant gehabt, den Kommissar in dessen Räumen im Släktgården umzubringen – das war irgendwie so ungemein verwegen und raffiniert –, aber als

Reserveplan hatte er sich die Strecke Gudhjem–Heligdomen besehen, da er wusste, dass Wall sie bei jedem seiner Bornholmbesuche zurücklegte; das hatte dieser ihm selbst anvertraut, als sie sich das erste Mal trafen.

Und dieser sich dahinschlängelnde Weg mit steilen Abhängen und dichtem Wald an vielen Stellen war natürlich ein idealer Platz für ein Vorhaben wie das seine.

In gehörigem Abstand folgte er Wall. Zwar war er sich fast sicher, dass sein Opfer tatsächlich nach Gudhjem fahren würde, um von dort seinen Weg anzutreten, aber Wall konnte es sich natürlich noch anders überlegen. Es war das Beste, sich selbst davon zu überzeugen, dass sein zukünftiges Opfer sich an die eigenen Pläne auch hielt.

Sie fuhren durch Tejn, den Ort mit dem größten Hafen der Insel, und passierten dann Europas einzige selbst tragende Brücke.

Wall fuhr so langsam und vorsichtig, dass es seinem Verfolger schon auf die Nerven ging.

Aber schließlich kam er doch an. Wie erwartet, plante Wall offenbar, am Strand neben Gudhjems nördlicher Einfallstraße zu parken. So mussten sie fast den ganzen Ort umfahren, aber er hielt sich so weit von Walls Volvo entfernt, dass dieser ihn unmöglich entdecken konnte.

Ein zufriedenes Grinsen breitete sich über sein Gesicht aus, als er sah, wie der Kriminalbeamte auf dem Fußweg nach Heligdomen verschwand, auf dem Pfad, der das letzte Abenteuer seines Lebens sein sollte.

Alles lief nach Plan. Jedenfalls bis jetzt. Es gab nicht den geringsten Grund zu glauben, dass etwas in dem Manuskript geändert werden müsste, das er in seinem Kopf aufgezeichnet hatte.

Er hatte reichlich Zeit. Wall würde fast zwei Stunden brauchen, um sein Ziel zu erreichen. Aber er würde nie an diesem Ziel ankommen. Kurz davor gab es einen sehr steilen Abschnitt, auf dem Wall nach den Plänen seines Mörders über den Abgrund stürzen sollte. Eine Landschaft, wie geschaffen für bedauerliche Unglücke mit tödlichem Ausgang ...

Mit dem Auto legte er die sieben Kilometer bis zum Kunstmuseum in der Nähe von Heligdomen in null Komma nichts zurück. Jetzt hatte er ja auch nicht mehr den schneckenartigen Wall vor sich, nach dem er seine Geschwindigkeit richten musste.

Aber er beeilte sich nicht besonders – es wäre dumm, die Aufmerksamkeit unnötigerweise auf sich zu ziehen –, blieb nur so um die zehn Stundenkilometer über der zugelassenen Höchstgeschwindigkeit.

Nach der Anzahl der geparkten Fahrzeuge zu urteilen, gab es viele Besucher, die das Museum bei diesem hartnäckigen Nieselregen als das ideale Ausflugsziel ansahen. Das futuristische Gebäude hatte auf Bornholm für heftige Diskussionen gesorgt. Seine Gegner meinten, es sei eine wahnsinnige Investition, ein so hässliches Gebäude mitten in der Natur einer Insel zu errichten, die bekannt war als Heimstätte des Idylls. Dagegen sahen seine Anhänger in dem Bau einen im positiven Sinne provokativen Stilbruch und meinten, das viel diskutierte Kulturhaus würde große Scharen von Touristen anlocken.

An diesem Tag schien es, als ob die Befürworter des Museums Recht mit ihrer Prognose hatten: Überall wimmelte es von Menschen.

Das passte ihm ausgezeichnet. Sein Auto würde in der Menge untergehen, niemand würde von ihm Notiz nehmen, wenn er in ungefähr eineinhalb Stunden wieder wegfuhr.

Er parkte, lehnte sich bequem zurück und ließ die Zeit verstreichen. Nach einer Weile stellte er P 4 im Radio ein. Der

Empfang war ausgezeichnet, aber schließlich befand er sich ja auch nahe der schwedischen Küste. Ohne wirklich hinzuhören, lauschte er einem Musikprogramm, das eigentlich ganz nach seinem Geschmack war. Als es zu Ende ging, war es an der Zeit, sich auf den großen Schlag vorzubereiten.

Er überprüfte alles noch einmal, nichts durfte dem Zufall überlassen bleiben. Die Schuhe mit den Gummisohlen angezogen, die dünnen, geschmeidigen Handschuhe über die Hände gestreift, das sorgsam abgewischte Eisenrohr in den kleinen Ausflugsrucksack gesteckt.

Gab es sonst noch etwas zu bedenken?

Er schloss den Wagen ab, achtete darauf, dass der Schlüssel auch wirklich in der verschlossenen Jackentasche lag, schnappte sich sein leichtes Gepäck und marschierte entschlossen durch den ruhigen Nieselregen.

In entgegengesetzter Richtung war Sten Wall auf dem Weg, direkt in den Tod.

Der Mörder ging zum Bornholmer Platz hinunter und betrat einen Pfad mit fast tropisch dichter Vegetation.

Um Fußspuren, so gut es ging, zu vermeiden, lief er auf dem Gras, wo immer es möglich war. Nicht, weil er fürchtete, es könnte eventuellen Ermittlern gelingen, die abgelaufenen Schuhe zu identifizieren (die er sowieso verschwinden lassen wollte, wenn der Mord ausgeführt war), sondern weil er gern alle Eventualitäten bedachte.

Die meiste Zeit lief er oberhalb des Pfads, verdeckt von Palisaden aus Bäumen und Büschen. Teilweise war das Grün fast undurchdringlich.

Wie erwartet, war so gut wie kein Mensch zu sehen.

Er hatte nur ein älteres deutsches Paar gesehen, das Richtung Norden ging und Wall mit mindestens einer Viertelstunde Vorsprung begegnen würde. Die Deutschen sahen ihn nicht, als er sich hinter die Baumstämme presste.

Alles war perfekt.

Während mit der Zeit jeder noch so kleine Zweifel am Gelingen seines Planes verschwand, verließ ihn auch die Unruhe vollkommen.

Er war Herr der Situation, genau wie damals, als er die Kugel zwischen die Augenbrauen des dumm glotzenden Staatsanwalts platziert hatte.

Es gab mehrere Punkte, an denen er zuschlagen konnte. Er hatte bei seinem ersten Gang eine Schlucht mit senkrecht aufragenden Wänden entdeckt. Dort würde es keine Möglichkeit geben, sich festzuhalten, wenn man erst einmal über den Rand gefallen war, und die Vegetation ringsherum bot viele uneinsehbare Rückzugsmöglichkeiten. Und wenn er sich von dort dem Parkplatz näherte, konnte er außerdem noch einen täuschenden Umweg machen, so als würde er eigentlich von der nördlichen Seite des Kunstmuseums kommen.

Da er noch viel Zeit zur Verfügung hatte, begutachtete er noch einmal einige Plätze, die auch sehr tauglich erschienen, beschloss dann aber, doch bei seinem ursprünglichen Plan zu bleiben.

Er hatte vor, in einer Kurve mit dem Rohr zuzuschlagen, genau wenn Wall auftauchte, vollkommen ahnungslos. Es würde eine leichte Sache sein, ihn niederzuschlagen und dann über den Felsrand zu schubsen. Aber bevor er ihm den entscheidenden Tritt ins absolute Nichts gab, wollte er ihm erzählen, warum er das tat.

Im Gegensatz zu Elfvegren sollte Wall erfahren, warum er auserwählt worden war.

Der Mörder schaute in den Abgrund hinunter. Es kribbelte in seinem Bauch, er hatte eine leichte Neigung zur Höhenangst.

Weit unter ihm konnte er spitze Felsbrocken und herabge-

fallene Steine sehen. Wer hier hinunterstürzte, konnte unmöglich überleben. Es gab nichts auf dem Weg nach unten, an dem man sich hätte festklammern können, die Hangwände fielen geradezu senkrecht ab.
Der Tatort war perfekt.
Er würde sich natürlich vergewissern müssen, dass er allein war mit Wall. Von der Spitze eines nahen Hügels aus würde er ihn schon von weitem sehen können. Dann hieß es nur, ein paar Schritte Richtung Norden zu machen, um zu kontrollieren, ob auch in dieser Richtung die Luft rein war. Und anschließend hatte er alle Zeit der Welt, um seine Tat auszuüben und sein gegebenes Versprechen einzulösen.
Mit wachsender Erregung wartete er, jetzt konnte es nicht mehr lange dauern.
Während der nächsten Viertelstunde ging nur eine einzige Person vorbei, ein Mann mittleren Alters mit einem Fotoapparat um den Hals. Er ging Richtung Gudhjem und würde Wall in kurzer Zeit begegnen.
Das war also alles: ein älteres Paar und ein fotografierender Mann in den vierzig Minuten, die er hier jetzt gestanden hatte – genau wie er dachte, kein nennenswerter Verkehr.
Es würde genauso reibungslos ablaufen, wie er geplant hatte.
Er schaute alle halbe Minute um die Kurve, jedes Mal eifriger.
Wall sollte doch schon längst hier sein – was für eine Schnecke! Überhaupt kein Schwung.
Eine an Wut grenzende Ungeduld machte sich bei ihm bemerkbar.
Jetzt musste der fette Polizist doch wohl bald herangetrottet kommen.
Und in dem Moment konnte er ihn entdecken.

Sten Wall kam ihm entgegen, langsam, mit schweren, nachdenklichen Schritten.
Der Mörder schwang das Rohr ein paar Mal durch die Luft. Er spürte keine nennenswerte Aufregung, nur kalte Erwartung.
Die Operation war einfach wie nichts. Sobald Wall um die Kurve kam, würde er einen Schlag bekommen, der ihn zu Boden warf. Und wenn er ihn über den Rand befördert hatte, brauchte er nur noch in einem nicht Aufsehen erregenden Tempo wieder zum Auto zurückzukehren und heimzufahren.
Wenn die Leiche gefunden wurde, würden alle glauben, es handele sich um einen Unglücksfall. Der schwedische Tourist war einfach unvorsichtig gewesen und leider auf dem regenglatten Untergrund ausgerutscht. Und was hatte er denn auch bei solchem Wetter draußen zu suchen? Dabei schien er noch nicht einmal in besonders guter Kondition zu sein, ein übergewichtiger älterer Herr, der sich nicht ohne Begleitung auf einen so gefährlichen Weg hätte begeben sollen.
Ungefähr so würden die Kommentare lauten.
Die Verletzung von dem Schlag auf den Kopf würde man für eine Folge des Sturzes halten, falls sie überhaupt von den anderen Verletzungen unterschieden werden könnte, die er sich bei dem Fall zuzog. Der Mörder stellte sich vor, dass ein Körper nach so einer Flugreise ziemlich mitgenommen aussehen müsste.
Aber um ganz sicher zu gehen, brauchte er ja nicht allzu hart mit dem Eisenrohr zuzuschlagen. Es würde ein ziemlich leichter Schlag genügen, um Wall aus dem Gleichgewicht zu bringen. Und sein Ziel war es ja auch, dem Niedergeschlagenen noch ein paar Worte sagen zu können, bevor er ihn endgültig vernichtete.

Wall war nur noch gut fünfundzwanzig Meter von der entscheidenden Stelle entfernt, und sonst war kein Mensch zu sehen.

Der Mörder machte ein paar schnelle Schritte in die andere Richtung und konnte feststellen, dass es – genau wie erwartet – auch hier menschenleer war.

Selbst wenn unverhoffterweise jemand bereits kurz nach dem Überfall herankommen sollte, würde das Ganze ohne Risiko ablaufen. Er hatte genügend Zeit, um den Schlag auszuführen, seine Nachricht zu übermitteln und den Polizisten dann in die ewigen Jagdgründe zu befördern.

Wall ließ auf sich warten, er war wirklich kein schneller Geher.

Aber jetzt konnte er ein herannahendes Atemgeräusch hören.

Der Zeitpunkt war gekommen.

Er holte tief Luft, traf auf den Weg und hob das Rohr in Schlaghöhe über die Schulter, bereit zu töten.

Sten Wall

Im Laufe all der Jahre hatte er gelernt, die Tour zwischen Gudhjem und Heligdomen zu schätzen. Beim ersten Mal war er von einem hartnäckigen und unterhaltungssüchtigen Bekannten dazu überredet worden mitzugehen, und er hatte es nur widerwillig getan, unter brummigem Protest. Damals hatten ihn die Strapazen der Strecke so erschöpft, dass er die ihn umgebende Schönheit gar nicht registrieren konnte – nicht einmal den wunderschönen Meeresblick, der sich kostenlos während größerer Teile des Weges bot. Nur ab und zu, wenn der Pfad sich durch den Wald oder zwischen Feldern hindurchschlängelte, wurde die Aussicht verdeckt.

Schon bei seinem zweiten Versuch begann er den Wert dieser Promenade zu schätzen. Aber bei der Gelegenheit war er auch in besserer körperlicher Verfassung. Der Muskelkater nach seinem ersten Versuch war ihm eine Lehre gewesen, und er hatte seine klapprige Kondition gestärkt.

Nach dem dritten Mal wusste er: Das war ein absolutes Pflichtprogramm in jedem Sommer!

Die Route war äußerst variationsreich: Luft, Wasser, Wald, Weiden, Gestrüpp und Klippen, die so urzeitlich und wild aussahen, dass sie Ingmar Bergman zweifellos zu irgendeinem Mittelalterdrama inspirieren konnten. Wall musste jedes Mal, wenn er die Steilküste von Heligdomen erreichte, an die Begegnung zwischen dem Ritter, gespielt von Max von Sydow, und dem Tod, dargestellt von Bengt Ekerot, in dem Film aus den fünfziger Jahren »Das siebte Siegel« denken. Der Kommissar meinte sich zu erinnern, dass die Szenen in Hovs hallar im nordwestlichen Schonen gedreht worden waren, aber es hätte ebenso gut hier gewesen sein können – die geheimnisvolle Stimmung war die gleiche.

Der südliche Teil, von dem aus er normalerweise aufbrach, war nicht so hügelig wie der nördliche, auch wenn es ab und zu ein paar Anhöhen gab. Der Flaneur hatte einen ungehinderten Blick auf das Meer. Hier lagen verstreut ein paar Höfe, einige davon in Fachwerk gebaut, hier gab es alte Stallgebäude und Weiden, die von primitiven Holzzäunen oder elektrischen Zäunen eingegrenzt wurden, hier dominierten die Laubbäume. Ein Stück Weg direkt am Ufer entlang roch es aufdringlich nach Algen und verrottetem Fisch, ein Eldorado für die lärmenden Möwen.

Im Norden gab es dramatische Hügel mit oder ohne Treppenstufen. In dieser Gegend ging es ans Eingemachte, hier konnte der Wanderer seine Kondition auf die Probe stellen. Die Vegetation wurde unterwegs immer dichter. Die Stimmung war an bestimmten Punkten geradezu trollhaft, wie auf John-Bauer-Gemälden: verwinkelt wie in Labyrinthen; es gab dunkle Ecken und scharfe Kanten, Wasserfälle, Schluchten, Klüfte, Spangen, die über kleine Bäche oder brausendes Wasser führten, bizarre Baumwurzeln, verkrüppelte Bäume mit hoch ragenden Astfingern, fast ein wenig gespenstisch, sogar bei Tageslicht.

Und überall eine verschwenderische Wachstumsfreude. Wall kannte unter anderem Butterblumen, Vergissmeinnicht und Wiesenkerbel, war aber nicht besonders bewandert in der Flora. Deshalb überlegte er, ob er nicht einige Pflanzen pflücken und mit nach Hause nehmen sollte, um sie einem botanisch mehr Beschlagenen zu zeigen. Einige der Gewächse sahen wirklich exotisch aus, und es konnte doch ganz interessant sein zu erfahren, wie sie hießen.

Aber das verschob er dann doch aufs nächste Mal. Zwar war er von Natur aus neugierig, aber so wichtig war es nun auch wieder nicht.

Erleichtert, dass die Kopfschmerzen verschwunden waren, wanderte Wall mit verhältnismäßig leichtem Schritt.

Doch weiter vorn, wenn er sich dem Wendepunkt näherte, würde es anstrengender werden. Vielleicht konnte er ja eine kurze Rast bei dem Kiosk vor dem Kunstmuseum machen, bevor er sich auf den Rückweg begab. Aus unerklärlichen Gründen kam ihm der Heimweg immer kürzer vor, obwohl die Tour ja erwiesenermaßen in beide Richtungen gleich lang war.

Mit einem Lächeln erinnerte er sich an ein Ereignis aus seiner Schulzeit, als ihn seine Lehrerin dazu aufgefordert hatte, eine Kirche an einem Abhang zu zeichnen.

Todernst und ohne jeden Hintergedanken hatte er sie gefragt:

»Soll das ein Abhang hinauf oder einer hinunter sein?«

Die Lehrerin hatte seine Frage nicht verstanden und den falschen Schluss gezogen, dass der Junge versuchte, sie zum Narren zu halten, und ihn daraufhin zum großen Vergnügen der anderen Schüler am Ohr gezogen.

Der Regen hatte etwas zugenommen. Das Wetter hatte die übrigen Wanderwilligen abgeschreckt. Wall war während der verstrichenen Stunde nur einem einzigen Wanderer begegnet und von keinem überholt worden. So allein war er sonst nicht auf diesem Weg, auch wenn es nie vorkam, dass es hier von Menschen wimmelte.

Er durchschritt einen Korridor aus abgestorbenen Nadelbäumen und ödem Boden, war aber bald wieder zurück in fruchtbareren Gefilden. Die Kornfelder wogten neben ihm, und im Hintergrund konnte er Motorengeräusche von der Landstraße hören. Ab und zu erahnte er in weiter Entfernung ein vorbeihuschendes Fahrzeug, aber nur auf ganz kurzen Abschnitten kam er in die Nähe der Straße.

Bald würde es anstrengend werden. Bald würde er sich Schwindel erregenden Höhenunterschieden stellen müssen.

Aber er schaute dieser Herausforderung freudig entgegen und beschleunigte den Schritt.

Es würde schwieriger werden mit all den Knicks, Steigungen und steilen Abhängen.

Jetzt bog er auf eine offene und verhältnismäßig flache Passage ein. Auf dem nächsten Hügel stand der Wald und wartete auf ihn, mit der bedrohlichen Tiefe, die zwischen Pfad und Strand lauerte.

Ganz plötzlich, ohne jede vorherige Warnung, musste er dringend pinkeln. Er war davon ausgegangen, dass er es bis zu den Toiletten am Wendepunkt schaffen würde, musste jetzt aber einsehen, dass das unmöglich war. Bis dahin war es noch viel zu weit.

Aber das machte nichts. Er konnte sich in einem lockeren Gestrüpp rechts vom Weg erleichtern.

Wall bog ab in die Büsche. Hier hatte er seine Ruhe.

Aber was war das? Genau in dem Moment, als er an seinem Reißverschluss fummelte, hörte er jemanden von Süden her keuchend angelaufen kommen. Das war doch typisch! Er war die ganze Zeit ungestört gewesen, keiner Menschenseele begegnet, und genau in dem Augenblick, als er seine Blase leeren wollte, musste er gestört werden.

Verärgert duckte Wall sich, während er sich gleichzeitig weiter ins Gebüsch zwängte. Nicht, dass er etwas wirklich Anstößiges vorhatte, aber es war ja nicht nötig, dass jemand entdeckte, was er da so trieb.

Eine junge Frau sauste in hohem Tempo vorbei. Er konnte ihren blonden Pferdeschwanz auf einem regennassen Rücken hüpfen sehen. Ihre mageren Beine trommelten energisch auf den Boden, und er schaute ihrer forteilenden Gestalt nach, als er sich erleichterte.

Jetzt war er bereit, die Wanderung fortzusetzen.

Es war tatsächlich das allererste Mal in all diesen Jahren, dass er einem Läufer auf dieser Strecke begegnete. Es schien ihm eigentlich zu gefährlich zu sein, hier zu laufen, mit den vielen Kuhlen, hoch stehenden Wurzeln und heimtückischen Schluchten.

Aber die Blondine in dem hypermodernen Trainingsdress schien in keiner Weise angestrengt zu sein, sie sprang leicht und locker wie eine Bergziege. Sie wusste wohl, was sie da tat. Ihre Schuhsohlen berührten ja kaum den Boden.

Wall musste an die jungen Liebenden im Släktsgården denken. Es gab offensichtlich ein Alter, in dem nichts unmöglich war, aber was ihn betraf, so lag es schon weit in der Vergangenheit. So weit, dass er sich kaum noch daran erinnerte: Hatte es das überhaupt jemals gegeben?

Die Frau war hinter dem Gipfel verschwunden.

Die werde ich niemals wieder sehen, dachte Wall.

In der nächsten Sekunde durchschnitt ein herzzerreißender Schrei die friedliche feuchte Idylle.

Der Kommissar eilte hinzu.

Er befürchtete das Allerschlimmste.

Das hier war wirklich keine geeignete Trainingsstrecke.

Hoffentlich war sie nicht gestolpert und die Steilküste hinabgestürzt!

Der Mörder

Der Zeitpunkt war gekommen.

Er holte noch einmal tief Atem, trat auf den Pfad und hob das Rohr in Schlaghöhe, bereit zu töten.

Das Blut rauschte in seinen Adern. Der Puls trommelte dröhnend. Alles ging plötzlich rasend schnell. Aber er konnte noch denken: Merkwürdig, was für einen schnellen Schritt Wall plötzlich hat. Und es war schon unglaublich, wie er keuchte, die Kondition des alten Kerls musste wirklich schlimm sein, schließlich war er doch bisher so langsam dahingeschlichen, dass es schon fast wie Zeitlupe anmutete.

Eigentlich hätten ihn diese Gedanken überraschen müssen, aber er hatte keinen Raum in seinem Kopf für irgendwelche Analysen. Innerhalb der nächsten Sekunden lief alles wie von selbst. Er reagierte wie auf ein Kommando.

Das Rohr wurde in der Luft geschwungen, während gleichzeitig eine Gestalt direkt vor ihm auftauchte.

Mitten in der Bewegung erkannte er seinen Irrtum.

Das Unfassbare war eingetreten.

Statt Wall hatte er eine junge Frau vor sich, eine Frau, die wegschlitterte, auf den lebensgefährlichen Abgrund zu, während er gleichzeitig versuchte, seinen Schlag zu bremsen. Es gelang ihm auch teilweise, das Rohr streifte sie nur, aber durch ihr unvorsichtiges Manöver wurde sie vom sicheren Pfad weggetrieben.

Zu seinem Entsetzen sah er, wie sie das Gleichgewicht verlor. Gnadenlos trieb es sie immer näher an den Rand.

Ihre Augen und ihr Mund waren vor Schock und Angst weit aufgerissen. Als sie merkte, dass sie gleich fallen würde, versuchte sie verzweifelt mit den Armen zu rudern, wie ein Vogel, aber das nützte ihr überhaupt nichts.

Der Schrei kam, als sie hilflos auf dem losen Untergrund wegglitt, der ihr nicht den geringsten Halt bot.
Es war ein schriller, durchdringender, schrecklicher Schrei, der weit im Umkreis zu hören sein musste und der sein Blut in den Adern gefrieren ließ.
Wie in Trance sah er, dass es ihr gelang, sich an einer Wurzel festzuklammern. Er machte ein paar Schritte nach vorn und konnte den Abgrund unter ihr sehen. Sie schaukelte jetzt mit den Beinen in der Luft, während sie mit einer Hand eine Wurzel umklammerte, die sich bereits löste. Es war nur noch eine Frage von wenigen Sekunden – dann würde sie haltlos auf die spitzen Steine hinuntersausen, die er eigentlich für eine andere Person ausgesucht hatte.
»Hilfe, hilf mir«, keuchte sie auf Dänisch und schaute ihn flehentlich an.
Ihre Augen waren große Bälle, schwarz vor Schreck.
Er stand wie gelähmt über ihr.
»Hilf mir!«
Diesmal flüsterte sie nur, wie aus Angst, dass die Wurzel nachgeben könnte, wenn sie zu laut sprach.
Er würde diese Stimme nie vergessen, wie alt er auch werden sollte. Sie war so voller Entsetzen, so unnatürlich, so unmenschlich, nie zuvor hatte er Ähnliches gehört.
Paralysiert stand er da, das Rohr in der rechten Hand, stand da und guckte, machtlos, ohne die Möglichkeit, etwas zu tun.
Jemand kam hinter der Kuppe angelaufen. Ihm war klar, dass es Wall war – das musste er ganz einfach sein –, aber trotzdem gelang es ihm nicht, sich zu bewegen. Er hatte das Gefühl, mitten auf dem Weg festgefroren zu sein, starrte nur die verzweifelte Frau an, die über dem Abgrund hing und um ihr Leben flehte.
»Hilf mir, beeil dich, ich falle. Hilf mir!«

Unschlüssig machte er einen Schritt vor, aber jetzt war es nicht mehr die blonde Dänin, die dort an einer sich langsam aus der Erde lösenden Wurzel hing.

Stattdessen sah er ein anderes Mädchen vor sich: ein Mädchen, dessen Tod er vor langer Zeit verursacht hatte, in einer Situation, die dieser hier sehr ähnelte.

Damals war es ihm gelungen, nicht entdeckt zu werden.

Und das würde ihm auch diesmal gelingen.

Seine Bewegungsfähigkeit kam zurück. Es gelang ihm, sich genau in dem Moment, als Sten Wall um die Kurve gelaufen kam, ins Gebüsch zurückzuziehen.

Aber er konnte nicht mehr feststellen, ob er entdeckt worden war oder nicht.

Jetzt ging es nur noch um eine Sache: die eigene Sicherheit.

Aus dem Schutz der wild wuchernden Büsche sah er, wie Wall auf das Mädchen zulief.

Der Polizeibeamte drehte ihm den Rücken zu.

Er hatte eine neue Chance bekommen.

Wagte er, sie wahrzunehmen?

Sten Wall

Voller böser Ahnungen lief Sten Wall, so schnell er konnte, zu der Stelle, von der er den Hilferuf gehört hatte. Er wusste sofort, woher er gekommen war – und warum.
Er befürchtete das Allerschlimmste.
Er hoffte auf ein neues Lebenszeichen, hörte aber nichts. Das Schweigen dröhnte auf sonderbare Weise um ihn herum. Oder war das sein eigener Puls, der hier sein Unwesen trieb?
Wenn es nur noch nicht zu spät war.
Keuchend erreichte er den Gipfel und bog um die Kurve. Obwohl er darauf vorbereitet war, traf ihn der Schock wie ein Faustschlag im Magen und nahm ihm alle Luft.
Das Mädchen hing über dem Abgrund. Es war nur ein Teil von ihr zu sehen: der Kopf und eine Ahnung ihrer Schultern. Aber das, was Wall ins Auge fiel, war die kleine weiße verkrampfte Hand, die sich um eine Wurzel klammerte; eine Wurzel war ihre einzige Hoffnung, ihr einziger Rettungsring; einige Holzfasern waren das Einzige, was sie noch am Leben hielt, Fasern, die fast schon den Halt im Boden verloren hatten und ihr in kürzester Zeit in die Tiefe folgen würden.
Während Wall sich der Länge nach auf den Boden warf, meinte er aus dem Augenwinkel zu bemerken, dass sich etwas im Gestrüpp im Hintergrund bewegte.
Auf dem Bauch schlängelnd, näherte er sich der jungen Frau, die versuchte, ihre Lippen zu einem Laut zu formen. Ihre Augen drückten eine so entsetzliche Angst aus, dass sich ihm der Magen verkrampfte.
Er bewegte sich, so schnell er konnte, auf sie zu, voller Furcht, selbst über den Rand zu stürzen.

Wenn er zumindest ein Seil oder eine Stange gehabt hätte, die er ihr hätte reichen können, aber er besaß einzig und allein seine eigenen Hände, auf die er sich verlassen konnte.

»So, ja«, sagte er leise und beruhigend, während er gleichzeitig seine rechte Hand vorstreckte. »So, ja. Jetzt fass zu …«

Die Wurzel löste sich, und die Finger der jungen Frau krümmten sich in einem krampfhaften Griff. Ihre Knöchel wurden ganz weiß, und dann waren sie verschwunden.

Der Schrei ging in ein Brüllen über, das immer lauter und lauter wurde.

Wall spürte, wie ihm der kalte Schweiß ausbrach und Übelkeit in ihm hochstieg.

Er hörte das unwiderrufliche Geräusch des Aufschlags aus der Tiefe, ein Geräusch, das er in den folgenden Jahren immer wieder verdrängen, das ihn aber zweifellos bis ans Ende seiner Tage verfolgen würde.

Der Aufprall eines menschlichen Körpers auf harte, kalte Steine, ein entsetzliches Geräusch, das bezeugte, dass ein Leben erlosch.

Und es gab noch etwas, das er nie würde abschütteln können: ihren verzweifelt flehenden Blick, der sich geradezu in seinen einbrannte. Ihre Augen waren nicht vorwurfsvoll gewesen, dafür war kein Platz mehr gewesen. Sie hatten nur um eine einzige Sache gebettelt: um Hilfe, um eine Handreichung, die sie vor dem Tod rettete.

Aber er war um Haaresbreite zu spät gekommen. Wenn er nur ein Quäntchen mehr Zeit gehabt hätte, hätte er sie vielleicht retten können. Aber ob das wirklich möglich gewesen wäre, würde er niemals erfahren.

Vorsichtig schlängelte er sich bis an den Abgrund heran, obwohl er genau wusste, dass es keinerlei Hoffnung mehr gab. Fast hätte er selbst das Gleichgewicht verloren, als er den Kopf vorstreckte und sie da unten wie einen ausgekippten Farbkasten vor dem kargen Hintergrund liegen sah.

Erst jetzt wurde ihm ernsthaft klar, dass es auch für ihn selbst böse hätte enden können.

Vorsichtig machte er sich daran, sich auf dem Bauch rutschend wieder in Sicherheit zu bringen. Vor lauter Angst, den Bodenkontakt zu verlieren, traute er sich nicht einmal, den Kopf zu heben. Es kam ihm vor, als würde die Erde unter ihm wegrutschen, und er würde zurück an den Steilabhang schlittern.

Er war jetzt nass und klebrig von der Anstrengung und der psychischen Anspannung.

Stück für Stück schob er sich aus der Gefahrenzone heraus.

Noch war er nicht ganz und gar auf festem Grund, fühlte aber, dass er es schaffen würde. Und in dem Moment, als er sich sagte, dass die Gefahr vorbei war, tauchten die ersten Gedanken an ein Verbrechen in ihm auf.

Der Profi in ihm verlangte das Wort.

Was war eigentlich passiert?

Hatte sie es zu eilig gehabt, war über eine hinterhältige Kuhle gestolpert und vom Weg abgekommen? Oder hatte jemand dafür gesorgt, dass sie dort landete? Jemand lief hinter ihm mit schnellen und nicht besonders lautlosen Schritten. Wall traute sich noch nicht, sich umzudrehen. Ihm fehlten immer noch einige Dezimeter bis zum Weg. Die Hände gegen den Boden und die Steine gestemmt, drückte er sich hoch. Gleich war er gerettet, gleich konnte er aufatmen.

Die Schritte auf dem Weg waren nicht mehr zu hören.

Jens Beyer

Kriminalinspektor Palle Höjberg schaute Sten Wall gedankenverloren nach, als dieser das Polizeirevier in Allinge verließ und hinter einem Touristenbus verschwand.
Höjbergs Profil fiel ins Auge. Das spitze Kinn ragte weit vor, und seine Nase krümmte sich wie ein Schnabel.
Er erinnert fast an einen Adler, dachte Jens Beyer und warf einen Blick auf den ausgestopften Raubvogel an der Wand.
»Glaubst du, dass der schwedische Polizist wirklich so unschuldig ist, wie er beteuert?«
»Absolut«, antwortete Beyer. »Hundertprozentig.«
»Du scheinst dir ja sehr sicher zu sein.«
»Mehr als das.«
Jens Beyer war einer der dreihundertfünfzig dänischen Ortspolizisten, deren Funktion teilweise mit der der früheren schwedischen Landpolizeikommissare zu vergleichen war. Vierzehn Jahre lang übte er seinen Dienst jetzt schon in Allinge aus und leitete zusammen mit seiner Ehefrau, die sich um die Verwaltung kümmerte, das Polizeirevier. Den größten Teil des Jahres war das Ehepaar Beyer allein an seinem Arbeitsplatz, nur während der Hochsaison bekamen sie zwei Assistenten.
Ohne Übertreibung konnte ihre Arbeit als ziemlich geruhsam bezeichnet werden. Jens Beyer hatte bis jetzt noch nie seine 7,65 mm Walther benutzen müssen, die er an einem sicheren Ort im Büro verwahrte. Obwohl er einmal kurz davor gewesen war, als er gerufen wurde, um einen angefahrenen Boxer an Allinges nördlicher Ausfallstraße von seinen Leiden zu befreien. Aber als er eintraf, war der arme Hund bereits gestorben.
Nur einmal wurde Beyer leicht von einem schwedischen

Berserker am Arm geritzt, als dieser Mittsommer feiern wollte, indem er seine Umgebung mit Hilfe einer scharfkantigen Wodkaflasche bedrohte. Dem Polizisten war es gelungen, den Trunkenbold zu entwaffnen, ohne auch nur mit der Walther drohen zu müssen, er trug aber einige Kratzer bei dem Kampf davon.

Prügeleien, Verkehrsunfälle, Diebstähle, Einbrüche und Sachbeschädigungen kamen hier vor wie in den meisten anderen Orten, aber im Großen und Ganzen herrschte Ruhe. Jens Beyer hatte es nie mit einem Mord oder einer anderen wirklich schweren Gewalttat zu tun gehabt, und so hegte er auch nicht den Verdacht, dass hinter der nachmittäglichen Tragödie an den Klippen bei Heligdomen irgendein Verbrechen stecken könnte.

Und als Allerletztes würde er Sten Wall irgendwelcher ungesetzlicher Handlungen verdächtigen. Er hatte diesen gemütlichen schwedischen Kommissar bereits in seinem ersten Sommer als Ortspolizist in Allinge kennen gelernt und war vom ersten Augenblick an prächtig mit ihm ausgekommen. Im Laufe der Jahre hatte sich zwischen den beiden eine Freundschaft entwickelt, die jedes Jahr noch vertieft wurde. Der Gedanke, dass Wall – dieser Humanist und Verbrechensbekämpfer – in irgendwelche trüben Geschichten verwickelt sein könnte, erschien ihm vollkommen absurd.

Er wiederholte:

»Mehr als das. Er *kann* ganz einfach nichts gemacht haben. Die arme Frau ist ausgerutscht und gefallen, glaub mir, der Weg da eignet sich ganz und gar nicht zum Lauftraining. Ich bin ihn oft selbst entlanggegangen, manchmal sogar zusammen mit Wall, und ich weiß, dass es da eine ganze Reihe von Dingen gibt, über die man stolpern kann: Steine, Wurzeln, Kuhlen und anderes. Sie hätte niemals dort laufen dürfen. Wir müssen zusehen, dass keine anderen Jogger auf diese Idee kommen. Vielleicht sollten wir Schilder aufstellen mit der Warnung: Joggen verboten.«

Der Anflug eines Lächelns fuhr über Höjbergs Raubvogelgesicht.

»Keine schlechte Idee. Übrigens bin ich ganz deiner Meinung. Es war ein Unfall. Und das werde ich auch dem Polizeidirektor berichten, wenn ich nach Rönne zurückfahre. Aber sicherheitshalber sollten wir die Untersuchung der Unglücksstelle abwarten. Ich habe jemanden von der Spurensicherung hingeschickt. Es könnte ja doch etwas auftauchen, auch wenn ich es nicht glaube. Kanntest du das Mädchen?«

»Hanne? Nein, nicht persönlich. Aber ich weiß natürlich, dass sie eine äußerst viel versprechende Mittel- und Langstreckenläuferin war. Auf nationalem Niveau. Vielleicht hast du auch schon von ihr gehört?«

Der Kriminalinspektor kratzte sich an seinem vorstehenden Kinn.

»Ich habe keine Ahnung von Sport. Die einzigen Sportler, die ich kenne, das sind Emil Zatopek, weil der das Idol meines Vaters war, und Bjarne Riis sowie dieser bärtige Tennisspieler, der sich vor jedem Match in Fahrt brachte, indem er die Nacht zuvor Jazz spielte. Ich glaube, er hieß Kurt Nielsen.«

»Torben Ulrich«, murmelte Beyer.

»Wie bitte?«

»Ach, schon gut. Wie dem auch sei, ich kannte Hanne nicht weiter, habe sie höchstens im Vorbeigehen mal gegrüßt, wenn wir uns begegnet sind. Dafür kenne ich ihren Vater Svend umso besser, er ist ein echter Bornholmer.«

Höjberg, der sich auf der Insel nicht besonders wohl fühlte, wiederholte:

»Bornholmer? Von denen gibt es hier doch wohl reichlich, mehr als sonst irgendwo.«

Es gab keinen Anlass für den in Rönne geborenen Jens Beyer, gegen diese Behauptung anzugehen. Stattdessen sagte er nur:

»Hanne wollte im August heiraten. Einen Buchhalter aus Seeland.«

»Und wo befindet der sich heute? Ist er auf der Insel?«

»Nein, zu Hause. Ich glaube, er wohnt in Bröndby, wenn ich recht unterrichtet bin. Ein Kollege in Kopenhagen hat ihn aufgesucht. Er hatte schon erfahren, dass seine zukünftige Ehefrau umgekommen ist, und zwar durch Hannes Mutter. Er ist bereits auf dem Weg hierher. Es dauert sieben Stunden mit der Fähre von Kopenhagen bis Rönne.«

»Dann war dieser Buchhalter also in Kopenhagen? Damit können wir ihn wohl ausschließen.«

»Ich dachte, du hättest die Verbrechenstheorie beiseite geschoben.«

»Das habe ich auch. Ich habe nur Spaß gemacht. Also, eine Hochzeit im August? Und stattdessen Tod im Juni. Verdammt, man kann sich aber auch auf nichts mehr verlassen, mein lieber Beyer. Nun, dann habe ich im Augenblick hier nichts mehr zu suchen, es sei denn, du hättest vor, mich auf ein Pils im Pilekroen einzuladen, bevor ich wieder verschwinde.«

»Genau das wollte ich gerade vorschlagen.«

»Gut, dann lass uns gehen. Ich will mich nur erst von deiner reizenden Frau verabschieden.«

Eine Viertelstunde und einige Schlucke Bier später verabschiedeten die beiden Polizisten sich voneinander.

Höjberg schlug seinem Kollegen freundschaftlich auf die Schulter.

»Danke für das Bier. Und du! Die Idee mit dem Warnschild finde ich richtig gut. Das könnte bedeuten, dass in Zukunft solche schrecklichen Unglücksfälle dort draußen bei den Klippen nicht mehr passieren.«

Der Mörder

Schon auf der Fähre überfielen ihn Skrupel. Vielleicht war er zu übereilt vorgegangen. Es wäre wohl besser gewesen, er hätte einen kühlen Kopf bewahrt und abgewartet. Er hätte Bornholm nicht so verlassen müssen, Hals über Kopf. Aber jetzt war es zu spät, jetzt ließ sich daran nichts mehr ändern.

Mürrisch musste er sich eingestehen, dass er von einer Art Panik ergriffen worden war. Das war noch nie vorgekommen, nicht, als er diese überhebliche Tussi aus dem Norden getötet, und nicht, als er Bill Elfvegren hingerichtet hatte, und auch nicht, als er bei den kleinen Unregelmäßigkeiten im Schützenverein ertappt worden war.

Aber diesmal hatte er wie besinnungslos agiert. Es war, als hätte ihn der Schock handlungsunfähig gemacht, als das Mädchen ganz unerwartet um die Ecke bog und vor seiner Waffe auftauchte. Sein klarer Verstand hatte sich vernebelt, und er war einfach nur weggerannt. Stattdessen hätte er bleiben sollen und beobachten, wie sich die ganze Sache entwickelte.

Aber vorbei war vorbei. Jetzt war er in eine passive Rolle gezwungen. Er musste ganz einfach darauf bauen, dass sich alles noch fügen würde. Es war unglaublich frustrierend, die Situation nicht beeinflussen zu können – aber er musste dem Schicksal vertrauen.

Es erforderte keinen größeren Scharfsinn zu begreifen, was da in Heligdomen passiert war. Die Läuferin war in dem denkbar unglücklichsten Augenblick aufgetaucht. In seiner Erinnerung ließ er den schicksalsschweren Zeitabschnitt noch einmal Revue passieren: Er hatte Wall in sachter Geschwindigkeit herankommen sehen, dann hatte er sich zurückgezogen und den Angriff vorbereitet, danach – außerhalb seines Sichtfelds – hatte die joggende Dänin den Polizisten überholt und war als Erste auf dem Gipfel angekommen.

Und danach kam es, wie es kommen musste.

Pech für sie – und für ihn.

Glück für Wall.

Er konnte kein Mitleid für die Dänin empfinden. Was hatte sie auf diesem Spazierweg zu suchen? Es musste ja wohl entschieden geeignetere Trainingsstrecken in der Gegend geben. Eigentlich hatte sie doch selbst Schuld, und außerdem hatte sie schließlich die ganze Aktion verhindert.

Er hatte keinen Grund gehabt, ihr wehzutun (er kannte sie ja überhaupt nicht), aber sie hatte das Pech gehabt, sich zur falschen Zeit am falschen Ort zu befinden, wie man so sagte. Vielleicht hätte er sie noch vor dem Fall retten können, aber dann wäre er von Sten Wall erwischt worden. Und dann wäre wahrscheinlich alles herausgekommen. Dieses Risiko hatte er nicht eingehen können. Wenn er sie vor dem Sturz bewahrt hätte, hätte sie natürlich von seinem Überfall mit dem Rohr erzählt, und das hätte zu weiteren gefährlichen Fragen geführt. Also hatte er gar keine andere Wahl gehabt, er musste sie abstürzen und umkommen lassen.

Eine Frage brannte in ihm: Hatte Wall ihn noch sehen können?

Das Risiko war wohl eher minimal, wenn nicht so gut wie nicht existent. Der Polizist hatte seine gesamte Konzentration auf die in Not geratene Dänin richten müssen, und außerdem war es ihm noch gelungen, sich rechtzeitig im Gebüsch in Sicherheit zu bringen. Aber mit letzter Gewissheit konnte er nicht sagen, ob er entdeckt worden war.

Diese Unsicherheit irritierte ihn. Er war klare Linien gewohnt, verabscheute unklare, zweifelhafte Situationen. Doch so wie die Lage nun einmal war, blieb ihm nichts anderes übrig: Er musste sich gedulden und das Beste hoffen.

Einige Sekunden lang hatte er mit dem Gedanken gespielt, sich aus seinem Versteck herauszustürzen und Wall über den Felsrand zu stoßen. Der Kommissar war vollkommen ungeschützt und ganz und gar mit seinem Versuch beschäftigt gewesen, das Mädchen zu retten. Er hätte nicht die geringste Chance gehabt, sich zu wehren, sondern hätte vielmehr der Dänin auf ihrem Flug hinunter auf die spitzen Steine und Felsbrocken Gesellschaft geleistet. Und dann hätte er ja seine sich selbst auferlegte Mission erfüllt gehabt. Dann wäre das Versprechen eingelöst gewesen.

Er hatte sich zögernd und mit starkem inneren Zweifel ein paar Schritte auf Wall zubewegt. Aber er war stehen geblieben und hatte ein klein wenig zu lange gezögert, fürchtend, jemand hätte den Schrei des Mädchens in seiner Todesangst gehört. Und schnell war die Gelegenheit vorbei. Er hatte nicht die Nerven, noch länger dort zu stehen, verließ den Ort so unbemerkt wie möglich.

Der Rückzug klappte problemlos. Er war fest überzeugt davon, dass ihn niemand gesehen hatte. Ohne jeden Zwischenfall erreichte er den Parkplatz und fuhr dann in seine Pension, um seine Siebensachen zusammenzusuchen, die Rechnung zu bezahlen und weiter nach Rönne zu fahren. Dort stieg er in einer neuen Pension ab, unter neuem Namen, in der Erwartung, dass die Montagsfähre ihn zurück nach Schweden bringen würde. Hätte es noch eine Möglichkeit am Sonntagabend gegeben, er hätte sie sicher genutzt.

Dass er seine erste Pension verließ, dürfte kein Aufsehen erregt haben. Er hatte bereits bei seiner Ankunft erklärt, dass er möglicherweise ohne Vorankündigung plötzlich würde abreisen müssen.

Die Unruhe verursachte ihm einen leichten Druck auf der Brust, als die Poul Anker sich Ystad näherte. Und wenn die Polizei dort schon auf ihn wartete?

Aber seine Furcht war unbegründet.

Er kam an Land, ohne von irgendjemandem aufgehalten zu werden.

Und vielleicht hatte er es ja trotz allem richtig gemacht.

Auf Bornholm war für ihn sowieso nichts mehr zu holen gewesen.

Zwei Tage später fühlte er sich sicher.

Wenn ein Verdacht gegen ihn bestanden hätte, hätte er das schon erfahren.

Er war herumgelaufen und hatte sich völlig umsonst Sorgen gemacht. Warum hatte er nicht darauf vertraut, dass er unverwundbar war?

Die alte Selbstzufriedenheit war wieder da.

Sicher, es gab bedrohliche Zeichen, das durfte er nicht vergessen. Aber das war nur gut, so gab er umso besser Acht.

Zwei Mal hatte er den Plan gehabt, Sten Wall zu töten, zwei Mal war es ihm nicht gelungen, sein Vorhaben auszuführen.

Diese Missgeschicke konnten von einem furchtsamen Menschen als Warnungen interpretiert werden: Bekam Wall Hilfe von Schutzengeln irgendwelcher Art?

Aber er hörte nicht auf diese destruktiven Signale. Er begann neue Pläne zu schmieden.

Beim dritten Mal gilt's.

Dieser alte Spruch sollte sich in Kürze bewahrheiten. Genauer gesagt, sobald Wall aus seinem Urlaub zurückgekehrt war.

Dann würde ihm ein ganz besonderer Empfang bereitet werden.

Der Mörder lachte.

Er freute sich darauf, Stad zu besuchen.

Er war noch nie dort gewesen, deshalb war es an der Zeit, dass er Bekanntschaft mit dem Ort machte, von dem er schon so viel gehört hatte.

Jan Carlsson

Algot Malmström – nach vielen Jahren in der Diaspora zur Kriminalpolizei seiner Geburtsstadt zurückgekehrt – kratzte sich am Bart. Das machte er so oft, dass man es schon fast als einen zwanghaften Reflex bezeichnen konnte.
»Hoffentlich hast du was Aufmunterndes für mich. Ich habe heute genug Tragödien gehabt.«
»Ach«, sagte Jan Carlsson und sah ihn verwundert an. »Wie meinst du das?«
Der andere lächelte.
»Einer der Jungs meines Nachbarn kam heulend die Treppe rauf, als ich nach dem Mittagessen wieder gehen wollte. Ich habe ihn gefragt, was denn los sei, ob ich ihm irgendwie helfen könnte. Aber er schüttelte den Kopf, heulte, dass die Tränen spritzten, und brachte nur heraus, dass sein Tamagotchi tot sei.«
»Ein Tamagotchi? Was ist das denn?«
Malmström riss die Augen auf, als wäre er bass erstaunt, und ließ sogar seinen Bart in Frieden.
»Lebst du in der Steinzeit? Willst du damit sagen, dass du nicht weißt, was ein Tamagotchi ist?«
»Keine Ahnung.«
»Sag mal, willst du mich auf den Arm nehmen?«
»Findest du, dass ich besonders humoristisch klinge?«
»Aber alle wissen doch, was ein Tamagotchi ist.«
»Ich nicht. Aber offensichtlich sollte ich das. Ist das ein Pferd?«
»Sag mal, jetzt veräppelst du mich aber wirklich!«
Jan Carlsson wurde plötzlich wütend.
»Hast du nicht gehört, was ich gesagt habe? Nun spuck's aus, ehe ich die Geduld verliere. Warum ist das denn so ver-

dammt merkwürdig, wenn ich keine Ahnung von so einem Gamatoschi habe?«

»Tamagotchi, mein Gott, du weißt wirklich nichts darüber«, sagte Malmström mit verblüffter Stimme.

»Algot!«

»Das ist ein japanisches Haustier.«

»Nach Schweden importiert?«

»Ein Computertier.«

»Das lebt?«

»Jan. Kennst du irgendwelche Computerdinge, die leben, ja? Die atmen, sich bewegen, die existieren?«

»Korrigiere mich doch bitte, wenn ich mich irre, aber ich bin der Meinung, du hast gerade gesagt, dass dieser Nachbarsjunge da so ein Ding hatte und dass es tot ist.«

»Es ist *gestorben*.«

»Worauf willst du eigentlich hinaus? Erkläre mir das mal.«

Carl-Henrik Dalman kam herein und stellte sich zu den beiden, um dem bizarren Gespräch zuzuhören.

»Ein Tamagotchi ist im Augenblick das beliebteste Spielzeug«, erklärte Malmström und zupfte sich mit beiden Händen am Bart. »Mein kleiner Nachbar, er heißt übrigens Patrik, hat es bei Hellgrens für 50 Kronen gekauft, und obwohl er es perfekt gepflegt hat, ist es gestorben. Er hat keine Mahlzeit versäumt, hat darauf geachtet, dass sein Tamagotchi Bewegung und Schlaf bekommt, und trotzdem ist es ohne Vorwarnung gestorben. Einfach so. Das Herz hat versagt.«

»Das ist doch krank.«

»Das Tamagotchi war überhaupt nicht krank«, protestierte Malmström. »Und trotzdem ist es gestorben. Patrik war so verzweifelt, dass ich ihn nicht trösten konnte, obwohl ich mir alle Mühe gegeben habe. Jetzt soll es beerdigt werden. Es bekommt sein eigenes Grab. Es gibt Friedhöfe, die einzig und allein für gestorbene Tamagotchis vorgesehen sind.«

»Ich habe noch nie in meinem Leben so was gehört. Ein Computerspielzeug zu begraben!«

»Aber erst, wenn das Quecksilber aus dem Tamagotchi raus ist. Es gibt Firmen, die sich auf derartige Dinge spezialisiert haben.«

»Und der Junge, der hat getrauert, als ob ein naher Verwandter gestorben wäre?«

»Das waren echte Gefühle, das kann ich dir versichern. In der Grundschule hatte ich einen Banknachbarn, der war verzweifelter, als sein Hund überfahren wurde, als später nach dem Tod seines Vaters. Er hatte einen Herzinfarkt, obwohl er erst einundfünfzig war.«

»Der Hund?«

»Der Vater.«

»Manchmal ist es ziemlich schwierig, die Gedankengänge eines Kindes zu verstehen«, bemerkte Jan Carlsson mit nachdenklicher Miene. »Dabei fällt mir ein, wie meine Nichte letzten Winter zusammenbrach, nur weil einer ihrer Aquarienfische gestorben war. Ein Guppy. Wenn es sich noch um einen Neontetra, Schleierschwanz, Schwertträger oder so gehandelt hätte …«

Er brach ab, suchte in seinem maritimen Gedächtniskeller nach weiteren Namen.

»Oder einen Black Molly«, rief er schließlich triumphierend aus.

Carl-Henrik Dalman konnte sich nicht länger bremsen.

»Eigentlich kein Wunder, dass die Welt so kalt ist, wenn wir über japanische Computerdinger und tote Guppys heulen.«

»So ist nun mal das Leben«, sagte Jan Carlsson.

»Aber gerade noch hast du doch bezweifelt, dass …«

»Stopp, jetzt reicht es! Jetzt müssen wir endlich zusehen, dass wir was schaffen. Du, Algot, kümmerst dich um die Anzeige von Bergsten & Co. Der Chef behauptet, ein Konkurrent würde seinen Laden in den Dreck ziehen, das scheint eine schmutzige Geschichte zu sein, bei der Wort gegen Wort steht. Und CeHa, du kannst vielleicht …«
»Bergsten & Co.«, unterbrach Algot Malmström ihn. »Da verkaufen sie doch diese Tamagotchis. Vielleicht kann ich dort gleich einen für Patrik kaufen, das würde ihn bestimmt aufmuntern.«
Jan Carlssons Telefon klingelte.
»Sten Wall ist in der Leitung«, sagte die Frau in der Zentrale.
»Immer her mit ihm.«
Ein vages Gefühl von Unbehagen kam in ihm auf. Er hatte am Sonntag bereits mit Wall gesprochen. Der Freund hatte ihm von dem Todesfall berichtet, dessen Zeuge er geworden war und den er offenbar fast hätte verhindern können. Daneben hatte er nicht viele Details erzählt, nur erklärt, dass es sich um eine junge Frau gehandelt hatte, die beim Lauftraining über einen Felsabhang gefallen und dabei umgekommen war.
Wall hatte zwar gefasst geklungen, aber Carlsson hatte dennoch aus der Stimme wie aus der Wortwahl schließen können, dass der Kommissar sehr erschüttert war.
Da stimmt etwas nicht, dachte Jan Carlsson. Das spüre ich in den Knochen. Der Mord an Elfvegren, der Prozess gegen Daniel Kärr, der tödliche Unfall auf Bornholm – konnte das alles auf irgendeine unangenehme Weise zusammenhängen?
»Wir können ausführlicher darüber reden, wenn ich nach Hause komme«, hatte Wall am Sonntag gesagt.
Jan Carlsson hatte plötzlich die Stimme seines Freundes im Ohr.

»Hallo, Sten! Wie geht es dir da unten in deinem Urlaubsparadies?«
»Ich rufe nicht von Bornholm aus an. Ich bin wieder zurück.«
»Schon? Aber du wolltest doch erst nächste Woche zurückkommen.«
»Es gibt da etwas, worüber ich mit dir reden muss. Hast du heute Abend Zeit?«

Sten Wall

Das tragische Ereignis in Heligdomen hatte Sten Wall vollkommen aus der Fassung gebracht. Die Ferienstimmung war ihm von Grund auf verdorben. Bedrückt ging er immer wieder den gleichen Punkt durch: dass er so verdammt nahe dran gewesen war, sie zu retten. Vielleicht hatte es sich nur um wenige Sekunden gehandelt, er war ja nur lächerliche Zentimeter davon entfernt gewesen, ihr Handgelenk packen zu können.

Vor vielen Jahren hatte ihm ein Kollege einmal von einem Mann erzählt, der sich in seiner Verzweiflung über einen Konkurs und die folgende Scheidung von seiner Frau aus dem zwölften Stock eines Hochhauses in Malmö gestürzt hatte.

»Ich werde nie seinen Schrei vergessen«, hatte der Kriminalbeamte gesagt. »Der hat mir eine Gänsehaut verpasst. Das kann man sich nicht vorstellen, wenn man nicht selbst an Ort und Stelle war und ihn gehört hat. Es klang ganz einfach überhaupt nicht menschlich.«

Jetzt begriff Wall, was der Polizist aus Schonen gemeint hatte. Hanne Madsens Todesschrei hatte so schrecklich zwischen den Felswänden widergehallt, dass man es niemandem beschreiben konnte, der nicht dabei gewesen war.

Dennoch war es nicht der Schrei gewesen, der Wall so erschüttert hatte, sondern der Blick der jungen Frau. Sie hatte ihm geradewegs in die Augen geschaut, wohl ohne wirklich etwas zu sehen, mit vor Angst getrübtem Blick und mit einer Botschaft, die nicht falsch zu deuten war.

Rette mich, hatte der Blick gesagt, *rette mich*.

Und er hatte es versucht, aber ohne Erfolg.

Er hatte alles getan, was in seiner Macht stand, es gab

eigentlich keinen Grund, sich Vorwürfe zu machen. Und trotzdem fühlte er sich auf eine dubiose Weise schuldig. Er hatte schon immer schnell Schuldgefühle entwickelt, ob sie nun eine Grundlage hatten oder nicht.

Immer wieder hatte er den schrecklichen Augenblick vor seinem inneren Auge Revue passieren lassen, Sekunde für Sekunde, um möglicherweise irgendeinen Punkt zu finden, an dem er anders hätte agieren sollen. Aber er war immer zu dem gleichen Ergebnis gekommen: Er hätte sie nicht in Sicherheit bringen können, was immer er auch unternommen hätte. Er war zu spät gekommen, das war die ganze Wahrheit. Wenn er die Biegung ein paar Atemzüge früher umrundet hätte, hätte es eine Chance gegeben. Aber so war jede Hoffnung von vornherein vergebens gewesen. Vielleicht hatte er das in seinem Inneren schon begriffen, als er sie entdeckte. Die Wurzel hatte in den entscheidenden Sekunden, die für eine geglückte Rettungsaktion notwendig gewesen wären, keinen Halt im Boden mehr gehabt.

Wall überlegte, ob er die Hinterbliebenen der Frau aufsuchen sollte, nahm dann aber Abstand davon. Er hatte in dienstlichem Auftrag genügend Trauerbescheide an Angehörige überliefern müssen, und jedes Mal war ihm das gleich schwer gefallen. Es gab keinen Grund, sich das unnötigerweise anzutun. Und was wollte er Hannes Eltern eigentlich sagen?

Dass ihre Tochter ihn um Hilfe angefleht hatte, die er ihr zu geben nicht in der Lage gewesen war?

Dass ihre Augen vor Angst zu explodieren schienen?

Dass sie die ganze lange Strecke von der Felskante bis zum Steinstrand hinuntergestürzt war?

Stattdessen besuchte er mehrmals seinen Freund Jens Beyer im Polizeirevier gleich oberhalb vom Släktsgården in Allinge, um zu fragen, ob es etwas Neues gäbe.

213

Aber diese Mühe hätte er sich sparen können. Es tauchte nichts auf, was der offiziellen Unfalltheorie widersprach.

Zwei Tage nach der Katastrophe fuhr Wall zum Kunstmuseum. Er parkte dort und wanderte dann von Norden her zu dem Ort, an dem alles passiert war. Er brauchte nicht lange bis dorthin.

Voller Kummer sog er die Umgebung in sich auf.

Hier war es also passiert, genau hier.

Nichts deutete darauf hin, dass drei Meter von dem Punkt entfernt, an dem er stand, ein Mensch von dem Felsrand in die Tiefe und zu Tode gestürzt war. An mehreren Stellen des Weges gab es Schutzgeländer, aber gerade hier nicht. Der Pfad verlief so weit vom Abgrund entfernt, dass ein Gitter nicht als notwendig erachtet worden war.

Hanne Madsen – das ambitionierte Langstreckentalent – hatte verantwortungslos gehandelt, als sie in viel zu schnellem Tempo eine Strecke gelaufen war, die nicht für hartes Lauftraining gedacht war, sondern vielmehr für ruhige Spaziergänge.

Direkt über den Weg schlängelte sich eine Wurzel. Es konnte sein, dass Hanne genau über diese gestolpert war. Bei der Geschwindigkeit, die sie draufgehabt hatte (Wall sah noch ihren schnell dahinschwindenden Rücken vor sich), waren nur wenige Stolperschritte nötig, damit das Fatale geschehen konnte.

Hinzu kam, dass der Regen den Boden besonders rutschig und hinterhältig gemacht hatte.

Während der Rückfahrt beschloss er, nie wieder den Weg zwischen Gudhjem und Heligdomen zurückzulegen.

Er hatte genug davon.

Wall kehrte in betrübter Stimmung nach Allinge zurück.

Und das wurde auch nicht besser, als die Fußballweltmeisterschaft begann. Wochenlang hatte er sich auf dieses große Ereignis gefreut, aber jetzt erschien es ihm vollkommen sinnlos.

Arvid Iversen merkte natürlich, dass es seinem langjährigen Freund und Stammkunden nicht gut ging, und ihm war selbstverständlich klar, worin die Ursache für dessen trübe Stimmung lag.

Er versuchte Wall aufzumuntern, indem er ihn mit ins Wellenbad in Sandvig nahm. Das Wellenbad war eine der Attraktionen der Region: eine schöne überdachte Anlage, gleich am Strand. Viele sprangen zunächst einmal ins Meer, um anschließend ihre 40-Kronen-Eintrittskarte für die Halle zu kaufen, in der eine mächtige Maschinerie zwei Mal in der Stunde für zehn Minuten herrlich aufbrausende Wellen mit einer Höhe von bis zu einem Meter in Bewegung setzte.

Wall ging eigentlich gern ins Wellenbad, wo er seinen Besuch immer mit einer Viertelstunde in der Sauna abschloss. Aber diesmal planschte er nur gedankenverloren und pflichtschuldigst im Wasser herum und war so zerstreut, dass er nicht einmal die Lautsprecherstimme wahrnahm, die eine neue Attacke der Wellenmaschine ankündigte. Statt sich in den empfohlenen Abstand von drei Metern zum Beckenrand zu begeben, blieb er an Ort und Stelle stehen und wäre fast gegen die Kacheln geschleudert worden.

Arvid Iversen konnte nur den Kopf schütteln und litt heimlich mit dem Kommissar, der wie ein trauriges Flusspferd aussah, als er verzweifelt die rollenden Wellen parierte.

Und so war es keine Überraschung für den Pensionsbesitzer, als Wall ihm ein paar Stunden später mitteilte, dass er beschlossen hätte, seinen Urlaub zu verkürzen und fünf Tage früher als geplant nach Hause zu fahren.

»Tu das. Aber nur unter einer Bedingung: dass du nächstes Jahr auch wieder kommst.«

»Darauf kannst du dich verlassen«, sagte Wall und brachte die jämmerliche Andeutung eines Lächelns hervor.

Wall rief in Rönne an und hoffte auf einen Platz auf der letzten Fähre des Tages nach Ystad, aber er kam zu spät. Er war gezwungen, sich bis Donnerstagnachmittag zu gedulden. Um sich bis dahin die Zeit zu vertreiben, fuhr Wall in Bornholms Tierpark, wo er den sagenumwobenen Zesel betrachten konnte, eine sonderbare Kreuzung von Zebra und Esel.

Anschließend machte er seine jährliche Fahrt nach Hammershus, der besterhaltenen mittelalterlichen Festung des Nordens. Bereits Mitte des 13. Jahrhunderts hatte der Erzbischof von Lund den Bau in Auftrag gegeben, und nach vielen beschwerlichen Jahren hatte Bornholm eine prachtvolle und schwer einnehmbare Burg auf dem hoch gelegenen Gebiet im Norden bekommen, mit einem meilenweiten Blick auf die Ostsee.

Mehrere Teile der Festung waren noch erhalten, und normalerweise stromerte Wall gern zwischen den historischen Überresten hindurch und ließ seiner Phantasie freien Lauf. Aber diesmal fühlte er sich in dem Gewühl der Touristen, verschiedenen Sprachen und wiederkäuenden Herden nicht wohl und verzichtete darauf, auf die Plateaus hinauszutreten, von denen aus sich eine faszinierende Aussicht über Land und Meer bot. Ihn beschlich der Gedanke, sie seien ebenso hoch wie in Heligdomen, wenn nicht noch höher.

Die Gedanken an Hanne Madsen und ihr schreckliches Schicksal ließen ihn nicht los.

Hilf mir.

Würde er jemals diese flehenden Augen vergessen können? Zum ersten Mal während eines Bornholmbesuchs sehnte Sten Wall sich nach Hause. Nie hätte er geglaubt, dass er jemals diese Erfahrung machen würde. Sonst wurde er immer von starker Wehmut ergriffen, wenn der Urlaub sich seinem Ende näherte, aber als er am Donnerstag kurz nach fünfzehn Uhr mit seinem Volvo von dem Schlund der Autofähre nach Ystad geschluckt wurde, spürte er geradezu Erleichterung. Er liebte Bornholm und plante natürlich, auch im nächsten Sommer zurückzukehren. Und das mit der üblichen Freude, Erwartung und Ausgelassenheit, wenn er nur erst einmal Abstand von dem bekommen hatte, was sich während einiger unfassbar entsetzlicher Sonntagssekunden in Heligdomen abgespielt hatte.

Wohlbehalten zurück in Stad, war er so müde, dass er sofort ins Bett fiel, ohne mehr als das Allernotwendigste auszupacken.

Am nächsten Morgen machte er sich zunächst auf, die gelagerte Post abzuholen, die er in aller Eile einmal durchging, bevor er sich zur Bibliothek begab. Dort las er in verschiedenen Zeitungen unzählige Artikel über den Mord an Bill Elfvegren.

Nachdem er das Tagesgericht im Baron genossen hatte, kaufte er sich sämtliche Abendzeitungen und sah sie daheim in der Küche durch. Anschließend rief er in der Polizeistation an und bat darum, mit Jan Carlsson sprechen zu können. Seine Stimme klang wie immer – warum sollte es auch anders sein?

»Hallo, Sten! Wie geht es dir da unten in deinem Urlaubsparadies?«

»Ich rufe nicht von Bornholm aus an. Ich bin wieder zurück.«

Eine kurze Pause der Verwunderung, anschließend:

217

»Schon? Aber du wolltest doch erst nächste Woche zurückkommen.«
»Es gibt da etwas, worüber ich mit dir reden muss. Hast du heute Abend Zeit?«

*

Sie saßen draußen in der sich langsam senkenden Dämmerung. Durch das Fenster konnten sie sehen, wie Gun in der Küche hantierte. Eine Hummel summte in den Beeten neben der kleinen Terrasse. Ein Propellerflugzeug zeichnete sich am Himmel ab.
Sten Wall sagte:
»So steht es um die Sache.«
»Du meinst also, dass diese Hanne aufgrund eines Versehens ums Leben gekommen sein kann?«, fragte Jan Carlsson ohne die geringste Skepsis.
(Wieso sollte er diesbezügliche Spekulationen ablehnen, schließlich war er selbst mehrere Tage lang mit dem Gefühl herumgelaufen, dass da etwas nicht stimmte.)
»Das ist jedenfalls nicht ausgeschlossen«, sagte Wall. »Es mag ja sein, dass ich eine Neigung zum Dramatisieren habe, aber im Laufe der Zeit habe ich gelernt, allzu grobe Übertreibungen zu vermeiden. Eigentlich glaube ich, dass das arme Mädchen wirklich Opfer eines schrecklichen Unfalls geworden ist, aber ich bin mir da nicht hundertprozentig sicher. Vielleicht hat sie auch jemand überfallen, jemand, der es eigentlich auf mich abgesehen hatte. Es gibt an dem Unglücksort kein Schutzgitter. Das kann darauf hindeuten, dass die Stelle sorgfältig ausgesucht worden ist. Fast überall an den steilen Abgründen gibt es sonst Schutzgitter am Weg.«
Er machte eine kleine Pause und schnupperte an dem glühend heißen Kaffee. Dann fuhr er fort:

»Ich bin das in Gedanken immer wieder durchgegangen, habe den Film vor- und zurücklaufen lassen. Als ich zur Seite gegangen bin, um ins Gebüsch zu pinkeln, kam sie in meiner Richtung angelaufen. Sie war die Einzige, die mich überholt hat. Es waren bei dem Regen so gut wie keine Menschen unterwegs. Wenn jemand auf mich gewartet hat, kann der Betreffende mich gesehen haben, nicht aber die Läuferin. Und dann kann es sein, dass er hinter der Kurve im Hinterhalt gelauert hat. Als Hanne dann kam, hat er sie niedergeschlagen in dem Glauben, mich vor sich zu haben.«
»Aber du hast sonst niemanden dort gesehen?«
»Nein, aber als ich um die Kurve gelaufen kam, hatte ich so eine leichte Ahnung, als würde sich auf der anderen Seite des Weges was in den Büschen rühren.«
»Wenn dir jemand etwas antun wollte, dann hätte der doch die Chance zu einem Angriff gehabt, als du platt auf dem Bauch gelegen hast und dich darauf konzentriertest, das Mädchen zu retten.«
»Ja, das stimmt schon. Aber gleichzeitig hat ihr Schrei andere Menschen angelockt. Es dauerte nur eine halbe Minute, da waren schon drei junge Deutsche bei mir. Falls da ein potenzieller Mörder in der Nähe war, ist er bestimmt nicht das Risiko eingegangen, entdeckt zu werden.
Eine Weile schwiegen beide.
Gun steckte den Kopf heraus und fragte, ob sie noch etwas brauchten.
»Nein, alles ist in Ordnung. Willst du nicht zu uns rauskommen?«
»Noch nicht. Vielleicht später«, antwortete sie und zog die Tür wieder zu.
»Wenn meine etwas hanebüchene Theorie stimmt, dann wurde diese tüchtige dänische Läuferin also an meiner statt getötet. Das ist doch einfach schrecklich.«

»Du hast nicht den geringsten Grund, dir irgendwelche Vorwürfe zu machen. Aber darf ich fragen: Hast du deine Überlegungen auch der Polizei in Allinge kundgetan?«

»Nein. Zu dem Zeitpunkt erschienen sie so abwegig, so vollkommen undenkbar. Aber jetzt, nachdem ich gründlich darüber nachgedacht habe, kommt es mir nicht mehr so unwahrscheinlich vor, dass Hanne ein zufälliges Opfer geworden ist und ich die eigentliche Zielscheibe war.«

»Aber das würde ja bedeuten, dass du immer noch im Schussfeld sein kannst – nicht, dass ich das glaube, aber dann wäre die Gefahr ja nicht gänzlich auszuschließen.«

Dem Kommissar lief ein kalter Schauder zwischen den Schulterblättern hinunter.

»Hast du jemanden in deinem Urlaub wieder gesehen? Vielleicht irgendeine flüchtige Bekanntschaft? Jemanden, den du schon mal gesehen hast, an dessen Namen du dich aber nicht erinnern konntest?«

»Da waren nur die Leute aus Bornholm, die ich schon seit Jahren kenne: Pensionswirte, Polizei, Friseur und so weiter.«

»Hast du keine Schweden getroffen?«

»Doch, unter anderem einen originellen Tierarzt und einen eigenbrötlerischen Freiluftsportler, aber niemanden, den ich früher schon mal gesehen hatte.«

Nach kurzem Nachdenken hub Wall wieder an:

»Jan, ich habe dir sicher schon mal erzählt, warum ich mich entschlossen habe, in den Polizeidienst zu treten?«

»Meinst du das mit der Katze und dem Vogel?«

»Ja, genau. Vielleicht wäre ich auch ohne dieses Erlebnis Bulle geworden, vielleicht aber auch nicht. Das hat mir jedenfalls den entscheidenden Schubs gegeben, hat mich in meinem Entschluss bestärkt.«

Er war gerade siebzehn geworden und saß daheim am Küchentisch in Frejalund. Er wollte mit dem Fahrrad nach Sydstranden fahren, um dort zu baden, da es so ein herrlicher Junimorgen war und er erst in ein paar Stunden seinen Sommerjob antreten musste.
Ein lautes Zwitschern von der Straße ließ ihn hinausschauen. Und da sah er, dass seine geliebte norwegische Waldkatze einen Vogel erwischt hatte, vielleicht eine Amsel, er war damals genauso unwissend, was Vogelarten betraf, wie heute.
Er hatte das Fenster geöffnet, war hinausgesprungen und dem Vogel zu Hilfe geeilt. Anfangs sah es aus, als würde er Erfolg haben. Er konnte die Katze packen, die sich aber wieder aus seinem Griff befreite. Der Vogel konnte nicht mehr fliegen, er hüpfte jedoch flinker, als Sten jemals erwartet hätte, um seinem Verfolger zu entkommen. Aber die Katze war noch schneller und warf sich über ihr Opfer, das sie anschließend unter ein Auto schleppte. Eigentlich wusste er, dass er dem Vogel nicht mehr helfen konnte, aber dennoch machte er einen letzten verzweifelten Rettungsversuch. Er schnappte sich einen Besen aus dem offenen Schuppen, warf sich auf den Bauch und strich mit dem Besenschaft über den Boden, um die Katze herauszulocken.
Und daraufhin verschwand sie. Aber unter dem Auto lag der Vogel, und der war tot.

»Ich werde es nie vergessen«, sagte Sten Wall, seinen Blick auf das Blumenbeet rechts von seinem Freund gerichtet. »Ich weiß ja, dass das, was an diesem Sommermorgen geschah, ganz gewöhnliche Alltagsdramatik ist, natürlich werden allein in Schweden jedes Jahr Millionen von Singvögeln von Katzen getötet. Aber für mich war es ein erschütternder Anblick, mir tat der Vogel in seinem vergeblichen Kampf gegen einen übermächtigen Angreifer so Leid. Ich weiß, dass das reichlich edelmütig klingt, aber damals habe ich beschlossen, den Schwachen und Schutzlosen so gut wie möglich zu helfen. Im Nachhinein bin ich mir nicht so sicher, ob mir das besonders gut gelungen ist, nun ja, jedenfalls habe ich mein Bestes gegeben. Zumindest rede ich mir das ein.«

Jan Carlsson saß schweigend da. Er hatte selten jemanden kennen gelernt, der ein ähnlich großes Herz hatte wie Wall. Der Kommissar fuhr fort:

»Als ich der jungen Dänin in die Augen sah, überfiel mich das gleiche Gefühl der Machtlosigkeit: so viel zu wollen, aber nur so wenig zu vermögen, das ist so schrecklich, so fürchterlich. Ich kann das nicht beschreiben. Und als sie dann fiel ...«

»Ich verstehe, wie du dich fühlst«, sagte Jan Carlsson. »Wirklich.«

Die Polizisten sprachen an diesem schönen Abend noch lange miteinander. Die Nacht war schon hereingebrochen, als Wall endlich aufbrach.

Auf seinem Heimweg begegneten ihm nur wenige Menschen, aber ihn begleitete ein hartnäckiges Gefühl des Unwohlseins, das ihn nicht loslassen wollte.

Wahrscheinlich schoss seine Phantasie einfach zu zügellos dahin, er musste versuchen, diese Grübeleien zu beenden. Aber das war leichter gesagt als getan.

Er war wohl erst eine Minute in seiner Wohnung, als das Telefon klingelte.

Jan Carlsson, dachte er.

Die fremde Stimme stellte sich jedoch als Simon Back vor. Und sie sprach eifrig weiter:

»Das ist ja verdammtes Glück, dass ich endlich an die richtige Adresse komme. Ich habe seit heute Morgen versucht, Sie zu erreichen, aber es war einfach unmöglich, Sie zu erwischen.«

»Ich hatte Urlaub«, sagte Wall, während er fieberhaft in seinem Gedächtnis kramte: Simon Back? Wer um alles in der Welt war das? Vielleicht irgendein alter Bekannter?

»Nun gut, jedenfalls möchte ich Ihnen etwas erzählen. Ich glaube, ich weiß, wer Bill Elfvegren umgebracht hat.«

Der Kommissar erstarrte. Er merkte, dass er den Telefonhörer geradezu krampfhaft umklammerte.

»Was sagen Sie da?«

»Ich bin mir meiner Sache hundertprozentig sicher. Der Mörder heißt Ola Nielsen.«

Wall runzelte die Stirn. Ola Nielsen sagte ihm genauso wenig wie Simon Back.

»Hören Sie, Back, ich muss …«

»Ich habe meinen Namen geändert, ich habe den Namen meines Vaters angenommen. Sie kannten meinen Bruder, Daniel Kärr.«

»Ja, den habe ich gekannt«, bestätigte Wall.

»Und jetzt hören Sie mir bitte zu.«

»Das mache ich.«

Damals

Simon Kärr

Er hatte eine Heuer ab Donnerstag, kam aber schon am Montag in Göteborg an, um sich vorher noch ein paar schöne Tage, Abende und vor allem Nächte zu gönnen. Sein Adressbuch hatte er natürlich dabei, er hatte überall so seine Kontakte, in Schweden und im Ausland.
Seitdem er von Aids wusste, war er in fremden Häfen vorsichtiger geworden. In Schweden hatte er mehr Vertrauen (vor allem, wenn er mit Mädchen zusammen war, die er schon aus früheren Zeiten kannte), aber es war nicht mehr so unbeschwert wie früher, als sich noch keiner über Ansteckungsgefahren Gedanken machte.
Schade für die jungen Leute, dachte er.
Er selbst war siebenunddreißig und hatte häufig seine Partnerinnen gewechselt. Er hatte nie eine länger anhaltende Beziehung gehabt, und in Anbetracht seines Berufs war es vielleicht auch das Beste, wenn er weiter Junggeselle blieb, mit dem Recht auf schnelle und zufällige Eroberungen.
Allerdings war ihm klar, dass das nicht ewig so weitergehen würde, schließlich wurde auch er älter. Und wer konnte sagen, ob er auch noch in späteren Jahren die gleiche Begeisterung fürs Seemannsleben hegen würde. Vielleicht würde er sich dann nach einem Job an Land sehnen – aber das würde sich zu gegebener Zeit zeigen.
Wie üblich fuhr er aufs Geratewohl nach Göteborg. Nachtlogis war leicht zu finden. Wenn er keinen gratis Schlafplatz bei einem seiner Mädchen fände, würde er sich eben ein Hotelzimmer nehmen. Es wäre nicht weiter schlimm, wenn er dafür ein paar Hunderter berappen musste. Und wenn es eng werden sollte, konnte er immer noch seine Reederei anhauen.

Aber diesmal hatte er Pech. Er rief seine alten Flammen nie vorher an, stand einfach ganz zufällig bei ihnen vor der Tür. Die Methode brachte meistens den besten Erfolg. Aber nicht diesmal. Die Erste – und Beste – lag mit einer schweren Grippe im Bett und redete mit ihm nur durch den Briefschlitz. Er wünschte ihr gute Besserung und ging mit dem Verdacht, sie könnte sich seit ihrer letzten Begegnung einen Typen angeschafft haben. Was ihn aber nicht besonders störte.

Auch der zweite Versuch platzte – dort antwortete niemand auf sein wiederholtes Klopfen. Zu ihr konnte er später am Abend noch mal zurückkehren, wenn sich sonst nichts ergeben würde.

Er klingelte bei dem dritten Mädchen (das er eigentlich gar nicht so unbedingt hatte sehen wollen), aber auch hier zog er eine Niete. Wahrscheinlich war sie noch bei der Arbeit. Ihm fiel partout nicht ein, wo sie eigentlich arbeitete, aber das war jetzt auch nicht mehr so wichtig, da er sowieso beschlossen hatte, sie fallen zu lassen.

Auch in Sachen Hotel gab es Schwierigkeiten. Zuerst versuchte er es im Poseidon, seinem Lieblingshotel, gut gelegen am Vasaplatsen, nähe der Aveny.

Doch das Poseidon war voll belegt. Eine große Messe fand gerade statt, und da wäre es besser gewesen, wenn er im Voraus reserviert hätte.

Während er in dem beißenden, unangenehmen Frühlingswind durch Nordstan strich, tauchte das Bild seines Bruders vor ihm auf. Er spürte einen Anflug von schlechtem Gewissen. Natürlich war es schrecklich, dass Daniel nicht mehr war, andererseits war es keine Überraschung gewesen, als er an Lungenkrebs starb. Er hatte schon seit seiner frühen Jugend durchschnittlich zwei Päckchen pro Tag geraucht, und zum Schluss war das einfach zu viel gewesen.

In erster Linie war es tragisch für ihre Mutter, aber sie hatte es besser aufgenommen, als er erwartet (oder befürchtet) hatte.

Was Simon selbst betraf, so spürte er in seiner Trauer auch eine gewisse Erleichterung bei der Nachricht vom Tod seines Bruders (und hier setzte das schlechte Gewissen ein – er dachte ja geradezu in gottlosen Bahnen; das war nicht zu bestreiten). Er musste sich eingestehen, dass Daniel ihm vor allem Sorgen bereitet hatte – er hatte so tief im kriminellen Sumpf gesteckt, dass er sich niemals aus eigener Kraft daraus hätte befreien können. Er war hoffnungslos verloren, schon lange, bevor die Krankheit ihn packte.

Simon war überaus froh darüber, dass er selbst rechtzeitig der Kriminalität den Rücken zugewandt hatte – dass es überhaupt dazu gekommen war, lag am negativen Einfluss des großen Bruders.

Daniel hatte keinerlei Verständnis für die »Bekehrung« gehabt, aber das war ja seine Sache.

Simon Kärr schüttelte das Bild des eingefallenen und abgezehrten Gesichts seines Bruders von sich ab und steigerte das Tempo. Er wollte irgendwo rein, sehnte sich nach einem großen Bier. Und hier in der Nähe gab es genügend Kneipen.

Zuerst musste er sich aber ein Dach überm Kopf für die Nacht besorgen. Er war immer noch gut bei Kasse und versuchte es in den beiden ältesten Hotels von Göteborg, im Royal und im Eggers. Beide lagen nahe dem Hauptbahnhof, beide hatten ihm schon früher gefallen.

Aber auch hier erhielt er nur den Bescheid, dass die Messe alle Zimmer belegt hatte.

Im Royal bekam er aber zumindest den Tipp, es im Robinson zu versuchen, das ganz in der Nähe lag, am Brunnspark.

»Robinson?«, lachte er. »Wie die Fernsehsendung?«
Im Robinson war noch etwas frei, und er war zufrieden mit der Lage, dem Preis und dem Zimmer. Dass Toilette und Dusche auf dem Flur waren, störte ihn überhaupt nicht. Auf See war er eingeschränkten Komfort gewohnt. Dann würde er damit an Land auch zurechtkommen.
Er holte sein Gepäck vom Bahnhof und ging wieder dorthin zurück, nachdem er seine Sachen im Robinson abgeliefert hatte.
Die Kneipe lockte.
Simon Kärr trank ein großes Fassbier, noch eins und noch ein drittes. Er war in Form. Heute Abend würde er sie anrufen – die Zweite – und auf eine positive Antwort hoffen. Wenn nicht, dann müsste er sich wohl nach einer ihm zusagenden Tanz- und Rockerkneipe umschauen. Er war scharf auf eine Nummer und entschlossen, sich eine zu besorgen.
Plötzlich schlug ihm jemand leicht auf die Schulter.
Er sah einem lächelnden Mann ins Gesicht, der sich auf den Hocker neben ihm gesetzt hatte.
»Hallo, Kumpel«, sagte der Fremdling und gab ihm die Hand, »Ola Nielsen heiße ich.«
Simon ergriff zögernd die Hand und wartete die Fortsetzung ab. Der Mann lächelte etwas angestrengt, und langsam wurde deutlich, worauf er hinauswollte.
»Ja, und?«, fragte Simon.
»Nun ja, es ist mir etwas peinlich, aber ich kann ja nicht mehr als eine abschlägige Antwort kriegen. Ich wollte mal fragen, ob du mir was leihen kannst, ich garantiere dir, dass ich es sofort zurückzahle, gleich morgen. Es ist nämlich so …«
»Wie viel brauchst du?«
»Ein paar Hunderter.«

Ein Bettler mit Ansprüchen.
»Ich weiß nicht so recht …«
Ola Nielsen senkte seine Stimme, als der Kellner vorbeikam:
»Das ist alles so schrecklich erniedrigend. Ich bin hergekommen, um ein paar Biere zu trinken, und als ich bezahlen wollte, habe ich gemerkt, dass meine Brieftasche weg ist. Wahrscheinlich hat sie jemand geklaut. Ich bin felsenfest davon überzeugt, dass ich sie bei mir hatte, als ich hergekommen bin.«
Der Kerl ist natürlich ein Bauernfänger, dachte Simon. Ich sollte ihn am besten gleich abfertigen.
»Natürlich könnte ich versuchen, einfach von hier abzuhauen«, fuhr Nielsen fort. »Aber das liegt mir nicht. Oder ich könnte dem Typen an der Bar reinen Wein einschenken, vielleicht lässt er mich abwaschen oder so.«
Der Mann hatte etwas an sich, was Simons Interesse weckte. Okay, er würde sicher um zweihundert Piepen leichter, aber was machte das schon? Er konnte es sich ja leisten. Außerdem war er in Spendierlaune, was oft vorkam, wenn er ausging.
Und nächstes Mal war er selbst vielleicht derjenige, der eine helfende Hand brauchte. Außerdem gab es noch die Chance, dass er das Geld zurückbekam, die Möglichkeit konnte er ja nicht ganz und gar ausschließen.
»Du, ich habe eine Idee. Wenn ich …«
Nielsen brach ab, als er sah, dass Kärr in seiner Tasche wühlte und zwei zerknitterte Scheine aus dem Wirrwarr hervorholte.
»Hier. Es ist nicht besonders lustig, abgebrannt herumzulaufen. Ich kenne das. Da gibt's Schöneres.«
Der andere nahm dankbar das Geld entgegen.
»Danke, Kumpel. Das werde ich dir nie vergessen. Gib mir

deinen Namen und deine Adresse, dann schicke ich dir die Kohle postwendend wieder zu.«

»Ich habe keine Visitenkarte bei mir«, erklärte Simon lachend, »aber warte, du kriegst die Adresse.«

Dann riss er ein Stück von einer Papierserviette ab und kritzelte einige Zeilen darauf. Zuerst schrieb er Simon Kärr, änderte dann aber seine Meinung, strich den Namen durch und ersetzte ihn durch Simon Back.

Ola Nielsen schaute mit gerunzelter Stirn auf die Serviette.

»Kärr oder Back? Wie heißt du denn nun wirklich?«

»Noch Kärr. Back, wenn ich zurückkomme.«

»Woher?«

»Wer weiß?«, antwortete er und breitete die Arme aus. »Ich bin Seemann. Wir stechen am Donnerstag in See, nach Newcastle und Hull zunächst, dann nach Frankreich, Holland und Deutschland. Ich werde nicht vor Juni wieder zu Hause sein.«

Bescheuert, das zu erzählen. Jetzt werde ich das Geld nie wieder sehen.

»Und warum änderst du deinen Namen?«

»Mein Vater heißt Albin Back. Aber ich sehe ihn selten. Er und meine Mutter waren nie miteinander verheiratet. Jetzt ist mein Bruder ... ja, das ist eine lange Geschichte. Und nicht besonders interessant. Wie dem auch sei, ich rechne damit, dass alles in Ordnung ist, wenn ich im Sommer zurückkomme.«

»Kärr und Back. Kurz und gut. Alte Soldatennamen?«

»Keine Ahnung.«

Ola Nielsen rief den Barkeeper zu sich und bezahlte. Er bekam zwei Zwanziger als Wechselgeld und guckte zu Simon, der aber mit dem Kopf schüttelte.

»Behalte es.«

»Du kriegst die zweihundert zurück, da kannst du dir sicher sein. Und noch einmal: Vielen Dank, dass du mir aus der Patsche geholfen hast. Es kommt nicht oft vor, dass man solcher Hilfsbereitschaft begegnet.«

Simon sah, wie der andere das Lokal durchquerte und den Ausgang ansteuerte.

Den sehe ich nie wieder, dachte er. Und die Hunderter auch nicht.

Im nächsten Moment stand Ola Nielsen neben ihm und schien ganz aufgeregt zu sein.

»Du ahnst ja nicht, was passiert ist«, behauptete er. »Guck mal!«

Und dann ließ er triumphierend eine schwarze Lederbörse auf den Tresen fallen, dass es klatschte.

»Die war im Mantel«, sagte er. »Stell dir das nur vor. Ist durch eine kaputte Tasche ins Futter gerutscht, deshalb habe ich sie vorhin nicht gefunden.«

»Na, wie schön.«

»Ja, und was für ein Glück. Hier. Die zweihundert Kronen.«

Simon nahm die Scheine entgegen und Ola sagte:

»Ich habe einen Vorschlag.«

»Lass hören.«

Simon betrachtete seine neue Bekanntschaft.

Was wusste er von ihm?

Nicht besonders viel.

Ola Nielsen hatte meistens als Koch gearbeitet, war aber im Augenblick arbeitslos. Seine finanzielle Lage war dank einer Erbschaft gut. Er war in diesem Jahr vierzig geworden und stammte hier aus der Gegend.

Viel mehr hatte er während dieser feuchten frühen Abendstunden nicht in Erfahrung gebracht.

Er konnte nicht mehr sagen, wie viele Kneipen sie aufgesucht hatten, nachdem sie die am Hauptbahnhof verlassen hatten. War es die dritte? Oder schon die vierte?

Jetzt saßen sie in einem irischen Pub an der Ecke der Östra Hamngatan und Kungsgatan, und Simon fühlte sich langsam etwas benebelt. Er sollte bald aufbrechen. Er war immer noch auf eine heiße Nummer aus, und deshalb war es das Beste, die Bremse zu ziehen, damit er nicht zu blau wurde. In letzter Zeit hatte er die Erfahrung gemacht, dass seine Potenz nach allzu heftigen Ausschweifungen ziemlich nachließ. Früher war fast das Gegenteil der Fall gewesen. Der Rausch hatte ihm alle Hemmungen genommen und seine Phantasie befördert, ohne dass die Physis litt. Aber inzwischen …

Ein älterer und offenbar Unterhaltung suchender Mann ließ sich am Nachbartisch nieder. Er hatte einen Regenschirm bei sich, trug einen abgetragenen Anzug mit Kreidestrichkaro und strahlte Noblesse aus. Eigentlich fehlte nur noch die Melone, um das Bild eines britischen Gentlemans im Ruhestand perfekt zu machen. Er schaute finster in sein fast leeres Guinnessglas und wandte sich ihnen dann zu.

»Hier befand sich früher eine Spitzenkonditorei. Die beste der Welt. Die hatten einen Spitzenpianisten hier. Sein Repertoire war einfach Spitze. Ich habe seinen Namen vergessen, wisst ihr ihn noch?«

Sie schüttelten gleichzeitig den Kopf.

Der Alte räsonierte weiter:

»Er hieß genauso wie ein bekannter Ringer. Oder war das ein Boxer? Jedenfalls spielte er einfach spitze. Und welche Schlager er alle kannte! Nicht, dass ich etwas gegen das Pub hier habe, ganz und gar nicht, das Bier ist Spitze, aber ich vermisse doch das alte Bräutigams. Das hatte so etwas

an sich. Das hatte Klasse. Und wie er spielte. Einfach spitze. Er konnte alles. Musicals und Lieder, Klassisches und Schlager. Man brauchte ihn nur zu fragen, dann nickte er und legte los. Ein Spitzenmann. Der gleiche Name wie ein Ringer. Immer höflich und zuvorkommend. Ich erinnere mich noch besonders daran, wie ...«
»Danke für die Information«, unterbrach Ola Nielsen ihn schroff. »Wenn wir mehr wissen wollen, lassen wir es Sie wissen. Ansonsten möchten wir bitte in Ruhe gelassen werden. Ist das nicht Spitze?«
Und dann wandte er dem Plappermaul demonstrativ den Rücken zu.
Der Abservierte stand beleidigt auf und ging murmelnd von dannen.
»Da möchte man nur freundlich sein und dann ...«
Er verschwand.
»Na, habe ich ihn nicht *spitze* abgefertigt?«, fragte Ola in einer perfekten Imitation des knarrenden Göteborger Akzents des Alten.
Simon lächelte etwas gequält. Tatsächlich war ihm die Situation unangenehm – Ola hätte den Greis nicht derart abfertigen müssen. Er hatte doch niemanden gestört, nur jemanden gesucht, der ihm zuhörte, jemanden, mit dem er sich unterhalten konnte.
Eigentlich hatte er gerade gehen wollen, musste jetzt aber noch eine Weile warten. Ein Aufbruch konnte sonst als Protest gegen Olas Abfertigung des Friedensstörers angesehen werden, und es war nicht nötig, irgendwelche Misstöne aufkommen zu lassen. Also blieb er noch sitzen. Durch das Fenster konnte er sehen, wie die Fußgänger sich gegen den eisigen Wind stemmten. Die meisten hatten ihre Mantelkragen hochgeschlagen, fast alle gingen vorgebeugt, um den Wind mit dem Kopf und den Schultern abzufangen.

Bei so einem Wetter war es schön, gemütlich drinnen zu sitzen.
Eine neue Runde Fassbier wurde bestellt.
Eine halbe Stunde später schaute ihn Ola mit vom Alkohol feuchten Augen an. Sein Blick war etwas diffus und die Stimme etwas verschliffen.
»Weißt du was? Du hast gar keine Zinsen für deinen Kredit gekriegt. Die sollst du haben.«
»Oh, nein. Du hast doch sowieso die meisten Runden heute Abend geschmissen.«
»Das würde ja auch nur noch fehlen! Ich möchte dir gern einen Dienst erweisen, als Dank dafür, dass du mir geholfen hast, als ich in Not war.«
»Vergiss es.«
»Ich meine das ernst. Sag, was du möchtest, ich werde es ausführen.«
»Bestehst du wirklich darauf?«
»Ja, ich bestehe darauf«, nickte Ola Nielsen mit vernuschelter Stimme.
»Okay. Dann würde ich mir wünschen, dass du die beiden Typen erledigst, die meinen Bruder fertig gemacht haben.«
»Betrachte es schon als erledigt«, sagte Ola, beugte sich über den Tisch und griff mit fester Hand nach Simons Arm.
»Ich habe nur Spaß gemacht.«
»Rede lieber weiter. Ich bin neugierig.«
Warum mache ich das?, fragte Simon sich. Daniels Schicksal war nun wirklich nichts, was einen Außenstehenden interessieren würde.
Trotzdem hörte er sich gleich darauf die ganze Geschichte erzählen, er schilderte, wie sein Bruder (der zuvor immer nur wegen Bagatellen verurteilt worden war) nach einem Drogenvergehen im Knast landete und dass das der Anfang vom Ende gewesen war. Daniel hatte sich von dem ersten

Knastaufenthalt, dem weitere folgen sollten, nie wieder erholt. Und er hatte auch niemals die Männer vergessen, die ihn damals eingebuchtet hatten; insbesondere zwei waren es, die er über alle Maßen hasste, ein Kommissar und ein Staatsanwalt. Er behauptete, die beiden hätten ihn reingelegt, hätten ihm eine Falle gestellt, damit sie einen Sündenbock vorweisen konnten. Simon selbst wusste nicht, ob das nun stimmte oder nicht. Er kannte den Fall nicht so genau, konnte nur von den Worten seines Bruders ausgehen.

»Ich bin zwar kein Musterknabe«, war eine von Daniels Standardphrasen gewesen, »aber ich habe mich nicht dessen schuldig gemacht, wofür diese Banditen mich eingebuchtet haben. Es gibt eine Sache, die ich lieber als alle anderen noch erledigen würde, bevor ich sterbe, und das wäre, mich an diesen Schweinen zu rächen.«

Der Kommissar und der Staatsanwalt hatten ihn in Verbitterung sterben lassen. Die Krankheit hatte ihn so hart mitgenommen, dass er am Ende nur noch ein Knochengerüst gewesen war.

»Ich habe ihn nicht wieder erkannt, als ich ihn eine Woche, bevor er abgekratzt ist, besucht habe. Nur ein Glück, dass unsere Mutter ihn die letzten Monate nicht mehr gesehen hat. Das hätte sie nicht ertragen. Sie ist immer so empfindlich gewesen und hat mit Daniels Vater die Hölle durchmachen müssen. Es ist klar, nach wem Daniel geschlagen ist. Ich bin froh, dass ich den Namen gewechselt habe. Das hätte ich verdammt noch mal schon viel früher machen sollen, aber ich wollte meinen Bruder nicht verletzen. Jetzt lebt unsere Mutter in Sundsvall, nach einem Schlaganfall letzte Weihnachten ist sie an den Rollstuhl gefesselt, und Daniel hat hier in einem Krankenhaus gelegen. Oder genauer gesagt in Mölndal.«

Simon erzählte und schmückte aus, und als er endlich fertig war, bereute er seine Offenheit. Wenn er nicht so angeschlagen gewesen wäre, hätte er nie seine ganzen Familienangelegenheiten aufs Tapet gebracht. Es konnte ja wohl für einen vollkommen Fremden kaum besonders interessant sein, sich seine Lebensgeschichte anhören zu müssen.
Aber Ola Nielsen schien aufmerksam zuzuhören, er unterbrach Simon nicht ein einziges Mal.
Als er schließlich doch das Wort ergriff, fragte er mit einer plötzlich vollkommen klaren und deutlichen Stimme:
»Sie heißen also Sten Wall und Bill Elfvegren?«
»Ja, genau.«
»Und das Ganze ist Ende der Achtziger in Stad passiert?«
»Gegen Ende oder Mitte der Achtziger, daran erinnere ich mich nicht mehr so genau.«
»Wenn ich dich recht verstanden habe, dann war es der größte Wunsch deines Bruders, dass sie für das büßen sollten, was sie getan haben?«
»Das war sein *letzter* Wunsch«, dramatisierte Simon.
»Dann soll er kriegen, was er sich wünscht.«
»Was soll das heißen?«
Ola Nielsen sah ihn verwundert an.
»Das soll natürlich heißen, dass ich sie für ihn umbringen werde. Warum fragst du so merkwürdig?«
Zuerst war er überrascht:
»Sie umbringen?«
Dann wurde ihm klar, dass der andere seine Späße trieb:
»Ja, ja, mach nur. Das geschieht ihnen ganz recht. Gib ihnen, was sie verdienen.«
»Genau das werde ich tun. Für deinen Bruder. Und für dich. Weil du mir geholfen hast, einem vollkommen Unbekannten, als ich eine helfende Hand brauchte.«
Simon klopfte seinem neuen Freund auf die Wange.

»Du bist wirklich stark«, sagte er. »Noch eine Runde?«
»Warum nicht? Aber nur, wenn ich sie bezahlen darf.«
Simon kam mit dem Bier zum Tisch zurück, und Nielsen beugte sich mit verschmitzter Miene vor.
»So, jetzt haben wir beide ein Geheimnis miteinander.«
»Das haben wir.«
»Darauf trinken wir.«
Sie ließen die Gläser gegeneinander klingen, dass der Schaum über den Rand schwappte.
»Du musst eines wissen«, sagte Nielsen feierlich, »ich bin wirklich der Freund meiner Freunde.«
»Und deiner Feinde?«
Die Antwort war ein breites Lachen. Aber dann strafften sich die Gesichtszüge erneut, bekamen einen Anstrich von Ernst. Simon redete sich ein, dass es keinen Grund gab, auf der Hut zu sein, aber etwas in ihm ermahnte ihn dennoch zu besonderer Wachsamkeit.
Als er nach seiner eigenen kriminellen Karriere gefragt wurde, schob er die Frage abfällig beiseite.
»Ach, das war nichts. Und außerdem ist das schon so lange her.«
»Aber du hast doch gesagt …«
»Nur Lappalien. Bagatellen. Mein Bruder, nicht ich, ist wegen härterer Dinge angeklagt worden. Und wie gesagt, was mich betrifft, ist das schon lange vergessen.«
»Wie gut. Dann trinken wir auf die Erinnerung an deinen Bruder!«, rief Nielsen aus und hob seinen Krug hoch über den Kopf.
Eine halbe Stunde später verabschiedete Simon sich von seinem neuen Freund. Als er dem Ausgang zustrebte, wurde er von dem Plappermaul im Karoanzug angehalten. Der Alte meinte:
»Dein Freund hat kein Spitzenbenehmen. Solch unhöfli-

ches Verhalten gab es früher hier nicht, jedenfalls nicht zu Bräutigams Zeiten.«

»Ach, wirklich?« Kärr zuckte mit den Achseln und ging weiter.

Während seines etwas schlingernden Heimwegs zum Robinson verwarf er die Pläne, sich für die Nacht noch Gesellschaft zu suchen. Das musste bis morgen warten. Es wäre schön, noch mal richtig loszulegen, bevor er an Bord ging. Denn dann würde es gewiss eine ganze Weile dauern, bis sich die nächste Gelegenheit bot.

Natürlich hing alles davon ab, wie er sich beim Aufwachen fühlte. Ihm schwante Übles, und wenn es ihm zu schlecht ging, musste er wohl darauf verzichten, sich während seines Göteborgaufenthalts ein Frauenzimmer zu besorgen. So wichtig war es nun auch nicht. Da war es schon wichtiger, dass er wieder fit wurde.

Glücklicherweise sollte es erst am Donnerstag losgehen. So konnte er sich noch rechtzeitig vor der Abfahrt kurieren, und dann wollte er keinen Tropfen Alkohol mehr zu sich nehmen, bis er wieder in Sundsvall ankam.

Aus Prinzip trank er keinen Alkohol (mit Ausnahme von Leichtbier) auf hoher See.

Er kam ohne Probleme in seiner Nachtherberge an und warf sich, so wie er war, aufs Bett. Er schaffte es gerade noch, sich die Schuhe abzustreifen.

Beim Einschlafen widmete er Ola Nielsen noch ein paar nebelhafte Gedanken.

Wall und Elfvegren zu töten! Was für eine krankhafte Idee! Was für eine Suffphantasie!

Dieser Nielsen war wirklich ein Verrückter.

Aber ein netter Verrückter.

Er tauchte mitten in der sicheren Gewissheit ab, nie wieder etwas von Ola Nielsen zu hören.

Jetzt

Simon Back

»Jedes einzelne Wort ist wahr, aber es klingt vollkommen absurd, nicht wahr?«
Während seiner vielen Jahre im Polizeidienst war Wall schon mit den absurdesten Dingen konfrontiert worden, doch er musste zugeben, dass dies hier so ziemlich das Merkwürdigste war, was er je gehört hatte.
Trotzdem sagte er:
»Ich habe schon Verrückteres gehört.«
»Dann glauben Sie also nicht, dass ich Ihnen da eine richtige Räubergeschichte zusammengeschustert habe?«
»Warum sollte ich?«
»Aber Sie sind doch auch der Meinung, dass es vollkommen krank klingt«, bemerkte Simon Back mit einem Zögern in der Stimme. »Ich kannte den Kerl ja gar nicht. Und jetzt komme ich nach Hause und muss von dem Mord an Bill Elfvegren lesen. Mir ist der kalte Schweiß ausgebrochen.«
»Sicher ist das ein starkes Stück«, gab Wall zu. »Sie haben einer fremden Person mit einer kleineren Summe ausgeholfen, und als Dank dafür wollte der Ihnen einen Gegendienst erweisen. Da haben Sie vorgeschlagen, dass er …«
»Nur aus Spaß natürlich. Ich konnte doch nicht ahnen, dass der Verrückte das ernst nehmen würde.«
»Sie haben ihm also vorgeschlagen, er solle sich Elfvegren und mich vornehmen, um Ihren toten Bruder zu rächen, und selbstverständlich haben Sie keine Sekunde daran gedacht, dass dieser Nielsen es ernst meinte, als er sagte, er würde uns umbringen.«
Simon Back nickte zustimmend, während er sich ein Bild von der Person zu machen versuchte, mit der er redete. In seiner Vorstellung war Wall ein kräftiger, hoch gewachse-

ner Mann mit eisengrauem Haar und imposanter Ausstrahlung. Seine Stimme verriet Autorität.

»Ungefähr so war es«, erklärte er, als er einsah, dass es nicht besonders geschickt war, sich bei einem Telefongespräch mit Hilfe von Gesten mitzuteilen.

Der Kommissar fragte:

»Warum haben Sie keinen Kontakt mit der Polizei aufgenommen? Warum sind Sie nicht direkt zu mir gekommen?«

»Ich bin erst vor ein paar Tagen zurückgekommen, und da habe ich übrigens auch erfahren, dass meine Namensänderung über die Bühne gegangen ist, auch ganz offiziell, wenn Sie wissen, was ich meine. Da hatte ich noch keine Ahnung, dass dieser Staatsanwalt ermordet worden ist. Aber heute Morgen habe ich angefangen, die alten Zeitungen durchzusehen, das mache ich immer, wenn ich von einer Fahrt zurückkomme. Überfliege die Artikel, um das Wesentliche mitzukriegen. Und da habe ich von dem Mord an Elfvegren gelesen. Mir war sofort klar, dass das der Wahnsinnige gewesen sein musste, der sein Versprechen eingelöst hat, und dass Sie als Nächster an der Reihe sind. Wenn ich ehrlich sein soll, dann fürchtete ich, dass er Sie auch schon erwischt hätte. Und weil bei Ihnen keiner ans Telefon gegangen ist, wuchs meine böse Ahnung. Aber ich hatte darüber nichts in den Zeitungen gefunden, und glücklicherweise habe ich Sie ja jetzt doch noch erwischt.«

»Ich muss die Frage wiederholen: Warum sind Sie nicht zur Polizei gegangen? Warum haben Sie wertvolle Zeit verstreichen lassen?«

»Trotz allem war ich mir nicht vollkommen sicher. Ich hätte mich ja doch irren können, und in dem Fall wollte ich keinen unnötigen Kontakt mit der Polizei. Ich habe früher so einige Dummheiten gemacht, vor langer Zeit, und es schien mir idiotisch, eventuell alte Wunden wieder aufzureißen. Die Leute kommen so schnell auf alle möglichen Gedanken.«

»Aber ich bin auch Polizeibeamter, das wissen Sie doch.«

Simon Back zögerte. Er konnte schlecht sagen, dass er den anderen eher als mögliches Opfer denn als Polizisten ansah.

»Ich dachte, es sei wichtiger, erst einmal mit Ihnen zu sprechen. Sie zu warnen.«

»Wofür ich Ihnen dankbar bin«, betonte Wall und bat dann um eine Personenbeschreibung von Ola Nielsen.

Back schloss die Augen und versuchte sich das Bild der Person vor Augen zu holen, mit der er im Frühjahr ein paar Abendstunden durchzecht hatte. Aber die verflossenen Wochen hatten seine Erinnerung getrübt, und er konnte nur eine vage, ganz allgemeine Beschreibung abgeben. Ola hatte auch keine besonderen Kennzeichen wie einen Bart, eine Tätowierung, Narben oder eine auffällige Frisur gehabt.

Er war nicht zufrieden mit dem, was er da zustande brachte, Wall hingegen schien es zu genügen.

Die gebieterische Telefonstimme fragte:

»Sind Sie sich sicher, dass er wirklich Ola Nielsen heißt?«

»Woher soll ich das denn wissen?«, gab er zurück. »Der Kerl konnte sich doch was weiß ich wie nennen, aber ich wüsste nicht, warum er unter falscher Flagge hätte segeln sollen.«

»Okay, jetzt kümmere ich mich um die Sache. Ich melde mich bei Ihnen, sobald etwas passiert. Wir müssen diesen Ola Nielsen erwischen, oder wie er sich jetzt auch nennen mag, und das möglichst bald.«

»Darf ich Ihnen eine Frage stellen?«

»Aber bitte.«

»Dieser Prozess vor ungefähr zehn Jahren …?«

»Ja?«

»Hatte mein Bruder Recht? Ich meine, besteht wirklich die Möglichkeit, dass er fälschlicherweise im Knast gelandet ist?«

»Nein. Nicht nach dem, was ich weiß. Er hat sich damals wirklich eines schweren Verbrechens schuldig gemacht, und wir hatten gar keine andere Wahl. Aber das Urteil und die Prozessprotokolle können Sie nachlesen, wenn es Sie interessiert.«

»Ach nein, ist schon egal.«

Simon spürte, wie der Hörer in seiner Hand vor Schweiß rutschig wurde. Er wechselte die Hand. Er hatte noch eine weitere Frage, konnte sich aber nicht überwinden, sie zu stellen. Es wäre wichtig zu wissen, ob Wall während seines Urlaubs in einen Unfall verwickelt gewesen war, ob Ola Nielsen bereits einen Versuch gestartet hatte, ihn umzubringen. Aber dann hätte Wall das sicher im Gespräch schon erwähnt.

Vielleicht reichte es Ola ja, Elfvegren ermordet zu haben, oder vielleicht war es trotz allem doch nicht er gewesen, der den Staatsanwalt getötet hatte, und er, Simon, hatte seiner Phantasie allzu freien Lauf gelassen.

Aber im tiefsten Inneren glaubte er das nicht. Keine Sekunde lang. Es war etwas Echtes an Ola Nielsen gewesen, etwas erschreckend Ernstes an seiner Art, ihm zu versichern, dass er Simons Hilfsbereitschaft entlohnen würde, indem er die beiden Personen ermordete, die Daniel so von Herzen gehasst hatte. Damals war ihm das so grotesk erschienen, dass er nicht einmal darüber nachgedacht hatte, ob dieses Versprechen (oder besser gesagt diese Drohung) ernst gemeint sein könnte.

Was *er* selbst für Ola getan hatte, war eigentlich gar nichts: Er hatte ihm mit einem Kredit von zweihundert Kronen aus einer peinlichen Situation geholfen. Das war alles.

Was *Ola* dagegen ihm angeboten hatte, war so unglaublich, dass kein normaler Mensch es als etwas anderes als die hohlen Phrasen eines schnapsumnebelten Individuums angesehen hätte.
»Sind Sie noch dran?«
Back zuckte zusammen.
»Ja. Ich hoffe, alles regelt sich. Vielleicht habe ich mich ja auch geirrt. Elfvegren kann ja auch aus ganz anderen Gründen erschossen worden sein, und dann gibt es keinerlei Risiko für Sie.«
»Das wird sich bald zeigen«, sagte Wall. »Ich muss jetzt dringend einige Telefonate führen. Aber ich bin Ihnen äußerst dankbar dafür, dass Sie mich angerufen haben.«
»Ist schon in Ordnung«, versicherte Simon Back. »Lassen Sie mich zum Schluss nur noch eine Sache sagen. Ich habe wirklich geglaubt, dass Ola nur einen Scherz gemacht hat, als er sagte, er wolle Elfvegren und Sie ermorden. Das müssen Sie mir glauben. Wenn ich auch nur den geringsten Verdacht gehegt hätte, er könnte meinen, was er sagte, hätte ich natürlich sofort Alarm geschlagen.«

Der Mörder

Nur zwei Fenster des alten, heruntergekommenen Mietshauses in der Bergsgatan waren erleuchtet. Er hatte sich ausgerechnet, dass das Licht aus Sten Walls Wohnung kommen musste. Alle anderen Wohnungen waren dunkel.
Er rieb sich zufrieden die Hände.
Es konnte nicht besser laufen.
Sicher, die Bergsgatan lag zentral, nur ein paar Ecken vom Stortorget entfernt, war aber dennoch relativ ruhig. Hinter dem düsteren Gebäude gab es einen kleinen, nahezu unbeleuchteten Park, und genau gegenüber dem Mietshaus stand ein baufälliger Bretterzaun, dem ein neuer Anstrich gut getan hätte: Die Farbe war an mehreren Stellen abgeblättert.
Nie hätte er gedacht, dass der Kommissar so wenig standesgemäß wohnen würde, aber es war ja möglich, dass die Wohnung selbst ansehnlicher war, als das Äußere vermuten ließ. Auf jeden Fall war es ein Kontrast zu der protzigen Villa des Staatsanwalts in Norrviken.
Er spürte zweifellos größere Sympathie für Wall als für den anmaßenden Elfvegren, was ihn aber nicht daran hindern würde, seine Aufgabe zu erledigen. Er verabscheute halbe Sachen. Und nach den Fehlschlägen auf Bornholm war es umso notwendiger, dass er diesmal Erfolg hatte.
Sten Wall musste zum Schweigen gebracht werden. Für alle Zeiten. Sonst könnte es ihm selbst übel ergehen, und er hatte nicht die Absicht, sich schnappen zu lassen.
Sein Selbstvertrauen hatte ihn nicht verlassen. Da ihm Job und Familie fehlten, gab es niemanden, der ihn kontrollierte. Finanziell war er nach der unerwarteten Erbschaft nahezu unantastbar – hatte der Alte, der doch immer so geizig gewesen war, im Pferderennen oder im Lotto gewon-

nen? Oder handelte es sich nur um das Ergebnis eines lebenslangen Anhäufens von Spargroschen? Dieses jämmerliche Bekleidungsgeschäft hatte ihm doch wohl nicht wirklich solche großen Summen verschaffen können? Wie auch immer, es befand sich reichlich Geld auf seinen Bankkonten. Eines war sicher: Während seines eigenen Lebens hatte sein Vater weder sich selbst noch dem Sohn besonders viel gegönnt. Und was hatte der Geizkragen jetzt von seiner extremen Sparsamkeit?

Einen Augenblick lang zog ein Zug der Verachtung über das Gesicht des Mannes, der im Schatten des Bauzauns stand und ununterbrochen das Haus auf der anderen Straßenseite beobachtete.

Er war am Tag zuvor in der Gegend angekommen und hatte sich sicherheitshalber in einem Motel viele Kilometer von Stad entfernt einquartiert. Dann war er zu seinem Zielort gefahren, um alles auszukundschaften. Er hatte geplant, das triste Motel später am Abend zu verlassen und in eine Nachbarstadt in entgegengesetzter Richtung zu fahren, um dort etwas Neues zu finden – es war wichtig, in Bewegung zu bleiben und nicht in irgendwelche Routinen zu verfallen, die aufgespürt werden konnten.

Er war davon ausgegangen, dass Wall erst mal nicht in Stad erscheinen würde; aber dann war der fette Kommissar zu seiner freudigen Überraschung doch heute Morgen schon aufgetaucht. Perfekt. Je früher er zuschlug, umso besser. Es war reiner Zufall gewesen, dass Wall ihn nicht entdeckt hatte, als dieser ganz unerwartet um die Ecke am Postamt geschlendert kam. Er konnte sich gerade noch verstecken, bevor der andere ihn bemerkte.

Anschließend war er ihm gefolgt, in gehörigem Abstand: zur Bibliothek, zum Kiosk am Stortorget und, jetzt am Abend, zu einem Haus im alten Teil der Stadt.

Während Wall sich dort aufhielt, hatte er das Haus überprüft, in dem Wall wohnte. Im unteren Teil des Hauses waren Büroräume, die offenbar nach siebzehn Uhr nicht mehr benutzt wurden.

Daneben gab es nur zwei Wohnungen in Walls Treppenaufgang. Und die andere stand leer – zumindest den gardinenlosen Fenstern nach zu urteilen.

Die übrigen Wohnungen des Hauses hatten ihren Eingang um die Ecke. Von dort hatte er nichts zu befürchten.

Eine Weile hatte er mit dem Gedanken gespielt, den Kommissar in dem dunklen Hauseingang anzugreifen, ein Platz, der für einen Hinterhalt wie geschaffen war.

Aber dann war ihm eine raffiniertere Idee gekommen: An der Wohnungstür zu klingeln und Wall zu überrumpeln.

Der Polizist würde von dem Wiedersehen reichlich überrascht sein, und diese Sekunden der Verwirrung würde er zu nutzen wissen.

Das Stilett war gezückt; als er es vorsichtig vor sich hielt, blitzte es kurz im Licht eines vorbeifahrenden Autos auf.

Der Gedanke, das Opfer in seiner eigenen Höhle zu töten, erschien ihm äußerst verlockend. Eine Kraftprobe, ein Zeichen äußerster Frechheit und eines außergewöhnlichen Mutes.

Jetzt war es schon zwanzig Minuten her, seit Sten Wall von seinem Besuch in dem niedrigen gelben Haus im alten Stadtteil heimgekehrt war.

Um ganz sicherzugehen, gab er ihm noch eine weitere Viertelstunde.

Anschließend würde er freie Bahn haben.

Dann konnte er wohl auch das Risiko ausschließen, dass der Kommissar noch irgendwelche Abendgäste bekommen würde. Langsam wurde es spät.

Noch eine Viertelstunde.

Er zog sich Handschuhe an und bemerkte zu seiner Zufriedenheit, dass er vollkommen beherrscht war.

Er besaß die Kaltblütigkeit, die erforderlich war. Das hatte er schon früher bewiesen.

Diesmal würde es nicht schief gehen.

Bald, dachte er. Gleich.

Noch eine Viertelstunde, eine zusätzliche Sicherheitsspanne.

Nicht, weil er glaubte, das wäre notwendig, sondern weil er nun mal ein Perfektionist war.

Die beiden Fenster waren immer noch hell erleuchtet, und plötzlich flatterte ein Schatten hinter den Gardinen entlang.

Also war Sten Wall noch auf den Beinen.

Noch eine Viertelstunde.

Der Mörder lächelte.

Er fühlte sich siegesgewiss wie nie zuvor.

Sten Wall

Es war vermutlich das seltsamste Gespräch gewesen, das er je geführt hatte, und er zwang sich, tief durchzuatmen, um nicht die Selbstbeherrschung zu verlieren.
Keinen Augenblick lang zweifelte er an dem Wahrheitsgehalt dessen, was er gerade gehört hatte.
Was hätte sein Gewährsmann durch eine Lüge gewonnen? Es gab nichts, was darauf hindeutete, dass Simon Back, ob das nun sein richtiger Name war oder nicht, ihn nur angerufen hatte, um ihm eine konstruierte Geschichte aufzutischen.
Natürlich war es merkwürdig, fast unbegreiflich, dass jemand handeln konnte, wie Ola Nielsen es getan hatte, aber Wall war schon so lange im Spiel, dass er wusste, welch krankhafte Ideen die menschliche Psyche ausbrüten konnte. *Wenn* es stimmte (es war sicher besser, trotz allem nicht hundertprozentig kategorisch zu sein), hatten sie es mit einem ungeheuer kaputten Individuum zu tun, und dann befand er, Sten Wall, sich weiterhin in Gefahr. In allerhöchster Gefahr.
Und dann gab es auch Grund für den Verdacht, den er hinsichtlich Hanne Madsens Tod gehegt hatte: Sie war Opfer eines Überfalls geworden, der eigentlich jemand anderem zugedacht war – ihm selbst.
Hinzu kam der Anruf des »näheren Verwandten« in Göteborg: Die Teilchen rutschten an ihren Platz.
Bei dem Gedanken, dass er jetzt mit höchster Wahrscheinlichkeit Bill Elfvegrens Mörder im Visier hatte, bekam er weiche Knie. Eine Sekunde lang verdunkelte sich sein Blickfeld, und er musste die Hände zu Fäusten ballen, um die Kontrolle wiederzuerlangen.

Jetzt war keine Zeit mehr zu verlieren.

Während er Jan Carlssons Nummer wählte, sauste ihm eine Theorie durch den Kopf: Und wenn dieser Simon Back einen Mörder engagiert hatte, um den Tod seines Bruders zu rächen? Daniel Kärr hatte offenbar schließlich bis zu seinem letzten Atemzug einen glühenden Hass gegen die beiden Männer gehegt, die hauptverantwortlich dafür waren, dass er vor gut zehn Jahren im Gefängnis gelandet war.

Aber diese Idee verwarf er umgehend wieder. Warum um alles in der Welt sollte Back dann anrufen? Das hieße ja, seinem eigenen Interesse entgegenzuarbeiten.

»Jan Carlsson.«

»Gut, dass ich dich erwische«, sagte Wall aufgeregt. »Ich muss dich bitten, so schnell wie möglich zu mir zu kommen.«

Die Stimme des Kollegen verriet Besorgnis.

»Ist alles, wie es sein soll?«

»Nicht so ganz. Wie soll ich es ausdrücken?«

»Das klingt sehr kryptisch.«

»Jan, beeil dich herzukommen, bitte.«

»Kannst du nicht …«

»Das kann man nicht am Telefon besprechen. Du musst sofort herkommen.«

»Bin schon auf dem Weg.«

Sobald Wall den Hörer aufgelegt hatte, nahm er ihn von neuem hoch und tippte eine weitere Nummer ein.

Kurz darauf wurde sein Ohr von einer kultivierten, heiseren und erotischen Stimme getroffen:

»Ethel Boström, guten Abend.«

»Hallo, Ethel, hier ist Sten, ist Helge zu Hause?«

»Sten! Lange nichts von dir gehört. Hast du nicht noch Urlaub?«

Wall versuchte seine Ungeduld zu zügeln.

»Ich bin gestern zurückgekommen. Ja, ich …«
»Wie geht es dir?«
»Gut, danke. Du, Ethel, ist Helge zu Hause?«
»Leider nicht«, sagte die angenehme Stimme, die jetzt ihre Tonlage änderte. »Ich kenne dich gar nicht wieder, Sten. Ist wirklich alles in Ordnung?«
»Alles ist ganz prima, glaub mir.«
»Das muss ich dann wohl glauben«, sagte sie, ohne überzeugt zu klingen.
»Wo ist er?«
»Beim Rotarytreffen. Im Stadt-Hotel. Da treffen sie sich immer in den Barocksälen. Du kannst bestimmt im Hotel anrufen und sie bitten, dich durchzustellen. Wenn es etwas Wichtiges ist.«
»Danke, Ethel«, sagte Wall, »und bis bald.«
Er suchte im Telefonbuch, während er gleichzeitig überlegte, ob er nicht direkt im Revier anrufen sollte, bevor er weiter nach dem Distriktsleiter suchte.
Die Erregung in ihm wurde stärker. Es war, als würde ihm mit der Zeit immer bewusster werden, was diese Informationen von Simon Back *tatsächlich* bedeuteten.
Wenn alle Angaben den Tatsachen entsprachen, dann hatten sie die Spur von Bill Elfvegrens Mörder aufgenommen, der außerdem der gleiche Mann zu sein schien, der den tragischen Tod einer jungen Frau, eines jungen dänischen Lauftalents, verursacht hatte und der auf der Jagd nach einem weiteren Opfer war.
Der Kommissar stand auf und lief um den Tisch herum. Er fühlte sich matt, hatte weiche Knie, war aber gleichzeitig auch geradezu in Hochform.
Er musste jetzt handeln. Er musste seine Kollegen über das Erfahrene in Kenntnis setzen. Und zwar schnell. Direkt.
Er ging zum Telefon zurück, um das Polizeirevier anzu-

rufen, und überlegte, wer wohl Dienst hatte. Carl-Henrik Dalman? Terje Andersson? Algot Malmström? Hoffentlich war es Thure Castelbo.
Er nahm den Hörer ab.
Da klopfte es an der Tür.
Wall runzelte die Stirn. War Jan Carlsson schon da? Dann musste er aber einen reichlichen Spurt eingelegt haben – es war doch erst wenige Minuten her, seit sie miteinander gesprochen hatten.
»Bist du es, Jan?«
Keine Antwort.
Er hat mich nicht gehört.
Wall machte sich nicht die Mühe, die Frage zu wiederholen. Er schloss auf und konnte im unbeleuchteten Treppenhaus zunächst nichts erkennen.
Aber er bemerkte eine Bewegung im Dunkel, und dann meinte er die Stimme wieder zu erkennen, auch wenn er sich nicht ganz sicher war.
»So sehen wir uns also wieder. Ich dachte, ich schaue mal bei dir rein, wenn ich schon hier in der Gegend bin.«
Der Besucher trat einen Schritt vor und kam in Walls Blickfeld.
Wall hatte ihn schon einmal gesehen. Vor gar nicht langer Zeit. In Allinge.
Auf der Türschwelle stand der schwedische Vogelfreund und lächelte ihn freundlich an.
Die eine Hand hatte er hinter dem Rücken verborgen, als würde er dort einen Blumenstrauß versteckt halten.

Jan Carlsson

»Willst du noch weg? So spät?«
Gun Carlsson schaute ihren Gatten verwundert an, während dieser an der Haustür stand und sich seinen löwengelben Sommerblazer überzog.
»Sten hat angerufen, er will mich unbedingt sehen.«
»Jetzt?«
Er nickte.
»Aber ihr habt doch den ganzen Abend draußen auf der Terrasse gesessen und euch unterhalten.«
»Er hat gesagt, er müsse mir etwas Wichtiges erzählen.«
»So wichtig kann es doch nicht sein, dass ihr es nicht am Telefon besprechen könntet. Ruf ihn doch lieber an.«
»Er möchte, dass ich zu ihm komme. Und er hat mich ausdrücklich darum gebeten, mich zu beeilen. Es ist offensichtlich dringend.«
»Ihr wollt doch wohl nicht in die Kneipe?«, fragte sie misstrauisch.
»Gun!« Jan Carlsson versuchte seine Wut im Zaum zu halten. »Meine Güte! Begreifst du denn nicht, dass es wichtig sein muss? Kapierst du das nicht? Sonst hätte er mich doch wohl nicht angerufen. Du hättest ihn hören sollen. Er klang ganz aufgeregt, fast ein wenig hysterisch.«
Sie lief zu ihm und gab ihm einen Kuss auf die Wange.
»Verzeih mir. Aber dann mach, dass du loskommst! Und grüße Sten von mir.«
Jan Carlsson ging mit schnellem Schritt, fast lief er. Kurz hatte er überlegt, ob er das Auto nehmen sollte, aber eigentlich war er zu Fuß genauso schnell in der Bergsgatan, als wenn er ein Transportmittel nahm. Abgesehen vom Fahrrad natürlich. Aber das stand im verschlossenen Geräte-

schuppen im Hinterhof, und es hätte zu lange gedauert, ihn aufzuschließen und das Rad herauszuholen.

Als er den Stortorget überquerte, stellte er fest, dass nicht mehr besonders viele Menschen unterwegs waren. Aus einigen Straßencafés waren noch Stimmen zu hören, und ein paar Jugendliche teilten vor dem Torg-Grill irgendwelche heißen Köstlichkeiten untereinander auf. Ansonsten lag die Stadt ungewöhnlich still da, wenn man bedachte, dass Hochsaison herrschte. Außerdem war der Abend sehr schön. Eine sanfte Brise spielte mit den Markisen und den Linden am Springbrunnen, und es war so mild, dass die meisten Cafégäste in ärmellosen Shirts dasaßen.

Ein paar Minuten später zwängte er sich durch einen Spalt in dem baufälligen Bretterzaun zwischen der Köpmansgatan und der Bergsgatan. Er hatte ein schnelles Tempo vorgelegt, er spürte, dass er anfing zu schwitzen.

Sten hatte aufgeregt geklungen. Etwas musste passiert sein, seit sie früher am Abend miteinander geredet hatten. War etwas vollkommen Neues aufgetaucht? Oder war Sten nur etwas eingefallen, das zu erwähnen er während ihres Gesprächs auf der Terrasse vergessen hatte?

Bald würde er eine Antwort auf seine Fragen bekommen.

Er war angekommen.

Die Hoftür quietschte leise, als er sie öffnete.

Es war rabenschwarz im Durchgang, und Jan Carlsson musste sich an der Wand entlangtasten, bis er den Eingang zum Hausflur fand.

Er fühlte sich unwohl, irgendwie spürte er plötzlich, dass etwas Unangenehmes passiert war.

Oder gleich passieren würde.

Er reagierte, ohne zu zögern.

Mit der rechten Handkante zielte er auf die Halsseite des anderen. Der Treffer war alles andere als perfekt, und der Ornithologe hielt ihm stand. Er schlug noch einmal zu, so heftig er konnte, und hörte dabei das eklige Klicken eines Stiletts.

Diesmal wankte der Angreifer. Schmerzerfüllte Laute ausstoßend, suchte er sein Gleichgewicht zu halten, während er gleichzeitig bedrohlich mit dem Messer zustieß. Wall warf sich vor und zwang den anderen zu Boden. Im Fallen spürte er einen scharfen Schmerz in seinem Arm, und ihm war klar, dass der von dem Stilett herrührte. Die Angst verlieh ihm zusätzliche Kräfte. Es gelang ihm, das rechte Handgelenk des Mannes zu packen, und er versuchte, ihm die Waffe aus der Faust zu winden.

Aber der andere schien sich von dem überraschenden Empfang schnell erholt zu haben, und jetzt rang er mit tierischer Stärke mit seinem Gegner. Zu Tode erschrocken, spürte Wall, dass seine Kräfte schwanden. Sein Keuchen wurde immer lauter, als er darum kämpfte, den Vogelfreund auf Abstand zu halten. Er durfte unter keinen Umständen in Panik geraten, musste alles daransetzen, den Mann, der auf sein Leben aus war, zu entwaffnen.

Er versuchte aus dem Nahkampftraining, dem er sich in jüngeren Jahren unterzogen hatte, Nutzen zu ziehen, aber diese Zeiten lagen inzwischen so weit zurück, dass er das meiste vergessen hatte. Das Messer war seinem Gesicht bedrohlich nahe gekommen, aus dem Augenwinkel sah er es direkt neben seiner Wange blinken.

Wie lange würde er es schaffen, Widerstand zu leisten? Der Mann, der ihn überfallen hatte, war jünger und stärker als er und außerdem offenbar äußerst gewalttätig.

Vielleicht war es nur noch eine Frage von Sekunden, bis er sich ergeben musste. Der Kommissar biss die Zähne zusammen und kämpfte fieberhaft darum, die Entschlossenheit wiederzugewinnen, die er vorher gehabt hatte. Aber jetzt war der Ornithologe über ihm. Der verbissene Kampf schien entschieden. Der Gedanke, dass alles gleich zu Ende sein würde, ließ ihn seine letzten Kraftreserven mobilisieren, und er drückte den Angreifer an die Wand. Vor Anstrengung wurde ihm schwarz vor Augen. Seine Arme schienen gefühllos zu werden, jegliche Kraft zu verlieren.

Nützte es etwas, wenn er um Hilfe schrie?

Wohl kaum. Wer sollte ihn denn hören?

Aber irgendetwas musste er tun, bevor es zu spät war.

Er öffnete den Mund. Gerade als er mit seiner letzten Kraft losbrüllen wollte, hörte er den Widerhall von Schritten im Treppenhaus. Die Rettung? Der Ornithologe drehte den Kopf, um zu sehen, wer die Treppe heraufgehastet kam. Es war nur ein kurzer Moment der Unachtsamkeit, aber mehr war nicht nötig für Wall, um sich aus seiner misslichen Lage zu befreien.

Er beugte sich vor und biss in die Hand, die das Messer hielt, biss so fest er konnte zu. Er bekam den Geschmack von Blut in den Mund, während der andere vor Schmerz kurz aufschrie.

Das Stilett war auf den Boden gefallen. Es lag direkt vor Walls Füßen.

»Du Teufel! Du wirst nicht …«

Der Mann brach ab, als er von Jan Carlsson getroffen wurde. Dieser schlug gleich zwei Mal gezielt zu.

Es klang, als würde einem Ballon die Luft ausgehen, als Nielsen mit dem Rücken zur Wand zu Boden sank. Er starrte dumpf vor sich hin und hielt sich mit der linken Hand den Bauch.
Im nächsten Moment hatte Carlsson ihm die Arme auf den Rücken gedreht.
»Jetzt bleibst du ganz brav hier liegen«, zischte er mit einer so verzerrten Stimme, dass Wall sie nie hätte identifizieren können.
Ganz brav.
Unter normalen Umständen hätte Wall über eine derartige Formulierung gelacht. Aber jetzt war er viel zu benommen und erleichtert, um sich darum zu kümmern, was in seiner Nähe gesagt wurde.
Benommen von einer der schlimmsten körperlichen und mentalen Anstrengungen, denen er jemals ausgesetzt gewesen war.
Erleichtert, weil er im Großen und Ganzen mit heiler Haut einer bedrohlichen Situation entkommen war. Zwar brannte es etwas an der Stelle, wo er in den Arm gestochen worden war, aber er wusste, dass das nichts Ernstes war, wahrscheinlich nur ein Ratscher.
Viel später, als er ins Bett ging, dachte er mit Demut und Dankbarkeit daran, dass das Schicksal an diesem dramatischen Abend auf seiner Seite gewesen war.
Wenn Simon Back nur eine halbe Stunde später angerufen hätte!
Dann wäre er mit größter Wahrscheinlichkeit von dem Angreifer überrumpelt worden, dann hätte dieser genau den Vorsprung gehabt, mit dem er logischerweise gerechnet haben musste, als er den Angriff plante.
Und dann hätte er ja auch keine Hilfe von Jan Carlsson bekommen.

**Mit anderen Worten: Er hatte es einem Telefongespräch zu verdanken, dass er noch lebte.
Einem Telefongespräch zur rechten Zeit.**

Silja Westin

Eine leichte Übelkeit durchfuhr sie, und sie war gezwungen, die Damentoilette aufzusuchen. Sie blieb dort sitzen, bis das schlechte Gefühl vorüberging.

Ein paar Sekunden lang fürchtete sie, sie könnte schwanger sein, was wirklich in allerhöchstem Maße unpassend wäre, da sie doch vor noch nicht einmal drei Wochen erst mit ihrem Freund Schluss gemacht hatte. Aber Unvorsichtigkeit war nicht gerade eine ihrer Charaktereigenschaften, und als sie die Tage zählte, sah sie ein, dass eine unerwünschte Schwangerschaft mit höchster Wahrscheinlichkeit auszuschließen war.

Der Gedanke munterte sie auf.

Silja Westin betrachtete sich im Spiegel und stellte fest, dass sie auffallend blass war. Sie war Make-up gegenüber skeptisch eingestellt und hielt nichts von Rouge auf ihren Wangen. Dafür legte sie gern ein bisschen diskreten Puder auf die glänzende spitze Nase, um deren Blitzen zu dämpfen.

Sie war achtundzwanzig Jahre alt, und man prophezeite ihr eine traumhafte Karriere. Ihr Jurastudium hatte sie in Rekordzeit und mit Bravour absolviert; sie hatte schon immer eine hervorragende Auffassungsgabe besessen.

Nach einer zweijährigen Anstellung bei der Staatsanwaltschaft in Stad sah sie die Zeit gekommen für einen Aufbruch. Sie sehnte sich nach Stockholm und plante, in nächster Zeit ihre Fühler auszustrecken, von den Kontakten ausgehend, die sie bereits hatte knüpfen können.

Yngve Brockman konnte sagen, was er wollte. Sie war der Meinung, dass sie in diesem Kaff schon genügend geleistet hatte, sie wollte weiterkommen. Stad war ihr zu klein und zu muffig. Aber ihr war klar, dass es schwierig werden wür-

de, ihren Chef davon zu überzeugen. Brockman war ein Siegertyp, ein Kämpfer, und sie wusste, dass er mit Krallen und mit Klauen darum ringen würde, sie so lange wie möglich zu behalten.
Die junge Staatsanwältin ging zurück in ihr Büro.
Die Wellen von Übelkeit kamen zurück, wie ein schwacher Nachklang nur, aber sie waren da. Sie hoffte, sich nicht übergeben zu müssen. Sie verabscheute es, sich zu übergeben.
Mit eiserner Disziplin versuchte sie ihr Unwohlsein zu ignorieren. Es gelang ihr auch, jedenfalls so weit, dass sie sich auf die bevorstehenden Aufgaben konzentrieren konnte. Es blieben ihr nur noch ein paar Minuten, bis sie Brockman und Helge Boström treffen sollte, um mit ihnen den Fall durchzugehen, der der wichtigste in der Geschichte dieser Staatsanwaltschaft zu werden schien.
Sehr viel deutete darauf hin, dass es Bill Elfvegrens Mörder war, der in Stad inhaftiert war; allein dieser Gedanke bereitete ihr erneut Übelkeit.
Sie ging noch einmal die Personenbeschreibung durch, die sie kürzlich per Fax aus Göteborg bekommen hatte und die sie Brockman und Boström vorlegen sollte.
Ola Nielsen war am 17. Februar 1954 in Malmö geboren worden, als einziges Kind von Linnea und Flemming Nielsen. Die schwedische Mutter starb kurz nach der Geburt an einer Gehirnblutung, der Vater war als dänischer Kriegsflüchtling über den Öresund gekommen und hatte eine Schneiderei in Limhamn aufgemacht.
Flemming Nielsen hatte nie wieder geheiratet. Im Jahr 1959 gründete er zusammen mit einem Kompagnon einen kleinen Laden für Herrenausstattung in Göteborg. Bei seiner Pensionierung ließ er sich auszahlen, und als er 1995 verstarb, hinterließ er seinem einzigen Spross ein ansehnliches Erbe.

Angesichts der Probleme des Sohnes, einen Job zu behalten, kam das Geld nur recht. Nach beendeter Schullaufbahn versuchte Ola Nielsen, in Papas Herrenausstattergeschäft zu arbeiten, aber es gefiel ihm nicht, und nach geleistetem Wehrdienst kehrte er nicht wieder dorthin zurück.

Seitdem hatte er sich mit unterschiedlicher Ausdauer den verschiedensten Professionen gewidmet. Insgesamt schien er jedoch die Restaurantbranche zu bevorzugen. Er hatte eine Kochausbildung gemacht und in verschiedenen Gasthöfen im ganzen Land gearbeitet. Seit Anfang des Jahres 1997 fehlten Informationen hinsichtlich fester Arbeitsstellen. Offenbar reichte das Erbe für sein Auskommen.

Familienstand: ledig. Ola Nielsen hatte vor dem Tod seines Vaters einige längere Beziehungen gehabt, seither jedoch keine mehr.

Aus keiner der vielen Verbindungen stammte ein Kind.

Der Eindruck seiner Umgebung von ihm als Person war genauso, wie Silja es erwartet hatte: widersprüchlich.

Von einigen wurde er als loyal angesehen, von anderen als unzuverlässig.

Charmant, wenn es nötig war, abstoßend, wenn er nicht bekam, was er wollte.

Selbstverliebt – das war ein häufig wiederkehrendes Urteil über seine Person.

Als Jugendlicher hatte er die Sommerferien häufig bei einer Tante und einem Onkel an der Westküste südlich von Göteborg verbracht. Beide lebten noch, beide waren bestürzt, als sie erfuhren, dass Ola als dringend Tatverdächtiger eines schweren Verbrechens festgenommen worden war. Sie hatten eine ausschließlich positive Meinung über ihn, hatten andererseits aber während der letzten fünfundzwanzig Jahre nur noch sporadischen Kontakt mit ihm gehabt.

Er war bisher ohne Vorstrafen. Es lag nur eine einzige Anzeige gegen ihn vor: von einem Schützenverein, der ihn der Veruntreuung von Geldern anklagte – Ola Nielsen hatte für kürzere Zeit als Kassenwart des Clubs fungiert und offensichtlich seine Finger nicht aus der Schublade halten können. Aber die Anzeige wurde zurückgezogen, als Flemming Nielsen hinzukam und die Schulden seines Sohnes auslöste.

Interessant in diesem Zusammenhang war, dass Ola aktives Mitglied im Schützenverein gewesen war, bis seine Machenschaften aufgedeckt wurden. Außerdem hatte er beim Militär als guter Schütze gegolten.

Eine andere Beobachtung von Bedeutung: Ola Nielsen war fasziniert von der Ornithologie, offensichtlich schon seit seiner Schulzeit.

Silja bürstete sich ein Staubkörnchen vom Kleid, während sie über die Tatsache nachdachte, dass Sten Wall berichtet hatte, Ola Nielsen hätte sich als Vogelkundler vorgestellt, als sie sich auf Bornholm kennen lernten. Er hatte also bewusst ein Gebiet gewählt, auf dem er sich auskannte, falls seine Fähigkeiten bei irgendeiner Gelegenheit auf den Prüfstand kommen sollten.

Es war an der Zeit, zu Brockman hineinzugehen. Sie sammelte ihr Material zusammen und verließ ihr Zimmer.

Sie wusste, dass ihr Chef nichts sehnlicher wünschte, als dass der Prozess hier in Stad stattfinden sollte, damit er die Möglichkeit bekam, in dem Presseglanz zu strahlen, der zwingendermaßen die Folge eines so prominenten Prozesses sein würde.

Aber bis jetzt war noch nichts entschieden. Stockholm wollte in dieser Sache sicher ein Wörtchen mitreden, da die Indizien doch sehr stark auf eine Verbindung zwischen dem Mord an Elfvegren und dem Mordversuch an Sten Wall hindeuteten.

Silja selbst zweifelte nicht eine Sekunde lang daran, dass Ola Nielsen hinter beiden Taten steckte, auch wenn er hartnäckig alles leugnete, was mit dem Todesschuss auf Elfvegren zu tun hatte. Sie war außerdem überzeugt davon, dass Wall Recht hatte, wenn er behauptete, die Dänin Hanne Madsen wäre ebenfalls von Nielsen getötet worden, der eigentlich hinter Wall her gewesen war.

Die dänischen Behörden waren natürlich auch in die Untersuchungen einbezogen, die inzwischen von den verschiedensten Seiten aus geführt wurden.

Der Fall war zweifellos verzwickt, und es könnte noch mehr auftauchen, wenn sie mit einem minutiösen Durchforsten der Vorhaben von Ola Nielsen in den letzten Wochen begannen.

Vermutlich würde Yngve Brockman kriegen, was er wollte. Trotz allem war Nielsen in Stad mit dem Stilett in der Hand bei dem Versuch ertappt worden, Wall umzubringen – in Bezug auf diesen Anklagepunkt hatte er alles unumwunden zugegeben.

Natürlich war er sofort verhaftet worden, und die Untersuchungen wurden unter direkter Verantwortung des Distriktsleiters Boström und dessen Oberstaatsanwalt Brockman eingeleitet.

Die immer dicker werdende Akte enthielt das Übliche: Verhör des Verhafteten, Zeugenvernehmungen, technische Berichte, Blutprobenergebnisse und anderes.

Durch Simon Backs Zeugenaussage konnte Nielsen direkt mit dem Mord an Elfvegren in Verbindung gebracht werden, und die Kollegen in Stockholm waren optimistisch, genügend Beweise zu finden, um Nielsen der Tat zu überführen. Vor allem waren sie hinter der Mordwaffe her, daneben suchten sie aber auch nach Zeugen, die den Verdächtigen zum Tatzeitpunkt in der Gegend von Norrviken gesehen hatten.

Bis jetzt waren die Anstrengungen noch nicht von Erfolg gekrönt gewesen, aber nach Meinung der Stockholmer Ermittler war der Durchbruch eigentlich nur noch eine Frage der Zeit.

Silja Westin konnte Helge Boströms kreideweißes Haar durch das Fenster zum Raucherzimmer erkennen. Als er sich umdrehte und sie entdeckte, drückte er schnell die Zigarette aus, an der er gerade gezogen hatte. Sie lächelte zufrieden. Es amüsierte sie, dass der Distriktsleiter so einen Respekt vor ihrem unwiderruflichen Anspruch auf Rauchfreiheit in ihrer Gegenwart zeigte.

»Ich wäre dir dankbar, wenn du in meiner Nähe nicht qualmen würdest«, hatte sie schon bei ihrer ersten Begegnung gesagt. »Ich bin allergisch gegen Tabakrauch.«

Anfangs hatte er mürrisch protestiert, mit der Zeit aber begriffen, dass er sie nicht seinen Bedingungen würde unterwerfen können.

Sie gingen gemeinsam zu Brockman, der sie mit einem fast naiven Eifer empfing.

»Ich habe hier die Personendaten«, sagte sie und reichte das Papier über den Tisch.

»Später«, sagte er, »danke, Silja, leg es hier hin. Ja, gut. Wir müssen unsere Taktik genau planen, damit wir diesen Leckerbissen nicht loswerden. Gute Reklame für unsere Stadt. Und für uns.«

Da sie mit dem Rücken zu ihm stand, erlaubte sie es sich, die Augen zu verdrehen. Als sie sich danach umdrehte, bemerkte sie, dass Boström nervös mit seinen langen, mageren Fingern an einem Zigarettenpäckchen fummelte.

Brockmans wohlklingende Stimme unterhielt sie fünf Minuten lang mit Ideen, was sie unternehmen könnten, damit der Prozess gerade seinem Gericht zugewiesen werden würde.

Boström hörte anscheinend nur unkonzentriert zu – Silja vermutete, dass er sich eigentlich nichts lieber wünschte, als dass Stockholm oder auch Nielsens Heimatstadt Göteborg die ganze Chose übernehmen würde; das würde ihn von einem großen Berg Sorgen befreien.

Gemeinsam gingen sie einige der neuen Akten durch und diskutierten ihr weiteres Vorgehen.

»Was mich am meisten beunruhigt«, sagte Boström, »ist Nielsens merkwürdiges Motiv. Sich selbst den Auftrag aufzuerlegen, zwei ihm vollkommen fremde Personen als Gegenleistung für einen kleineren Kredit umzubringen, das ist ja wohl der reinste Witz. Wer tut denn so etwas?«

»Ola Nielsen«, bemerkte Silja und erhielt dafür einen dankbaren Blick von Brockman.

»Wenn er für seine Mühen wenigstens bezahlt worden wäre«, ließ Boström nicht locker. »Da verspricht er im Suff einem Mann, den er nie zuvor gesehen hat, zwei äußerst angesehene Mitbürger zu töten, nur weil diese vor zehn Jahren den inzwischen verstorbenen Bruder dieses Mannes, der auch noch reichlich was auf dem Kerbholz hatte, in den Knast gebracht haben. Verflucht noch mal, das ist doch der reinste Wahnsinn. Unbegreiflich.«

»Lieber Kollege«, sagte Brockman und lächelte dabei so verbindlich, wie er nur konnte. »Du solltest doch nach all den Jahren wissen, dass zwischen Himmel und Erde die merkwürdigsten Dinge geschehen. Hast du von dem Holländer gehört, der einem ihm vollkommen Fremden mit der Armbrust in den Rücken geschossen hat, nur weil dieser einen Kratzer an seinem neuen Auto verursacht hat, als er seine

eigene Tür auf einem Parkplatz etwas zu heftig aufgeschlagen hat? Oder von dem Wahnsinnigen, der …«
»Ja, ja«, unterbrach ihn Boström, »natürlich weiß ich, dass viele unserer Mitmenschen in rechter Laune auf die absurdesten Ideen kommen können. Das haben sie uns ja schon oft genug bewiesen. Aber ich fürchte, dass die Verteidigung ihre Zweifel am Motiv anmelden wird, indem sie auf das vollkommen Unlogische in Nielsens Verhalten hinweist. Nicht einmal die krankeste Seele übernimmt einen Ehrenauftrag dieser Art. Lasst uns deshalb lieber noch mal darüber nachdenken, vielleicht ist er trotz allem am besten in Stockholm aufgehoben …«
»Kommt gar nicht in Frage!«, schnitt Brockman ihm das Wort ab. »Das ist unser Fall. Wir haben ihn hier erwischt, hier sitzt er in Untersuchungshaft. Und mit den Zeugenaussagen von Wall und Jan Carlsson sowie dem Messer haben wir ihn. Der Kerl ist ja schließlich auf frischer Tat ertappt worden, als er versucht hat, den angesehensten Polizisten der Stadt zu erstechen! Außerdem hat Simon Back versprochen, seine Aussage vor Gericht zu wiederholen. Und ich bin felsenfest davon überzeugt, dass Nielsen auch hinter dem Mord an Elfvegren und diesem Todessturz auf Bornholm steckt.«
Silja Westin sah, dass Brockman dabei war, das Ringen zu gewinnen. Boström zuckte mit den Schultern, ließ, um den Schein zu wahren, noch einige Einwände fallen, aber alle wurden vom Oberstaatsanwalt beiseite gewischt. Einige Male äußerte sich Silja unterstützend für Brockman, während sie sich eigentlich nur danach sehnte, dass diese sich dahinschleppende Besprechung endlich ein Ende nehmen würde.
Es ging ihr immer noch nicht besser, und sie wollte sich hinlegen, sobald sie das hier überstanden hatte.

Endlich waren sie fertig. Boström verließ den Raum, sicher das Raucherzimmer als Ziel vor Augen, und Yngve Brockman wandte sich ihr zu mit Augen, die vor Streitlust funkelten.

»Was für ein herrlicher Prozess, Silja! Da wird man doch sofort zwanzig Jahre jünger.«

»Das wird schon klappen«, sagte sie.

Was hätte sie sonst sagen sollen?

Das *würde* schon klappen. Ganz gleich, welche Motive er gehabt hatte, Ola Nielsen war fertig, ob der Prozess nun in Stad oder sonst wo stattfinden würde.

Aber nicht nur Ola Nielsen war fertig. Sie selbst fühlte sich wie ausgewrungen und fürchtete, von einer Sommergrippe heimgesucht zu werden.

Wie erschlagen, wachte sie am nächsten Morgen auf, obwohl sie fast neun Stunden geschlafen hatte.

Mit einem Ausdruck des Ekels raffte sie das blutige Laken zusammen und stopfte es in die Waschmaschine.

Nun war jedenfalls eines gewiss: Sie war nicht schwanger.

Sie hatte so weiche Knie, dass sie Brockman anrief und ihn darum bat, den Vormittag freizubekommen.

»Weißt du es schon?«, fragte er, sobald er ihre Stimme vernahm.

Silja runzelte vor Überraschung die Stirn.

»Was soll ich wissen?«

»Dann weißt du es also noch nicht«, stellte er fest. »Warum rufst du dann an?«

»Ich fühle mich nicht gut.«

»Aber gestern hast du doch blendend ausgesehen!«

Du Heuchler!

»Das war dann wohl eine optische Täuschung. Also, ich bin nicht so recht in Form und wollte mir bis zum Mittag freinehmen, wenn das geht.«

»Aber natürlich. Komm her, wenn du dich besser fühlst.«
»Übrigens, was hast du eben gemeint? Was soll ich wissen?«, hakte sie nach.
»Eine alte Smith & Wesson .38 ist gefunden worden. Sorgsam bei Ola Nielsen versteckt, in einem Kellerverschlag, den sie erst jetzt entdeckt haben.«
»Dann ist es also die richtige Spur, nicht wahr?«
»Die Ballistiker sind noch nicht fertig, aber in Stockholm ist man überzeugt davon, dass es diese Waffe war, mit der Elfvegren erschossen wurde.«
Der Oberstaatsanwalt machte eine kurze Pause, bevor er weitersprach:
»Wenn nur dieser Revolverfund nicht unsere Chancen auf den Prozess verschlechtert.«
Sie konnte ihrem Impuls nicht widerstehen:
»Das wäre doch zu dumm, nicht wahr, Yngve?«

Sten Wall

Er nutzte die Gelegenheit, Kaffee nachzuschenken, während Jan Carlsson umständlich die Schachfiguren für ein neues Spiel aufstellte. Die beiden Polizisten hatten im Laufe des Abends zwei Blitzpartien geschafft, und jeder hatte eine gewonnen. In Kürze würden sie sich an die entscheidende Schlacht machen.

Es war ein wenig frischer geworden. Obwohl die kühle Luft durch das offene Fenster von der Bergsgatan hereinströmte, saß Wall mit hochgekrempelten Hemdsärmeln da. Am linken Arm lief eine dünne Schorfwunde entlang, eine kleine Erinnerung an den Überfall in der letzten Woche. Sein Freund blickte bedeutungsvoll auf den Ratscher.

»Sieht so aus, als ob nicht mal eine Narbe zurückbleibt. Du bist wirklich glimpflich davongekommen.«

»Das habe ich nur dir zu verdanken, du bist wirklich in letzter Sekunde aufgetaucht. Sonst ...«

Der Kommissar verstummte und trank von seinem Kaffee.

»Ich habe in den letzten Tagen immer wieder über Ola Nielsens Motiv nachgedacht«, sagte Jan Carlsson, »aber wie ich es auch drehe und wende, ich kann nicht begreifen, dass jemand derartige Risiken eingeht, ohne dafür etwas Entsprechendes zu verlangen. Das ist ja der reinste Wahnsinn. Vollkommen unbegreiflich.«

»Brockman scheint deswegen nicht besonders beunruhigt zu sein.«

»Der ist doch *nie* beunruhigt. Aber ich habe heute Nachmittag mit dieser schnippischen Silja gesprochen, und sie meinte, es würde sich wie das reinste Ammenmärchen anhören. Übrigens, schrecklich, wie dünn die ist. Der reinste Zahnstocher.«

Wall nickte. In seinen Augen war Gun Carlsson noch magerer als Silja Westin, aber diesen Gedanken sprach er lieber nicht aus.
»Vielleicht ist da irgendwo ein Haken«, schlug er vor, »etwas, was erst beim Prozess ans Tageslicht kommt.«
»Kann sein«, sagte Carlsson, »aber wenn du ehrlich bist, glaubst du nicht daran, oder?«
»Ehrlich gesagt: Nein. Ich bin fest davon überzeugt, dass Nielsen die Wahrheit sagt, wenn er behauptet, er hätte seinen teuflischen Plan in Gang gesetzt, um eine Hilfeleistung zu entgelten. Er beharrt hartnäckig darauf, dass es sich um eine Ehrenschuld gehandelt habe, um sonst nichts. Und dass wir lahmen Polizisten nicht begreifen, dass es eine unwiderrufliche Pflicht ist, sein gegebenes Versprechen auch zu halten. Die ganze Zeit vergleicht er das mit Spielschulden, die bezahlt werden müssen.«
»Der Kerl muss eine traurige Vorstellung von Moral haben.«
»Soweit ich weiß, leidet er an einer Art Größenwahn. Er hat wohl immer schon zur Selbstüberschätzung geneigt. Er glaubt, er sei unersetzlich. Fehlerfrei. Ohne jede Schuld. Ich kann mir nicht vorstellen, dass er, als er den Zirkus in Gang setzte, auch nur eine Sekunde lang damit gerechnet hat, dass er gefasst werden könnte. Auf jeden Fall wird er jetzt ganz brav werden, um einen bekannten Philosophen zu zitieren«, erklärte Wall und zeigte seine imponierenden Reihen weißer Zähne in einem breiten Lachen.
Carlsson blies in seinen Kaffee und nahm dann einen vorsichtigen Schluck.
»Hattest du keinen Verdacht gegen Nielsen, als du ihn auf Bornholm getroffen hast?«
»Nein, warum hätte ich den haben sollen? Wir haben uns nur zwei-, dreimal getroffen und ein paar Worte gewechselt. Das war alles. Ich kann mich nicht mal mehr daran er-

innern, wie er sich genannt hat, nur dass das was mit -son hinten war. Und ich hatte nie den Eindruck, er würde mich verfolgen, aber andererseits kommt man im Urlaub ja auch nicht gerade auf derartige Ideen. Ich meine, dass man beschattet wird.«

Das aggressive Geräusch eines offensichtlich frisierten Mopeds drang laut von der Straße hoch.

Sten Wall fuhr fort:

»Apropos Bornholm. Dieses Jahr habe ich es endlich geschafft, das Martin-Andersen-Nexö-Museum zu besuchen. Ein interessantes Erlebnis. Du weißt doch, wer das war?«

Der andere nickte.

»Ja. Das war der, der ›Das Wort‹ geschrieben hat.«

»Nein, das war Kaj Munk.«

»Bist du dir da sicher?«

»Vollkommen.«

»Na gut. Munk? Ja, stimmt. Der hat doch auch ›Pelle der Eroberer‹ geschrieben. Ich habe den Film mit Max von Sydow gesehen. Der war gut. Traurig, aber gut.«

»›Pelle der Eroberer‹ ist von Andersen Nexö geschrieben worden.«

»Habe ich so ein schlechtes Gedächtnis? Jedenfalls war es doch Andersen Nexö, der im Krieg von den Nazis ermordet wurde. Das weiß ich genau.«

»Das war Kaj Munk. Er ist in Jütland getötet worden. 1944.«

»Bist du dir sicher?«

Carlsson biss sich auf die Unterlippe und schaute skeptisch drein. Es war klar und deutlich zu erkennen, dass er den Wahrheitsgehalt von Walls Behauptungen bezweifelte.

»Ist ja auch egal«, sagte Wall, »jedenfalls habe ich erfahren, dass Andersen Nexö in seiner Heimatstadt, in Nexö, jetzt endlich zum Ehrenbürger ernannt worden ist. Und das mehr als vierzig Jahre nach seinem Tod.«

»Ach ja?«
»Ja, weißt du, ich habe über diese Sache mit der posthumen Ehrung nachgedacht. Und da ist mir der Gedanke gekommen, dass ich auch kurz davor war, einen ehrenvollen Titel zu erhalten.«
»Wieso das?«
»Na, wenn Ola Nielsen das ausgeführt hätte, was er vorhatte, dann wäre ich doch als ein echter Ehrenmord in die Annalen eingegangen.«
»So kann man das natürlich auch sehen«, stimmte Jan Carlsson zu. »Aber jetzt lass uns mit dem Spiel anfangen. Und denke ja nicht, dass ich dich schonen werde. Du hast deine Portion Glück schon lange verbraucht.«

Ola Nielsen

Nachdem sie es geschafft hatten, den Revolver auszubuddeln, hatte er keine große Hoffnung mehr, um eine längere Freiheitsstrafe herumzukommen. Er hatte gedacht, ein bombensicheres Versteck für die Waffe gefunden zu haben, aber das war offensichtlich nicht der Fall gewesen. Er würde also für den Mord an Elfvegren *und* den Mordversuch an Wall verurteilt werden. Dagegen würde er wohl von dem, was an den Klippen von Heligdomen passiert war, davonkommen, wenn das in diesem Zusammenhang ein Trost sein konnte.

Widerstrebend musste er sich eingestehen, dass er leider eine Spur zu unvorsichtig gewesen war. In erster Linie lag das natürlich einzig und allein an fehlendem Glück, aber er hätte sich anders verhalten können.

Vermutlich war er nach dem Mord an Elfvegren übermütig geworden.

Der alte Kommissar war aber leider auch eine schwer zu knackende Nuss, die mit Glück und in gewissem Maße auch mit Geschicklichkeit überlebt hatte.

Er war von Walls blitzschneller Reaktion überrumpelt worden. Das hatte er falsch eingeschätzt. Er hatte geglaubt, hereingebeten zu werden und dann das Messer seine Arbeit tun lassen zu können, aber der Alte war vorbereitet gewesen.

Jetzt, mit dem Ergebnis vor Augen, sah Ola Nielsen ein, dass er zu viel aufs Spiel gesetzt hatte. Dieser Verräter Simon Back war dieses Opfer gar nicht wert.

Aber nun hatte er ein Ziel, für das es sich zu leben lohnte, etwas, das ihm die Jahre im Knast erleichtern würde.

Er würde erst Ruhe geben, wenn die Zunge des Singvogels ihm auf einem silbernen Tablett serviert worden war.

Immer noch war er finanziell ganz gut gestellt. Auf jeden Fall hatte er so viel beiseite geschafft, dass er jemanden dafür engagieren konnte, Simon Back zu liquidieren.

Mit Geld kann man alles kaufen, dachte er, und ihm war klar, dass er eine ansehnliche Summe würde rausrücken müssen.

Er durfte nicht erwarten, dass andere den gleichen Ehrbegriff hatten wie er und diesen Auftrag ohne ökonomischen Anreiz ausführen würden, nur um der guten Sache willen.

Nun gut. Er hatte Zeit. Er würde seine Rache bekommen. Back musste sterben. Nicht genug damit, dass Back Wall gewarnt hatte – offenbar wollte er im Prozess auch noch als Zeuge auftreten. Wie tief konnte ein Mensch eigentlich sinken?

Wenn alles andere platzte – wenn es ihm nicht gelingen sollte, einen Profikiller anzuheuern –, dann würde irgendwann der Tag kommen, an dem er das Gefängnis als freier Mann verließ. Und wenn Simon Back, dieser verabscheuungswürdige Verräter, dann nicht schon tot war, würden seine Stunden von diesem Moment an gezählt sein.

Es war alles eine Frage der Zeit und der Geduld.

Natürlich bereute er seine Freundlichkeit an diesem schicksalsträchtigen Kneipenabend in Göteborg, aber Reue hatte jetzt ja keinen Sinn mehr.

Was geschehen war, war geschehen.

Ola Nielsen beschloss, von diesem Moment an nie wieder jemandem zu vertrauen, unter keinen Umständen.

In Zukunft

Simon Back

Es war ein so schöner Abend, dass er beschloss, noch ein wenig frische Luft zu schnappen, bevor er in die Koje kroch.

Simon hoffte, mit seinen Gedanken allein sein zu können. Manchmal stieß er auf Kameraden, aber diesmal hatte er Glück. Das ganze Deck gehörte ihm, und er ging nach achtern.

Die Biskaya lag ungewöhnlich ruhig da. Abgesehen von der leichten Strömung um den Steven herum, war keine Kräuselung auf dem schwarzen Wasser zu sehen. Sie befanden sich mitten in der weiten Meeresbucht und sollten erst einmal für lange Zeit keinen Hafen mehr anlaufen.

Gegen die Reling gelehnt, zündete er sich eine Zigarette an und überlegte dabei, wann er mit dieser schlechten Angewohnheit eigentlich wieder angefangen hatte. Vor oder nach dem unglückseligen Kontakt mit dem sinnesverwirrten Ola Nielsen?

Seither fühlte er sich nicht mehr sicher, obwohl er wusste, dass der Mörder hinter Schloss und Riegel saß.

Ein Gefühl der Bedrohung folgte ihm überallhin, zu Land wie auch zu Wasser.

Ein huschendes Geräusch ließ ihn sich umdrehen. War da jemand im Dunkel der Backbordseite? Er meinte eine Bewegung sehen zu können, einen Schatten, nur wenige Meter entfernt.

Simon blinzelte mit den Augen, um besser sehen zu können.

Plötzlich erstarrte er vor Entsetzen.

Aus dem spärlichen Lichtschein trat eine Gestalt hervor, einen Eispickel hoch über den Kopf erhoben.

Als Simon versuchte zu schreien, war ihm, als wären seine

Lippen zusammengeleimt. Er brachte keinen Laut hervor und hob verzweifelt die Hände, um sein Gesicht vor dem Eispickel zu schützen.

Aber es war zu spät. Die scharfe Spitze durchschnitt seine Hände. Der Schmerz war unerträglich, als der Angreifer die Hacke wieder herauszog und zu einem neuen Schlag ausholte.

Die Waffe grub sich in seine Brust, und Simon stand machtlos da und starrte auf die größer werdende Blutlache.

Der Riese beugte sich vor und flüsterte ihm boshaft ins Ohr:

»Herzliche Grüße von Ola Nielsen.«

Im nächsten Moment kippte der Hüne ihn über Bord, und er verschwand im eiskalten Wasser.

Er war die ganze Zeit bei Bewusstsein gewesen: Das war das Allerschlimmste.

Jetzt

Simon Back

Sein Atem ging schwer und angestrengt, als er aufwachte. Vorsichtig strich er sich über die Stirn. Seine Fingerkuppen klebten von kaltem Schweiß.
Würde er jemals diesen schrecklichen Traum loswerden? Mehrere der Details wechselten von Albtraum zu Albtraum, der ihn jetzt schon fünf oder sechs Nächte hintereinander verfolgte. Aber drei Zutaten kamen jedes Mal wieder vor: die Biskaya, der Eispickel und die Grüße von Ola Nielsen.
Alles kommt wieder, dachte er, während er auf zittrigen Beinen ins Badezimmer ging, um zu duschen.
Daniel hatte Elfvegren und Wall verwünscht; er selbst war von Ola Nielsen verwünscht worden.
Simon Back verfluchte aus tiefster Seele seine Bereitschaft, dem in Not geratenen Fremden in der Kneipe am Hauptbahnhof von Göteborg an diesem fatalen Frühlingsabend die zweihundert Kronen zu geben.
Und noch mehr verfluchte er seine scherzhafte, aber vollkommen unüberlegte Äußerung, er wünsche sich, den Herren Elfvegren und Wall einen Denkzettel zu erteilen.
Aber er hatte doch nicht ahnen können, dass Nielsen auch nur einen Funken davon ernst nehmen würde.
Das war schlimm genug, aber alles verblasste im Vergleich zu seiner wahren, großen Dummheit.
Warum hatte er Sten Wall angerufen und ihm Ola Nielsens mörderische Pläne verraten?
Zwar sah er ein, dass er moralisch richtig gehandelt hatte, aber was nützte das, wenn dadurch sein Seelenfrieden zerstört war?
Er seufzte.
Später an diesem Vormittag wurde er von dem Repräsen-

tanten einer Reederei angerufen. Ihm wurde eine Heuer im nächsten Monat angeboten, und er sagte sofort zu: Es war sicher das Beste, für eine Weile aus Schweden wegzukommen.
Ein Klimawechsel würde ihm nur gut tun.
»Wohin geht's?«, fragte er, ohne eigentlich sonderlich an der Antwort interessiert zu sein. Er hatte sich sowieso schon entschieden mitzufahren, ganz gleich, wohin die Reise führte.
»Hierhin und dorthin«, lautete die Antwort. »Aber in erster Linie bleiben wir in der Biskaya.«

Schlusswort

Die Personen in meinen belletristischen Produktionen entstammen meiner Phantasie und entbehren jeglicher Vorbilder im wahren Leben. Das betrifft sowohl die Sten-Wall-Krimis als auch den im letzten Frühling herausgekommenen Roman »Förhäxad«.

Aber es ist vorgekommen, dass ich, meistens zunächst unbewusst, meinen Figuren Züge realer Individuen gegeben habe. Für »Ehrenmord« habe ich mich beispielsweise von zwei ehrenwerten Allinger Mitbürgern inspirieren lassen: zur Gestaltung des Pensionswirtes des Släktsgårdens und des Polizeibeamten der idyllischen Wache mitten in der Stadt.

Womit nicht gesagt sein soll, dass die Herren Iversen und Beyer wirklich existieren: Es muss wiederholt werden, dass es sich durchgehend um frei erfundene Gestalten handelt, Produkte, die der Einbildungskraft des Autors entstammen.

Was die Gegend betrifft, ist sie gleichzeitig erfunden und realistisch, eine etwas bizarre Mischung. Ich habe beispielsweise versucht, Details von Bornholm mit geographischer Genauigkeit wiederzugeben, während Stad – genau wie früher – ein reines Mosaik von Teilchen ist, die ich in einem bunten Mischmasch aus der Wirklichkeit und meinen Phantasien zusammengesetzt habe.

Und dann noch das Wetter. Als ich das Manuskript noch einmal durchgegangen bin, wusste ich ja nicht, wie der kommende Juni sich wohl darbieten würde, deshalb ist es gut möglich, dass Sten Walls Urlaub sich ganz und gar nicht in gleicher sonniger Großzügigkeit gestalten lässt, wie hier geschildert wird.

Aber das ist ja andererseits die einzige Möglichkeit, die Schriftstellern bleibt, die Wettermächte zu beeinflussen: indem sie das Wetter erdichten.

Laholm, im Frühsommer 1998
Björn Hellberg